本书受全国教育科学规划教育部青年课题“高校毕业生就业流动的社会分层机理研究”
（EIA150401）经费资助

U1076682

高等教育管理与改革

高校毕业生就业流动的社会分层研究

刘 莹◎著

Social Stratification and Occupational Mobility
among University Graduates in China

科学出版社
北 京

内 容 简 介

在党和国家提出就业优先战略的背景下，高校毕业生的初次就业流动问题受到广泛关注。本书运用多种高等教育研究方法，分别从教育学、经济学和社会学等视角系统考察了高校毕业生就业流动及社会分层的现状，剖析了存在的问题及形成原因。通过建立个人职业地位获得模型，探讨了高校毕业生就业流动形成社会分层的关系、影响和作用机制。分析总结了高校毕业生初次就业流动形成社会分层的深度影响及趋势，从社会、政府、高校和个人等层面就高校毕业生就业流动问题提出了对策与建议。

本书适合高等学校、政府机关、教育行政机构等部门相关管理人员，教育学、社会学、经济学等领域相关研究人员，社会各界关注高校毕业生就业问题和社会流动的有识之士学习。

图书在版编目（CIP）数据

高校毕业生就业流动的社会分层研究/刘莹著. —北京：科学出版社，2019.9

ISBN 978-7-03-060088-2

Ⅰ. ①高…　Ⅱ. ①刘…　Ⅲ. ①高等学校-毕业生-就业-研究-中国
Ⅳ. ①G647.38

中国版本图书馆 CIP 数据核字（2018）第 288619 号

责任编辑：付　艳　崔文燕　张翠霞 / 责任校对：王晓茜

责任印制：李　彤 / 封面设计：润一文化

联系电话：010-64033934

E-mail:edu_psy@mail.sciencep.com

科 学 出 版 社出版

北京东黄城根北街 16 号

邮政编码：100717

http://www.sciencep.com

北京凌奇印刷有限责任公司印刷

科学出版社发行　各地新华书店经销

*

2019 年 9 月第　一　版　开本：720 × 1000　B5

2020 年 4 月第二次印刷　印张：13 1/4

字数：258 000

定价：89.00 元

（如有印装质量问题，我社负责调换）

序　一

这是一本值得细读和深究的书。刘莹博士对高校毕业生就业流动和社会分层进行了精细的量化与质化研究，肯定了教育，尤其是高等教育，对社会流动的积极作用。在我国的经济发展过程中，谁走在最前面？刘莹博士的答案是："那些获得了教育的人。"

她的研究发现高等教育发挥了重要的向上流动的作用。大学毕业生的工资，尤其是研究生的工资，明显地高于没有机会读大学的人。她的另一个重大发现是高等教育对于来自基础阶层和中等阶层的向上流动的作用是最大的，而对于来自优势地位阶层的毕业生，反而有向下流动的迹象。因此，可以说我国的高等教育明显地为来自中、低阶层的新一代创造了向上流动的机会。刘莹博士发现流动的走向也使我国社会结构从"金字塔"的精英社会走向中层扩大的"橄榄型"、较为平等的社会，而高等教育也从对"个体显著"的影响慢慢变为对"整体显著"的影响。

国际上，很多近期的西方社会研究都指出文化资本正窒碍着教育机会均等的机会。刘莹博士的研究发现却为教育公平带来了希望：在中国，高等教育明显地为来自中、低阶层的人创造了向上流动的最大机会。

郑州大学教育学院

2019年3月

序　二

随着我国高等教育普及化的到来，高校毕业生的就业问题受到社会各界的广泛关注。近年来，在劳动力市场分割明显与就业难度日益加大的双重影响下，我国高校毕业生的择业意向已不再限于传统的“体制内”就业，而是出现了向不同行业和区域流动的就业趋势。高校毕业生多样化的就业行为对人力资源的初次配置（流动）结构产生了影响并形成了最初的社会分层，即毕业生通过就业市场被配置到各个行业之中，进而分化为不同的社会阶层。

刘莹博士接受过严谨规范的学术训练，这部专著是在其博士学位论文的基础上修改而成的，以我国 2012 届应届高校毕业生为研究对象，分析了高校毕业生就业流动与社会分层之间的关系，深化了人们对高校毕业生就业流动状态，以及毕业生就业流动对社会分层影响的理解，对解决高校毕业生就业问题、促进社会和谐发展具有重要的现实意义。

高校毕业生就业流动作为社会流动的一种重要形态，对社会分层具有当然的影响和作用，刘莹博士试图将两者结合起来研究其内在关系，并进一步探究高等教育社会分层的功能与机理，设计新颖，体现了其理论解释的创新性。在具体研究操作中，作者采用实证研究和比较分析的方法探寻了不同类型、不同层次和不同学科的毕业生在行业区域流动的社会分层现状及问题，较为深入地分析了多学科视野中的高校毕业生就业流动与社会分层的机理。在总结与归纳高校毕业生就业流动形成社会分层的深度影响及趋势分析的基础上，揭示了家庭背景、学历层次、学科性质、性别等多种因素对毕业生就业流动所带来的影响，提出了具有针对性和可行性的对策与建议。

刘莹博士的这部专著以实证研究的扎实成果，重建了我们对社会差异与高校毕业生就业流动的认识，得出了许多有别于常识的结论。相信该书的出版对于思考当下高校毕业生就业现状以及高校毕业生就业市场的状况有非常重要的启发性意义。

北京大学教育学院

2018年11月

目　　录

第一章
绪　论

1943 年，温斯顿·丘吉尔在哈佛大学的一次演讲中指出，未来的帝国将是头脑的帝国①。对受教育者而言，接受高等教育不仅代表了获取知识的机会，更意味着获取较高的社会地位。从古至今，借由高等教育来实现“知识改变命运”成为无数青年人及其家庭的殷切期望。人们通过接受高等教育，在职业领域获得更多更好就业机会的同时，取得相对更高的社会地位。虽然高等教育与社会分层的这一关联性一直备受国内外学者的关注，并作为教育社会学研究的重要领域被深入探讨，但在高等教育大众化的今天，该问题仍具有重要的研究意义，且时代的变迁赋予了它新的研究背景。

第一节　高校毕业生就业流动问题的困惑

我国自 1999 年实施高校扩招政策以来，高等教育规模激增，逐步从精英教育阶段步入了大众化教育阶段。高校招生规模短期内的迅速扩张与就业政策的市场化转变使高校毕业生的就业形势愈发严峻，“知识改变命运”已不再是不变的神话。身兼高等教育接受者与高等教育研究人员的双重身份，笔者对高校毕业生的就业问题产生了浓厚的兴趣，并对该问题进行了深入的思考。正如学者吴康宁所说，对某种社会现象的敏感可能是选题的重要来源，却不是选定研究主题的主

① 何屹. 未来的帝国是头脑的帝国：英国人才引进策略面面观[N]. 科技日报，2009-01-16，(2).

要甚至唯一原因。如果说不是基于个人感受的选题是异己的问题，那么仅仅基于个人感受的选题则是私己的问题。一个好的选题必然既不是异己的问题，也不是私己的问题，而是基于研究者个人感受的一种公共议题。①

从学术的角度看，对于个人社会流动的影响，除了政治与经济这两大因素外，另一个因素便是教育。人们通过接受教育训练，特别是高等教育来实现个体的社会流动。高等教育是实现社会流动的主要途径，获得较高一级的正规教育已然成为改善个人经济地位和社会声望的必备条件。在我国，越来越多的家庭意识到接受高等教育的重要性，它不但使个体获得知识才能，更重要的是它能促进个体向上的社会流动。所以大多数家长希望子女接受更高的教育，以便今后取得更好的职业地位和更多的社会升迁机会。

正是基于上述目的，高等教育的社会需求越来越大，这也是扩招以来高等教育规模逐年递增的原因之一。数据显示，2018 年全国普通高校毕业生 820 万人，较之 1999 年的 101 万人增加了约 7.12 倍，具体如图 1-1 所示。

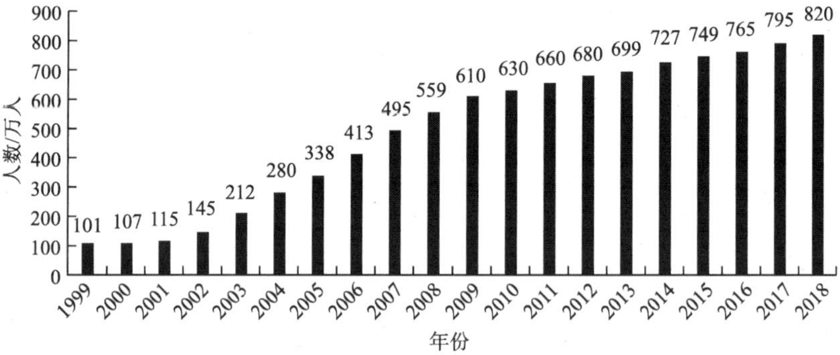

图 1-1　历年普通高校毕业生人数趋势变化图

资料来源：通过人力资源和社会保障部及相关网站公布的数据整理获得

高校扩招增加了个人公平接受教育的机会，延长了进入就业市场的时限，然而，在高校毕业生规模扩张的背后，笔者却从一些社会现象和就业统计中感到了担忧。一方面，昔日的天之骄子已经褪去了往日的高学历光环，同样面临着就业的窘境。学者廉思主编的《蚁族：大学毕业生聚居村实录》②对高校毕业生就业后的生活状况进行了详细描述，在社会上引起了强烈反响。另一方面，“穷二代”

① 吴康宁. 教育研究应研究什么样的“问题”——兼谈“真”问题的判断标准[J]. 教育研究，2002,（11）: 8-11.

② 廉思. 蚁族：大学毕业生聚居村实录[M]. 桂林：广西师范大学出版社，2009.

“富二代”等特殊称谓逐渐出现在大众的视野。通过高等教育，“穷二代”毕业生并没有从根本上改变自己的命运，他们的社会地位与父辈相比，没有明显的改善。[①]面对高校毕业生就业的种种困局，人们开始产生怀疑：现今的中国，高等教育真的有助于实现向上的社会流动吗？

直到今天，仍有很多人怀疑教育的作用，认为高等教育已经不能促进个体向上的社会流动，或者说学历不再使个体获得理想职业。那么，高等教育到底能不能促进个体向上的社会流动？假设可以，那么不同的教育程度对社会流动的影响有多大？学校类型、层次、学科等的差异会对高校毕业生就业乃至分层产生怎样的影响，各自影响的程度如何？教育影响社会流动的机理何在？目前高校毕业生就业流动中存在的问题及出现的原因何在？这里涉及一个教育社会学的理论问题，即在高校毕业生与社会系统的互动中，我国高校毕业生形成了怎样的流动机制。另外，社会对高等教育过高的期望和对其实际作用的贬低，使笔者觉得作为一个高等教育的理论工作者，有必要对高等教育的实际价值进行客观公正的描述。

无论是西方发达国家还是中国，社会结构都发生了复杂的变化，阶级界限已经模糊，代之而起的是日益复杂的阶层分化。这些变化具有复杂而深刻的社会历史背景，包括科学技术的进步，以及伴随着科学技术进步而出现的社会产业结构的发展变化、社会资源构成的变化、就业结构的变化、私有制组织形式的发展和福利制度的普遍推行，等等。[②]

20 世纪 70 年代末 80 年代初的社会改革，使我国社会经历了并将持续经历着全面而深刻的变化。这些变化包含两个深刻的变革：一是体制的转轨，即从集中的计划经济体制向社会主义市场经济体制的转轨；二是社会结构的转型，即从农业社会向工业社会的转型、从乡村社会向城市社会的转型、从传统社会向现代社会的转型。[③]在社会结构的转型中，社会阶层结构的变化最受关注。“两个阶级、一个阶层”（工人阶级、农民阶级和知识分子阶层）的社会阶层结构已经不复存在。原来的工人阶级发生了复杂的分化，其中相当一部分工人下岗或待业，下降为社会的弱势群体；千百年来被固定在土地上的农民在市场化和城市化大潮中开始大规模向城市流动，形成了最具当代中国特色的社会群体——农民工群体；知

① 豆小红，黄飞飞. 代际公平、向上流动与“穷二代”大学生的职业发展——以湖南的分析为例[J]. 青年研究，2011，(2)：23-30.

② 邓晓臻. 社会分层论[D]. 北京：中国人民大学，2006：1.

③ 陆学艺. 当代中国社会结构[M]. 北京：社会科学文献出版社，2010：14.

识分子和学者在经过艰苦的脑体倒挂阶段后也开始成为收入相对比较稳定、生活质量也相对比较高的社会群体。

这一剧烈的社会分化引发了学者对当代中国社会阶层构成的大讨论。陆学艺从职业分化的角度划分出十大社会阶层，分别是国家与社会管理者阶层、经理人员阶层、私营企业主阶层、专业技术人员阶层、办事人员阶层、个体工商户阶层、商业服务员工阶层、产业工人阶层、农业劳动者阶层和城乡无业、失业、半失业者阶层①；李路路和郑杭生从权力资源的配置出发划分出权力优势阶层、一般管理人员/办事人员阶层、专业技术人员阶层、工人/农民阶层和自雇佣者阶层等②③；李正东从功能的角度划分出精英阶层、中产阶层、一般阶层和渐进阶层④，何清涟又把精英划分为政治精英、经济精英和知识精英⑤；李强从利益变动的角度划分出特殊获益者群体、普通获益者群体、利益相对受损群体和社会底层群体（利益绝对受损群体）等四个利益群体和集团⑥；王世谊从社会分层结构变化的角度划分出基本阶层、新兴阶层、复兴阶层和边缘阶层⑦；夏禹龙和朱光磊则从社会地位的高低把中国社会划分为五个阶层，分别是上层、中上层、中层、中下层和底层⑧⑨。

从上面这些对中国现阶段社会阶层的划分中可以看出，我国社会结构发生了巨大的转变。社会出现了多元分层，并将持续分化。这让笔者不得不去思考一些问题：在这一变迁过程中，高校毕业生这一群体在社会结构中究竟处于怎样的位置？在社会结构变迁及高等教育扩张的过程中，哪些阶层或群体的子女从中获益良多，而哪些阶层或群体的子女又从中获益较少或无所获益？高等教育对不同社会阶层或社会群体的意义和作用是否相同？高校毕业生的就业流动在社会结构形成的过程中又发挥了什么作用？面对先天条件的制约，个体行动者能够在多大

① 陆学艺. 当代中国社会阶层研究报告[M]. 北京：社会科学文献出版社，2002：8.

② 李路路. 制度转型与分层结构的变迁——阶层相对关系模式的“双重再生产”[J]. 中国社会科学，2002，（6）： 105-118.

③ 郑杭生. 关于我国城市社会阶层划分的几个问题[J]. 江苏社会科学，2002，（2）：3-6.

④ 李正东. 试论中国中产阶层——当前中国社会转型进程中社会结构整合的动态探索[J]. 广东社会科学，2001，（2）：99-105 .

⑤ 何清涟. 当前中国社会结构演变的总体性分析[J]. 书屋，2000，（3）：3-16.

⑥ 李强. 当前中国社会的四个利益群体[J]. 学术界，2000，（3）：5-19.

⑦ 王世谊. 当代中国社会阶层结构的变化新探[J]. 社会科学，2003，（6）：42-51.

⑧ 夏禹龙. 中国社会阶层结构变迁的展望和导向[J]. 上海交通大学学报（哲学社会科学版），2003，（1）：7-12.

⑨ 朱光磊. 当代中国社会阶层的分化与重组研究[J]. 教学与研究，1998，（5）：12-17，64.

程度上通过高等教育改变自己的命运？同时，高等教育在多大程度上是促进社会流动的渠道，在多大程度上又成为社会结构再生产的工具？正是对这些问题的思考，使笔者选择高校毕业生就业流动的社会分层这一主题进行研究。

第二节 核心概念界定

概念大多是抽象的，总是给人们远离现实的印象，所以需要对概念加以解释。[①]因此，为了使研究得以顺利进行，保持研究的科学性和严谨性，有必要明确并界定研究的核心概念，一是为了明确研究的对象，二是为了限定研究的边界，进而确保研究的顺利进行。

一、高校毕业生

高校毕业生即普通高等学校的专科毕业生、本科毕业生和研究生。这是一个重要的过渡性阶层，他们怀抱着求知济世的理想，由各个阶层的家庭来到大学这个知识殿堂，毕业后，他们跨入社会、进入某个社会阶层，并逐步成为社会的骨干力量。[②]

为了使研究相对准确，本书以 2012 届应届高校毕业生为研究对象。如无特殊说明，则研究中提到的“高校毕业生”指的是 2012 届应届毕业于普通高等学校的全日制学生。普通高等学校是按照国家规定的设置标准和审批程序批准举办的，通过全国普通高等学校统一招生考试，招收高中毕业生为主要培养对象，实施高等教育的全日制大学、独立设置的学院和高等专科学校、高等职业学校和其他机构的总和。也就是说，研究的对象包括 2012 届各类全日制高等学校的专科、本科及研究生在内的毕业生群体，不包括成人教育、电大等学生。

需要说明的是，在教育学上，个人的地位主要以个人毕业时初次流动或配置的状况来评定；在经济学上，个人地位则取决于制度安排与个人选择后的状况，并以此为评判依据；在社会学上，个人的社会地位主要以他的职业来划分

① 韦伯. 社会学基本概念[M]. 杭聪译. 北京：北京出版社，2010：2.

② 朱光磊，韩秀发，郭道久，等. 当代中国社会各阶层分析（2007 年版）[M]. 天津：天津人民出版社，2007：446.

和评定。因此，升学虽然在就业统计上属于就业的一部分，但不存在实际的就业或从业，所以也就没有实际的职业类型。据此，在高校毕业生就业流动的分层考察中，本书的研究对象是已经确定职业的2012届应届高校毕业生，不包括升学的毕业生。升学部分的毕业生仅作为就业率统计，不在就业流动的考察范围之内。

二、就业流动

西方就业理论一直强调劳动力流动对于缓和就业问题的意义。其中人力资本理论认为，经济增长要求更多的劳动力更换工作、进行内部流动，个体或家庭的就业流动能够实现人力资本价值及人力资本价值的增值，是人力资本投资的一种重要手段。[①]如果劳动力流动受限，将会造成局部过剩和局部短缺并存的人才配置失衡，这必将降低社会经济效率。想要妥善解决就业问题，就必须促使人才合理流动，形成均衡的人才结构，使人才从过剩的地方流向人才不足的地方，从而提高劳动者的工作效率，缓和地区间的劳动力供求存在的结构性问题。

高校毕业生就业流向之所以受到更多的关注，不仅因为它是人力资源的初次配置（流动），产生人力资本的初期回报，还因其在劳动力市场上创造的巨大外部收益，如为地方贡献更多的税收，创造更多的就业机会和劳动力需求，促进公共和私人投资的增长等等。[②]

国内外学者对高校毕业生就业流动的概念多是立足于地理位置变化的一种界定。即毕业生由高等教育机构向劳动力市场的过渡中，若发生了地理位置上的变化，则认为发生了就业流动；反之，则认为未发生就业流动。[③]国外研究对就业流动的“地理位置”的测量标准不尽相同。一些研究以州为单位，如果离开该州到其他州就业，就称为就业流动，如果在该州内就业则被认为没有发生流动。还有的以郡为单位，或者通过邮政编码的变化来测算发生流动的距离。英国学者卢克斯（Steven Lukes）[④]则将就学流动与就业流动视为一个连续的过程，并按照流动行为的差别把大学生分为五类：不断流动者、返回流动者、前期流动者、后期流动者以及不动者。这一分类方法不是把就学或就业流动看作孤立的行为，而

① 亚里士多德. 形而上学[M]. 吴寿彭译. 北京：商务印书馆，1959：5.
② 卢梭. 论人类不平等的起源和基础[M]. 李常山译. 北京：商务印书馆，1996：83.
③ 马莉萍. 西方国家大学毕业生就业流动的研究：借鉴与启示[J]. 教育学术月刊，2009，(10)：58-62.
④ 卢克斯. 个人主义[M]. 阎克文译. 南京：江苏人民出版社，2001：124-125.

是将二者结合起来作为一个连续的过程来分析，更加充分地考虑了前期流动对后期流动的影响，也更为真实地还原了大学生的流动形态①，但仍然是局限于地理位置领域的探讨。

较之以往就业流动的概念，本书的就业流动含义更为广泛，不仅仅局限于地理位置上的考察。本书的就业流动指的是高校毕业生由高等教育机构向就业市场过渡过程中，在行业与区域内的流动、在劳动力市场中的流动，以及在社会分层结构中的流动，这一系列流动过程实质上是高校毕业生职业获得的过程。从教育学的角度看，就业流动是应届高校毕业生在行业、单位、区域和城市发生的流动；从经济学角度看，就业流动是应届高校毕业生在城乡劳动力市场、区域劳动力市场及行业劳动力市场发生的流动；从社会学的角度看，就业流动是应届高校毕业生在社会阶层内发生的流动。

需要说明的是，就业流动包括初次流动和再次流动（二次流动等），研究调查的对象是应届高校毕业生，因此，研究所考察的高校毕业生就业流动实则是高校毕业生群体的初次就业流动，也称为就业流向。

三、社会分层

（一）社会分层的概念

解释社会分层，首先需要弄清楚社会分层与社会结构的关系。社会是由单个的个人组成的，如果就单个的个人进行考察，显然是不可能对整个社会进行研究的。拿我国来说，根据第六次全国人口普查，我国有 13 亿多人口，对如此庞大的群体几乎没有办法进行一一调查研究，只能从结构上进行考察。这种结构是人与人之间一种比较稳定的关系，对这些关系进行研究，就足以了解社会的整体状况。例如，社会经济结构、社会组织结构、社会职业结构分别反映的是社会经济要素、社会组织要素、社会职业要素的一种比较稳定的生产关系。可见，社会结构是指社会各要素或各部分相互之间的一种比较稳定的关系模式或互动模式。一般认为社会结构是社会诸要素稳定的关系及构成方式，即相互关系按照一定的秩序所构成的相对稳定的网络，社会结构是根据社会需要而自然形成或人为建立起来的，社会结构运行的过程也是社会结构发挥其社会功能的过程。②

---

① 马莉萍. 西方国家大学毕业生就业流动的研究：借鉴与启示[J]. 教育学术月刊，2009，(10)：58-62.

② 李强. 当代中国社会分层：测量与分析[M]. 北京：北京师范大学出版社，2010：1.

社会结构可以从不同的角度进行考察，如人口、区域、就业、收入分配等。一般来说，人们更为关注的是社会中个人或群体的地位结构，也可以说是阶层结构，这是社会结构的核心。这里所说的地位是个人或群体的社会地位，它是指人们在社会关系空间上所处的相对位置，同时也是社会关系中的各个纽结。[①]

社会地位结构反映的是社会地位因素，包括两个方面：一是社会地位的垂直结构，是指个人或群体在社会中高低位置的不同，如收入不同而形成的贫富结构；二是社会地位的水平结构，即社会中个人和群体的横向关系，如区域分布。[②]由此可以看出，这两种因素都是围绕资源的占有情况来说的，所以往往密不可分。显而易见，收入是经济资源，个人在经济资源的占有上情况不同。同样地，在不同区域所占据的资源也有差异，举一个最简单的例子，在我国东部大城市的人比在西部的人占有更多的社会资源。这种因资源占有而形成的地位差异现象，可以称为社会分层结构，或者称作社会分层现象。

厘清了社会分层与社会结构之间的关系，就能够对社会分层下定义了。对于"社会分层"的定义，学术界有不同的表述，概括起来可分为两类：一类视其为客观过程的界定，认为社会分层是指社会成员在社会中因获取社会资源的能力和机会不同而呈现出高低有序的等级或层次的现象或过程；另一类视其为主观方法的界定，认为社会分层是指根据一定的标准将社会成员划分为高低有序的等级或层次的方法。[③]无论持何观点，从中可以看出，所谓的"层"指的是一些社会群体，社会分层就是对不同群体的研究。

（二）社会分层的划分基础

社会分层理论研究的是人们地位的差别现象，地位的差别是一种客观事实，对于它可以运用不同的考察角度，如考察收入差别、职业差别以及权力、声望、教育等方面的差别。也就是说，社会分层实质上讲的是社会资源在各群体中的分布情况，因此，资源的占有水平也就成为划分社会阶层和社会地位的标准。为分层体系提供划分基础的资产、资源很多，具体如表 1-1 所示。

---

① 郑航生. 社会学概论新编[M]. 北京：中国人民大学出版社，1987：221.

② 李强. 当代中国社会分层：测量与分析[M]. 北京：北京师范大学出版社，2010：2.

③ 刘祖云，田北海，戴洁. 转型期的中国社会分层：从理论到现实的探讨[M]. 武汉：湖北人民出版社，2009：7.

表 1-1 为分层体系提供划分基础的一些资产、资源的类型

类别	举例	相关学者
经济类	对土地、农田、工厂、专业工作、商业、流动资产、人（也就是奴隶）、劳动力（也就是农奴）的所有权	马克思（Karl Heinrich Marx）、赖特（Erik Wright）
政治类	家庭权威（例如家长）；工作权威（例如经理）；政党和社会权威（例如议员）；宗教领袖	韦伯（Max Weber）、达伦多夫（Ralf Dahrendorf）
文化类	上层社会的消费行为；“优雅的举止”；特权化的生活方式	布迪厄（Pierre Bourdieu）、蒂马鸠（Paul DiMaggio）
社会类	对上层社会网络的进入；社会关系；社团和俱乐部；会员资格	沃纳（W. L. Warner）、科尔曼（James Coleman）
荣誉类	声望；“好名声”；声誉；尊重和诋毁；种族和宗教的优越性	希尔斯（Edward Shils）、特雷曼（Donald Treiman）
公民类	财产、契约、选举的权利；议员资格；结社和言论自由	马歇尔（Thomas H. Marshall）、布鲁巴科（Rogers Brubaker）
个人类	技能；专长；在职培训；经验；正规教育；知识	斯瓦拉斯托加（Kaare Svalastoga）、贝克尔（Gary Becker）

资料来源：戴维·格伦斯基. 社会分层[M]. 2 版. 王俊等译. 北京：华夏出版社，2005：3

经济类资源可以从三方面来划分：①生产资料的占有，马克思的阶级划分主要就是以此为依据；②控制商品和劳务的能力；③经济收入。按照经济收入来说，低收入者构成社会下层或弱势群体，中等收入者是中间层或中产阶级，高收入者是社会上层。我国自改革开放以来，国家允许少数人先富起来，于是出现了社会分化，以往平均主义的格局被打破，主要反映在经济收入方面。在社会分层中，按照经济收入划分社会群体有利于社会关系的协调。高收入、中等收入和低收入只是陈述社会事实，并不具有明显的褒贬含义，相对来说，不会引起人们的反感。

政治类资源中最受关注的是政治权力。韦伯是政治权力较早的提出者，他曾深入讨论过将政治权力作为重要的一元，他的三元社会分层理论也将政治权力作为重要的一元。[①]达伦多夫、普兰查斯（Nicos Poulantzas）等也都尝试按照政治权力进行分层研究。

运用文化类资源作为分层标准的社会学家不在少数。托斯丹·邦德·凡勃伦（Thorstein B. Veblen）于 1899 年出版了《有闲阶级论：关于制度的经济研究》（*The Theory of the Leisure Class: An Economic Study of Institutions*）。该书研究了闲暇生

① 李春玲，吕鹏. 社会分层理论[M]. 北京：中国社会科学出版社，2008：1.

活、服装、古代遗风、宗教信仰、高级学识等文化现象与金钱和阶级之间的关系。[①]文化分层理论的另一位突出代表是法国社会学家布迪厄，他在《区隔》（*Distinction*）一书中研究了不同阶层的生活方式与文化，探讨了阶级文化与“惯习”的关系，并把学历、证书纳入文化资源的范畴。此外，蒂马鸠等也是研究文化分层的重要理论家。

社会类资源主要指的是社会关系资源。从理论脉络来看，在社会分层中最早重视社会关系资源的有沃纳等人。他们在《美国社会阶级》（*Social Class in America*）一书中分析了社会网络、社会关系对进入上层社会的重要作用。当然，如果就社会资本概念溯源的话，也有主张追溯到布迪厄的，他在 1980 年发表的《社会资本随笔》（*Le Capital Social: Notes Provisiorires*）中认为，社会资本是“实际或潜在资源的集合，这些资源与由相互默认或承认的关系所组成的持久网络有关，而且这些关系或多或少是制度化的”[②]。科尔曼则认为，“社会资本基本上是无形的，它表现为人与人的关系”[③]。

声望在荣誉类资源中最受青睐，根据声望资源划分社会地位是一种主观分层模型。社会学历来重视主观评价对社会地位的影响，原因在于，一个人的社会地位必须要得到社会的认可，如果未被认可，他的所谓社会地位也就失去了意义。传统的主观分层模型的主要代表是沃纳。帕森斯也是主观分层的倡导者，他认为一个人在社会上地位的高低是由他人的评价决定的，而这种评价是根据这个人所能够做到的与社会上占统治地位的价值观相一致的程度决定的。[④]所以，主观的意识形态和价值观是第一位的，而经济的地位是第二位的。此外，特雷曼也是专门研究声望分层的，他用数据证明，世界各国对于职业声望高低的评价非常接近，也就是说，职业声望的排序并不因各国文化之不同而发生差异，并解释说这是社会结构相似所致。[⑤]声望地位与经济地位会出现不一致，比如声望地位很高的人财产地位却可能比较低，社会学称之为“地位相悖”（status inconsistency）。我国社会曾在改革开放前期出现的“脑体倒挂”现象，就是指声望地位较高的知识分子当时的收入地位很低。

民权资源是一个比较典型的西方概念。英国社会学家马歇尔（Thomas H.

---

① 凡勃伦. 有闲阶级论：关于制度的经济研究[M]. 蔡受百译. 北京：商务印书馆，1964.

② 李蕙斌，杨雪冬. 社会资本与社会发展[M]. 北京：社会科学文献出版社，2000：3.

③ 詹姆斯·S. 科尔曼. 社会理论的基础（上、下）[M]. 邓方译. 北京：社会科学文献出版社，1999：335.

④ Parsons T. Essays in Sociological Theory[M]. Glencoe: Free Press, 1964: 83.

⑤ Treiman D. Occupational Prestige in Comparative Perspective[M]. New York: Academic Press, 1977: 5-12.

Marshall）在《公民权与社会等级》（*Citizenship and Social Class*）中指出，在早期社会，民权类资源是阶级区分的重要标志，有公民权的与没有公民权的、有选举权的与没有选举权的分属于不同的阶级，随着资本主义工业社会的发展，一般的公民权利扩大到了社会的各个阶级，既然在法律面前人人平等，民权就成为各个阶级共享的资源。但在实际生活中，民权资源在社会群体中的分布仍然是不平等的，特别是在社会经济领域，社会福利、社会保障的分层差异还是明显的。在我国，这方面的例证最突出的莫过于户籍制度了。户籍制度将我国公民按照他们的户籍登记地进行区分，使不同区域群体在教育、社会福利、社会保障等方面出现重大差异。

人力资源主要体现在人力资本的分配上。有关人力资本的研究主要关注由于资历、教育、工龄等的不同而产生的分层现象。科尔曼认为，人力资本与社会资本不同，后者存在于人与人之间，而前者存在于一个人的自身之内，他认为二者可以相互补充。[①]由于人力资源的差异而形成的分层地位，在社会学上称为“自获地位”，它与“先赋地位”相对。[②]自获地位指不是先天具有的，而是通过后天努力而获得的地位。高校毕业生通过就业流动获得的地位就是自获地位，它是接受高等教育和自己努力的结果，当然也无法完全摆脱先赋性因素的影响。

四、社会流动

（一）社会流动的概念

讲到社会结构与社会分层就不得不提及社会流动。从理论上看，社会分层要回答两个基本问题，第一是“谁得到了什么”，第二是“为什么得到”。[③]第一个问题研究的是社会不平等结构，或者说“社会地位差异”，这是考察任何一个社会时可以直观看到的，如收入分层，社会上有穷人、富人。第二个问题研究的是人们究竟是怎样进入地位差异结构中来的，有的穷人后来成了富人，又如从各级学校毕业的学生是如何进入职业分层位置中来的。这种社会地位的变化就被社会学家称为“社会流动”。[④]可见，社会分层与社会流动是交织在一起的，是一种事

---

① 詹姆斯·S. 科尔曼. 社会理论的基础（上、下）[M]. 邓方译. 北京：社会科学文献出版社，1999：335-336.

② 李强. 试析社会分层的十种标准[J]. 学海，2006，（4）：40-46.

③ 格尔哈特·伦斯基. 权力与特权：社会分层的理论[M]. 关信平，陈宗显，谢晋宇译. 杭州：浙江人民出版社，1988：6.

④ 李强. 转型时期中国社会分层[M]. 沈阳：辽宁教育出版社，2004：2.

物的两种状态。

社会分层和社会流动是对某个国家或地区同一类社会现象所做的两种视角的分析和描述。社会分层是从静态的角度，分析描述社会阶层结构的分化内容、形式、形成的层次和分布状态，是研究社会阶层结构分化的质变过程。社会流动是从动态的角度，分析描述社会阶层结构分化中各层次间的互动、动力机制、时空范围、方向和速度，是研究社会阶层结构分化的量变过程。[①]格伦斯基认为，社会流动是社会分层的一种机制，也就是说，社会分层是通过社会流动得以实现的。[②]在本书中，高校毕业生的社会分层情况，或者说社会阶层结构正是通过毕业生的就业流动来实现的。

如果要对社会流动下个定义，它指的是人们地位、位置的变化，更精确地说，它包括两个方面：一是指个人或群体在社会阶层结构中从某一阶层转移到另一阶层，或者说从某一种社会地位转移到另一种社会地位；二是指社会成员在地理结构中位置的变化。高校毕业生进入社会就业，获得的社会地位与之前的地位出身发生变化，符合从一个社会地位转移到另一个社会地位的情况，而且工作的所在地可能与之前家庭所处的地理位置不同，产生了地理位置的变化，由此可以看出，高校毕业生的就业流动实质上属于社会流动的范畴。

（二）社会流动的类型

按照不同的标准，社会流动可划分为以下几类。

1. 按照流动的规模分为个人流动与群体流动

社会流动表现为个人社会地位的上升和下降，但是对个人流动的研究并不能涵盖社会分层流动的整体趋势，需要对整个群体的社会流动进行研究。高校毕业生就业流动属于群体流动，将高校毕业生作为一个群体进行考察，有助于了解整体的就业流动情况。同时，也应注意到在群体中因个人努力程度不同、受教育程度不同以及人力资本存量不同，流动也将存在差异。

2. 按照流动的方向可以分为垂直流动与水平流动

在一个既定的社会阶层结构中，如果流动的方向是由较低社会地位流动到较高社会地位，称为向上流动，反之则称为向下流动。不论是向上还是向下，都统

---

① 陆学艺. 当代中国社会流动[M]. 北京：社会科学文献出版社，2004：1.

② 许庆豫，卢乃桂. 教育分流论[M]. 南京：江苏教育出版社，2005：52-53.

称为垂直流动。有些社会成员从一种职业转移到另一种职业，但其社会地位基本相同，是在同一分层水平位置上的流动，则称之为水平流动。①举例来说，高校毕业生如果从较低社会阶层流入较高社会阶层，就说这是向上的垂直流动，反之则称为向下的垂直流动；如果没有变化，称之为水平流动或没有流动。这种描述同样适用于地区间的流动。

3. 按照个人发展分为代际流动和代内流动

代内流动是一个人一生中社会地位的升降，代际流动是指父母与子女两代人之间的社会地位变化。本书所要调查的毕业生是应届毕业生，是对其初次社会地位的考察，主要是希望知晓高校毕业生接受高等教育后对其社会流动的影响，也就是他们在接受不同程度的高等教育后流入何种社会地位，较之先前的社会地位有何变化，先前的社会地位是指父母的社会地位。也就是说，本书所要探讨的是高校毕业生的代际流动情况。

4. 按照与社会结构的相关程度分为结构性流动与非结构性流动

结构性流动是因社会结构的变迁而造成的人们地位的变化。目前，我国社会仍处于市场经济的转型期，社会经济结构发生了改变。劳动力市场分割与高等教育大众化等问题接踵而来，高校毕业生的就业流动已不单单是个人意愿的流动，而是受社会经济结构的影响和作用。

5. 按照流动的急缓分为渐进流动和骤变流动

骤变流动是由于革命或新的社会分层体系的创立而发生的短期内社会地位的迅速变迁。②这种流动形式不在本书的考察范围之内。

（三）研究采用的社会流动测量指标

1. 流动表

自对社会流动研究开展伊始，“流动表”（mobility tables）就是大多数研究者测量社会流动的通用工具。按照法国社会学家克洛德·泰洛特（Claude Thelot）的说法，流动表的含义很简单，即按照个人目前的社会地位和社会出身两个标准

① 陆学艺. 当代中国社会流动[M]. 北京：社会科学文献出版社，2004：2.

② 李强. 当代中国社会分层与流动[M]. 北京：中国经济出版社，1993：4-6.

把他们归入不同的社会类别。[①]

研究流动的学者传统的研究起点是分析双变量的流动表，它是将个人的社会阶层出身和最终结果进行交互分类，这样的表格可以检验不同层次的人群的流动性与流动机会的数量及形态上的不同。具体地讲，所谓流动表，指的是在一个由行与列组成的表中，以其社会出身为行，以当前社会地位为列，按照这两个标准把他们归于行列表之中某一位置，并计算出每个位置的频数与百分比。[②]总体来说，用“流动表”这一工具描述、测量不同阶层社会地位的传递与变动，目前而言仍是一种有说服力的方法[③]，因为通过流动表内的数据，不仅可以把个体目前社会地位与之前社会地位联系起来，而且可以把个体在某个时刻所处的社会地位与他出身的社会地位进行对比，从而直观地反映出各个社会阶层的地位变动情况。

但流动的原因千差万别，如一个水管工人的儿子成为水管工人的概率，不但受家庭影响，也受社会需求制约。因此，要区分流动的成分就需要引入流动比的概念。流动比是从出身位置到目前位置的相对流动量，也可以说是位置的“开放率”。

2. 流动率

通过流动表能够掌握高校毕业生的阶层流动状况，但是流动表通过流动的两个终端，即毕业生起初地位（父亲职业）与现有地位之间进行比较来研究流动结果，首先，掩盖了毕业生的社会流动过程，不能反映其社会地位的动态变化。其次，因为流动表的频次受到边际分布及行与列交互作用的影响，故仅用流动表来对社会结构的开放性进行说明时，将存在不可避免的缺陷。[④]最后，社会流动表不足以对社会流动形成一个总体的描述。因而本书在运用流动表对高校毕业生阶层流动考察的同时，辅以反映社会流动总体情况的社会流动指数来更好地对高校毕业生的社会流动情况进行分析。

人们试图用一些简单的指数来概括一个流动表，当然，每一种指数都多少依

① 克洛德·泰洛特. 父贵子荣？：社会地位和家庭出身[M]. 殷世才，孙兆通译. 北京：社会科学文献出版社，1992：34.

② 克洛德·泰洛特. 父贵子荣？：社会地位和家庭出身[M]. 殷世才，孙兆通译. 北京：社会科学文献出版社，1992：34.

③ 许欣欣. 当代中国社会结构变迁与流动[M]. 北京：社会科学文献出版社，2000：180.

④ 王甫勤. 西方社会流动研究综述[J]. 兰州学刊，2008，（8）：203-205.

情况不同而表现出它有益的一面和不足的一面。法国社会学家布东（R. Boudon）认为，可以把这些指数分为两类。第一类，不以特殊“模式”为前提：它们是根据流动表直接计算出来的指数。所谓“没有模式的指数”，主要是社会地位的传递并不仅仅取决于个人或家庭的良好愿望或选择。相反，它存在于宏观社会的变化之中。这一观点认为社会流动是社会结构变化的结果，而不是社会结构变化的原因。第二类则相反，它们是将某一个特定模式运用于流动表后得出的。换句话说，是出自对社会地位的传递提出的一些假设。在实际研究中，绝大多数研究者所使用的测量指标是第二类指数，即将某一特定模式用于流动表后所得到的指数。概括而言，这类指标包括总流动率、世袭率（未流动率）、流入率、流出率、开放率、向上流动率、向下流动率等。①根据研究需要，将使用总流动率、未流动率、流入率、流出率、向上流动率和向下流动率等流动指数作为阶层流动状况的考察指标，下面对这几种流动指数做简单介绍。

总流动率与未流动率是相对应的一组指数，总流动率反映的是被考察样本中发生流动的个体在总体中的比率，未流动率也就是世袭率（hereditary rate），反映的是未发生流动的个体在总体中的比率。在流动表中，位于对角线上各单元中的数据意味着子代与父代的地位保持一致，没有发生社会流动。因此，未流动率即是对角线上各单元中的数据与所在行的边缘和之比。

流入率（inflow mobility rate）与流出率（outflow mobility rate）是以给定位置进行直接比较的两种测量。流入率指的是在给定的阶层位置上，流入该阶层的个体占该阶层总人数的比率，它意味着其他阶层进入该阶层的难易程度，在一定程度上反映了该阶层的开放度。流出率指的是在给定的阶层位置上，流动到其他阶层位置的个体占该阶层总人数的比率。

由于流动并不表示社会地位的改善，因此，按流动的方向分为向上流动与向下流动。在一个父代与子代职业按照递增顺序排列的流动表中，向上流动率（upward mobility rate）指个体的社会地位升入比原来位置高的社会位置。它的测量主要是计算向上流动的人数在总人数中的比率，即将流动表中对角线上面的所有数值相加，除以总人数，就会产生一个向上流动指数。向下流动率（downward mobility rate）指个体的社会地位降到比原来位置低的社会位置。②向下流动率主要是计算向下流动的人数在总人数中的比率，即将对角线下面所有的数值相加之

① 许欣欣. 当代中国社会结构变迁与流动[M]. 北京：社会科学文献出版社，2000：183-186.

② 钟云华. 学生贷款与贫困生的社会流动：资本转化理论的扩展[D]. 武汉：华中科技大学，2010：53.

后再除以总人数，则会产生一个向下流动的指数。

社会流动越畅通，社会流动率越高，越能调动社会各个阶层特别是中低层社会成员的积极性。这种流动将在客观上推动社会化生产的发展，形成经济结构与社会结构变动相互促进的良性循环。

3. 流动距离

上述的流动表与流动率从不同的方面考察了个人的阶层流动状况，通过流动表可以判断出社会成员是否发生了流动，进而通过流动率来获知向上流动的比例、向下流动的比例和未发生阶层流动的比例。但是，仅对流动方向和流动率进行考察，仍不能全面地反映阶层流动的全貌。于是，本书将流动距离纳入对高校毕业生阶层流动的考察范围。

顾名思义，流动距离指的是个人发生阶层流动所产生的距离，即个人的阶层地位与父辈阶层地位之间的距离。相对于父辈阶层而言，当个人的阶层地位高于父辈阶层时，高出几个阶层，就说向上流动了几个阶层；反之亦然。对于阶层距离的考察，有利于掌握在阶层流动中发生短距离流动与长距离流动的情况。同是向上流动，发生长距离流动的难度要远高于短距离间的流动。因此，本书将流动距离作为一个考察指标，对高校毕业生阶层流动距离进行考察和分析，将有助于全面、深入地描述和反映高校毕业生阶层流动的全貌。

五、阶层地位与职业地位

（一）阶层地位

阶层地位是社会阶层地位的简称，首先介绍一下社会阶层的概念。“社会阶层”指的是在现代社会理论中，按一定标准区分的社会群体，这个社会群体在社会分层等级中的位置，就是所谓的“阶层地位”。根据不同的理论和不同的研究目的，有不同的划分标准和方法。之所以要区分不同阶层，是因为一个社会要想能够持续、稳定、协调地发展，就要建立阶层利益的整合机制、矛盾和冲突的化解机制以及社会分层秩序的稳定机制，而这些都要以对社会分层结构的了解和把握为基础。[①]

提到“阶层”，人们往往会想到另一个词——“阶级”，二者有什么关系呢？

---

① 李培林，李强，孙立平，等. 中国社会分层[M]. 北京：社会科学文献出版社，2004：3-5.

在我国和西方国家，古代社会中的“阶级”，就是指社会上存在的身份等级。在我国传统的农业社会，“民”的划分是“士民、农民、工民、商民”四民。《汉书·食货志》曰：“士、农、工、商，四民有业；学以居位曰士。”[①]在西方的各个历史时期，社会等级制度也是普遍存在的，可以看到由各种社会地位构成的多级的阶梯。如古罗马，有贵族、骑士、平民、奴隶；在中世纪，有封建领主、陪臣、行会师傅、帮工、农奴。[②]进入现代社会后，“阶级”仍然是一种等级概念，但不再是身份地位的尊卑划分，而倾向于社会分工的职业划分。

在当前有关阶级、阶层问题的争论中，需要厘清“阶级”与“阶层”两个概念。它们本质上并不存在明显区别，大多数理论者都采用同一个词语——class。[③]但是在我国，“阶级”这一词汇容易让人与马克思主义的阶级概念（按生产资料占有来进行划分的对立群体）联系起来，使民众产生反感情绪，而“阶层”一词相对中性，是一个不具冲突性并带有等级性质的群体概念，所以本书采用“阶层”的提法来说明社会分层问题。

（二）职业地位

一个社会被分为高低有序的阶层序列，人们在阶层序列中的位置即是个人的社会地位。社会地位通常被具体化为职业地位、教育地位、经济地位和权力地位等。也就是说，“职业地位”是社会地位的具体化形式，是以职业为具体对象来考察个人社会地位的一个过程。所以说，个人职业所处的阶层地位代表了他的社会地位。

社会学意义上的社会流动，指的是个体社会地位的变化，本书中也可以认为是个人职业地位的变化。这个变化主要是从代内流动和代际流动两个角度进行分析，前者是一个人一生中发生的职业地位变化，后者是子代与父代职业地位的升降比较。本书对职业地位获得的分析过程，是从代际流动的角度对高校毕业生的就业流动状况进行的考察。通过分析个人所获得的职业地位与其父代的职业地位之间的变化情况，从而判断出地位获得的继承性大小。而对于地位继承性的探讨，往往又是评估社会开放程度的一个标杆。如果子女在很大程度上继承了

---

① 刘莹，陈鼎如译. 历代食货志今译（史记平准书、货殖列传、汉书食货志）[M]. 南昌：江西人民出版社，1984：5.

② 李培林，李强，孙立平，等. 中国社会分层[M]. 北京：社会科学文献出版社，2004：1-2.

③ 有学者认为阶层对应的英文是 stratum，但 stratum 一般指的是由等级分化而造成的连续性的等级排列，它可以将指标划分为若干层，但是层与层之间只存在数值（量）的区别，不存在属性（质）的差异。

父亲的阶层地位，那么就称之为封闭性社会，也就是社会学上所说的“精英再生产”的社会[①]；反之，则是一个“精英循环”的社会。因此，对于社会流动的探讨，可以看作对职业地位获得的考察。于是，个体为什么流动到该职业地位的问题被转化为个体为什么获得该职业地位。

通过上述分析可以看出，从本质上讲，阶层地位与职业地位是一对含义相同的概念。美国社会学家彼得·布劳（Peter M. Blau）和奥蒂斯·邓肯（Otis D. Duncan）在其专著《美国职业结构》（*The American Occupational Structure*）中，提出职业是社会分层的唯一标准，并提出以职业地位为标准的阶级分层模式。国内多数社会分层的研究都与职业有关，从职业声望或者职业经济地位的角度考察社会分层结构。职业与社会分层结构的关系可以从两方面来考察：一方面，职业与表现社会深层结构的财产所有权有关；另一方面，职业又与社会阶层的表层结构相联系。因此，职业地位从一定意义上说就是社会阶层地位[②]。

六、先赋性因素与后致性因素

社会学对于流动的关注，更多的是探究流动的原因与结果。个人的每一次流动，都会使他获得一个社会地位。因此，社会学家关心的问题部分地转化为：是社会个体自己后天获得的资源影响了他的社会流动，还是他先天继承的资源影响着他的社会流动？前者被称为后致性因素，后者被称为先赋性因素。从理论上而言，先赋性因素作用越大的社会，越是陈陈相因，越是封闭；反之，后致性因素主导的社会，往往意味着较大的个人自由选择和发展的空间。[③]

具体来讲，所谓“先赋性因素”（ascribed factor）或称先赋因素，是指一个人与生俱来的、不经后天努力就具有的因素，比如人们不能选择父母，也无法选择出生地，所以家庭出身、城乡户籍都属于先赋因素。所谓“后致性因素”（achieved factor）又称自致因素，是指一个人通过后天努力所获得的因素，比如教育水平、文凭证书是人们通过不断的学习和考试获得的，又如文化水平是人们通过长期的文化积累而获得的，等等。

① 陆学艺. 当代中国社会流动[M]. 北京：社会科学文献出版社，2004：181.
② 庞树奇，仇立平. 我国社会现阶段阶级阶层结构研究初探[J]. 社会学研究，1989，(3)：63-75.
③ 陆学艺. 当代中国社会流动[M]. 北京：社会科学文献出版社，2004：181.

第三节 研究方法与主要研究内容

一、研究方法

研究方法在社会科学研究中占有极其重要的地位，它的创新与改革促进着学术研究的发展。以至于有学者认为，学科根据不同的方法而分为不同的阵营。[①]可以说，研究方法本身是社会科学研究中一个非常重要的方面。它甚至被有些学者称为“打开科学宝库的钥匙”“驶向真理彼岸的航船”。[②]根据研究需要和研究对象的特点，本书主要采取了以下研究方法。

1）文献法。文献法主要是对国内外已有的相关研究和文献资料进行系统的梳理。根据本书的研究目的，通过对国内外已有研究成果和文献的搜集、整理与分析，有助于了解该研究领域的全貌，从而全面、正确地了解和掌握高校毕业生就业流动的历史和问题，从中提炼出对本书有利的理论观点与研究成果，在此基础上找出本书的研究立足点。这些文献主要包括与高校毕业生就业流动及分层相关的书籍、论文、统计年鉴及其他研究成果。

2）比较法。比较研究是根据一定的标准，对两个或两个以上相互之间有一定联系的事物进行考察，探讨它们之间异同的一种研究方法。古罗马学者塔西陀（Tacitus）曾说：“要想认识自己，就要把自己同别人进行比较。”[③]可见，比较是认识事物的基础，是人类认识、区别和确定事物异同关系最常用的思维方法。具体而言，本书通过对不同群体高校毕业生就业流动的分层状况进行比较，以期判断个人在接受不同层次、类型、科类高等教育后的差异，并从中抽象出高校毕业生就业流动的分层机理，从而开阔研究思路，更好地认识高校毕业生就业流动的本质。

3）问卷调查法。问卷调查法试图在不做出好坏价值判断的情况下，分析社会现象发生的原因和特点，它回答社会现象“是什么”的问题。问卷调查法是一

① 谢宇. 社会学方法与定量研究[M]. 北京：社会科学文献出版社，2006：5.

② 刘承波. 多学科的研究与高等教育研究方法问题[J]. 煤炭高等教育，2001，(1)：73-76.

③ 张红霞. 教育科学研究方法[M]. 北京：教育科学出版社，2009：440.

种定量研究的方法，定量研究可证实或证伪已形成的理论假设，从而不断地修改和完善已有的理论假设。[①]具体而言，本书研究以我国10个省（自治区、直辖市）30所院校的高校毕业生为对象进行问卷调查，在实际调查数据的基础上进行相关的数理分析，包括：运用描述性统计分析毕业生就业流动的分层现状；采用单因素方差分析检验不同群体毕业生之间差异特征的显著性；采用多元线性回归探求高校毕业生职业地位获得的影响因素。通过以上数据分析提炼出研究的主要结论，既为研究提供了现实依据，同时又增强了研究的科学性和说服力。

4）访谈法。访谈法是以个案为研究对象，将文字叙述归纳为论证的质性研究方法。研究者“在自然情境下采用多种资料收集方法对社会现象进行整体性探究，使用归纳法分析资料和形成理论，通过与研究对象的互动对其行为和意义建构获得解释性理解”。[②]调查访谈可以说是对量化研究不足的补充，因为它能够对微观的、深层的心理现象和问题进行深入细致的描述与分析，了解被调查者复杂的、深层的心理生活经验，这是问卷等定量研究所不易实现的。具体而言，笔者将选择部分高校毕业生作为访谈对象，通过面谈、网络聊天、电子邮件等方式进行交流，对问卷中取得的信息做进一步的深入挖掘，从而了解被访谈者在就业流动方面的心理、动机和价值观念，使他们用自己的逻辑思路来表达对就业流动的观点与看法。在深入访谈的基础之上，对搜集的质性材料进行分析，试图寻找关于高校毕业生就业流动与社会分层的影响因素，归纳隐藏在事实表象下的毕业生就业流动与社会分层的作用机制。

二、主要研究内容

本书从教育学、经济学、社会学的视角，以2012届应届高校毕业生为研究对象，采取思辨研究与经验研究相统一、历史方法与比较方法相协同、定性分析与定量分析相结合等方法，对我国应届高校毕业生就业流动形成的社会分层现状及其影响因素展开研究和探讨。

本书对以下五个部分的内容进行阐述：第一部分述及研究的意义、相关研究的述评等；第二部分介绍研究的相关理论基础，这部分主要介绍本书运用了什么

① Creswell J W. Qualitative Inquiry and Research Design: Choosing among Five Traditions [M]. Thousand Oaks: Sage Publications, Inc. ,1998.

② 陈向明. 质的研究方法与社会科学研究[M]. 北京：教育科学出版社，2000：12.

理论、为什么运用该理论以及如何应用这些理论；第三部分是现状调查，对我国2012届应届高校毕业生就业流动及其形成的社会分层状况进行多学科的考察，主要探讨高校毕业生就业流动的分层现状、出现的问题及产生的原因；第四部分总结和归纳多学科视野中高校毕业生就业流动形成社会分层的内在机理；第五部分为结论建议，主要基于研究结论进行反思，进而提出相关对策及建议。详细提纲结构如下所示。

第一章是绪论，主要论述研究缘由，对相关核心概念进行界定，并对国内外已有的相关研究成果进行系统的梳理和分析，在此基础上明确本书的研究思路以及运用的研究方法。

第二章是理论基础和分析框架。根据研究需要，首先阐释本书借助的理论工具——教育分流理论、人力资本理论、劳动力市场分割理论、功能主义理论等，并运用上述理论构建本书的分析框架，确立研究的分析逻辑。

第三章是对样本抽样调查的说明及毕业生就业状况的整体性描述。在开始正式分析之前，将对本书使用的调查工具、样本数据进行说明。对高校毕业生就业状况的整体性描述将对毕业生进行筛选，仅选取实际就业的毕业生群体进行后续流动及分层的探讨。

第四章从教育学视角考察高校毕业生就业流动及分层的现状，探讨不同层次、类型、科类高校毕业生在行业与区域间的分流现状、问题及原因。研究首先运用描述性统计分析不同层次、类型、学科高校毕业生在行业与区域间的分层现状，然后采用单因素方差分析探寻高校毕业生层次、类型、学科的流动及分层差异，在分析过程中发现问题，寻找原因。

第五章从经济学角度考察高校毕业生就业流动及分层的现状。一方面基于主流经济学理论——人力资本理论探讨高校毕业生工资收入及分层差异，另一方面基于非主流经济学理论——劳动力市场分割理论探讨高校毕业生劳动力市场内的流动与分层现状、问题及原因。

第六章从社会学角度考察高校毕业生就业流动及分层的现状，探讨先赋性因素和后致性因素特征影响下高校毕业生阶层流动及分层的现状、问题及原因。首先通过描述性统计分析高校毕业生阶层流动及分层的现状，然后基于先赋性因素分析高校毕业生就业流动及分层的差异特征，并在分析过程中发现问题，寻找原因。最后基于后致性因素分析高校毕业生就业流动及分层的差异特征，同样在分析过程中发现问题，寻找原因。

第七章是对高校毕业生就业流动形成社会分层的机理分析。首先，探讨社会分层系统内诸要素的关系机理，探讨教育因素、制度因素和家庭因素之间的相互关系；其次，考察各要素对高校毕业生职业地位获得的影响机理，探讨促进高校毕业生职业地位获得的影响因素；最后，厘清各要素对高校毕业生职业地位获得的作用机理。通过分析上述因素发挥影响的路径，深入探讨高校毕业生就业流动形成分层的作用机理。

第八章是对高校毕业生就业流动研究的结论、反思与建议。首先，总结概括本书的研究结论和主要观点。然后对就业流动进行哲理思考，从经验现象中提炼出分析性的概念和一般性的命题，通过对理论工具的交叉使用，对特殊经验进行分析，从而补充和修正社会分层理论的既有内容。最终在此基础上形成本书的立场，并提出一些相关的对策建议。

第二章
高校毕业生就业流动及分层的理论框架

高校毕业生就业问题是教育经济学与教育社会学研究的核心问题，它处于广泛而复杂的社会与教育背景之中。因此，无论是教育学家、经济学家还是社会学家，通常都是将其置于更为广阔的理论和社会背景之下进行讨论。在这些理论流派中，教育分流理论、人力资本理论、劳动力市场分割理论以及社会分层中的功能主义理论，都对高校毕业生就业流动的分层问题进行了深入和系统的讨论。蕴含于上述理论之中的一些观点，对本书的研究具有重要借鉴意义。同时，综合运用多种理论，犹如伯顿·克拉克所说“打开多盏聚光灯”[①]，为客观、全面地审视我国高校毕业生就业流动的分层研究提供了科学的依据与合理的思路。

第一节　理论分析基础

一、教育学理论分析基础及其相关论述

教育分流直接为学生从事不同职业和进入不同的社会阶层奠定了基础。[②]因此，关于毕业生就业流动及分层的教育学考察，本书主要运用的是教育学领域中的教育分流理论，并以此作为研究的理论分析工具。教育分流，即人才培养的分

① 许庆豫，卢乃桂. 教育分流论[M]. 南京：江苏教育出版社，2005：3.
② 许庆豫，卢乃桂. 教育分流论[M]. 南京：江苏教育出版社，2005：1.

流，简称分流。它是指学校教育系统根据社会的需要和学生个人的意愿与条件，把完成一定阶段教育的学生，有计划、分层次、按比例地分成几个流向，分别接受不同类型、不同层次的教育，以培养社会发展需要的各级各类人才的活动。①

从历史进程来看，中国社会对人才的选择和分流大致分为两种形式：保举性选择与分流和竞争性选择与分流。前者的依据是人们的家世、门第、身份、种族，社会按照此依据赋予人们不同的资格，进而成为不同层次的人才。保举性选择与分流具有先天性和血缘性的特点。运用这种方式选择人才的社会缺少社会流动和开放，社会等级森严，社会进步迟缓，正因如此，保举性选择与分流被淘汰。竞争性选择与分流所依据的是人们所具有的能力、知识、经验、德行、健康等品质，人们以其所具有的上述品质，通过竞争，按照优胜劣汰的原则参与选择并取得相应的资格或身份。这种方式更富有生机，保证优选人才。

学校在竞争性选择与分流人才的过程中具有十分重要的作用：其一，当代选择和分流人才十分重视其系统的科学知识，而这样的知识只有学校可以提供；其二，当代选择和分流人才的机制十分重视人们的学校经历，不同能力和知识水平的人们进入不同的学校，不同程度、类型、层次和水平的学校教育赋予人们不同的条件，使人们在选择和分流中处于不同的地位。学校直接介入人才选择和分流，并成为其中最为权威性的手段。学校选择和分流功能的强化，将会使是否接受教育和接受什么样的教育，直接决定人们的经济收入、社会地位和人生道路，从而提升教育的价值。②可见，教育分流直接为学生从事不同的职业和进入不同的社会阶层奠定基础。需要说明的是，人类社会早期的教育分流直接依据并包容了种族、民族、宗教、性别和阶层因素。在这里，教育分流定义排除了学校教育中直接依据种族、民族、宗教、性别和阶层实施的分流。

在我国，教育分流已形成“三级分流”格局，即初等教育分流、中等教育分流与高等教育分流。初等教育分流是人才培养的基础阶段，在当前义务教育已经普及的背景下，初等教育的分流担负着学生的兴趣激发与保护、个性的发展与培养，以及学术性向的初步观察与指导的任务。中等教育分流一方面担负着传授基本知识、培养基本技能、为高校输送合格生源的任务；另一方面承担着向社会输送合格劳动者和初级专门人才的任务。高等教育分流则不仅担负着开发学生潜能、培养学生学术兴趣与能力等多方面的任务，而且担负着培养各级各类专门人

① 董泽芳，陶能祥. 高等教育分流的理论与实践[M]. 武汉：华中师范大学出版社，2010：1.

② 鲁洁. 论学校的选择功能[J]. 教育研究，1986，(10)：27-31.

才、优化人才结构、满足社会经济发展多方面需求的任务。

在分流格局中，高等教育分流无疑对社会的发展具有更深远的意义。在分流内部，主要涉及三个层面的分流：一是高等教育对象的分流，即按照个人的意愿进行分流培养；二是高等教育任务的分流，即按照高等教育结构承担的任务进行分流培养；三是高等教育资源的分流，即按照资源配置进行分流培养。上述三个层面的分流相辅相成，共同构成高等教育分流活动的完整体系。其中，对象的分流是前提，任务的分流是途径，资源的分流是保障。①

（一）教育分流与社会分层和社会流动的关系

在不同的历史时期，社会流动的途径不同。在身份社会，家庭出身和世袭体制限制着社会流动。人类社会进入工业化时代后，成就和绩效从制度上取代了家庭出身和世袭体制，成为制约个人社会流动的主要因素。而个人成就和绩效与个人的教育程度具有密切的关系。正是在此意义上，教育分流与社会分层和社会流动发生互动关系。教育分流在很大程度上决定个人的教育程度和教育类型，进而影响人们的社会流动意识、能力和能够获得的社会地位。教育与职业的关系，实质上可以看作对教育分流与社会分层之间的相互关系的说明。

学校教育必须为社会的各个层次和各种职业输送不同规格和类型的人才，培养人们适应社会不同层次和不同职业的品质与能力。这是社会分层和社会流动向学校教育提出的基本要求。而培养不同规格和类型人才的基本前提是建立包含不同层次、类型学校的教育制度，并通过教育分流，为个人提供不同的教育，形成不同的能力和品质。②

在现代社会中，各种职业所代表的社会角色，在知识、才能、情感、权利、义务和行为规范等方面都有明确的规范要求。分流教育可以帮助个体获得社会角色需要的知识与技能、理解与角色有关的权利和义务、培养与角色相适应的情感与态度等，从而使个体的条件逐渐符合某种角色的规范要求，有望获得与个人意愿及条件相符的社会角色。③同时，通过分流可以相对公平地分配社会资源，实现合理的地位分化，成为除身份、权力、财富、声望等以外，促进社会地位提高

① 董泽芳，陶能祥. 高等教育分流的理论与实践[M]. 武汉：华中师范大学出版社，2010：17-20.

② 许庆豫，卢乃桂. 教育分流论[M]. 南京：江苏教育出版社，2005：72-74.

③ 董泽芳，沈百福. 百川归海——教育分流研究与国民教育分流意向调查[M]. 武汉：华中师范大学出版社，1999：36.

的重要资源。正是教育分流和筛选功能使那些高校毕业生走上了或向上流动、或向下流动的社会分层道路。

（二）教育分流促进高校毕业生的社会流动

在一个社会中，合理的社会流动对于社会和谐发展具有极其重要的作用。社会流动可以使社会分层保持一种开放性状态，它通过社会成员的流动来不断调整阶层间的关系，使各阶层的人员处于不断变化之中，从而减弱阶层间的摩擦与对立，缓解社会冲突，促进社会稳定。

教育分流满足了社会合理分化的需求，同时通过社会流动也增加了社会的活力。通过高等教育的合理分流，选择与培养人才，将高校毕业生分流到不同的职业地位，使毕业生流动到不同的社会阶层中去，一定程度上优化了社会结构。也就是说，高校毕业生通过接受不同层次的高等教育，取得的社会流动资质也不尽相同，毕业后谋求的职业地位与其所接受的教育层次密切相关。不少学者通过研究证明了此观点。著名美国学者布劳和邓肯通过研究表明，在现代工业社会中，影响个人职业地位获得的是个人的受教育水平。此后，费瑟曼（Charles Wright Featherman）和赖特等为代表的一批学者在布劳-邓肯的“地位获得模型”中不断加入新的变量，但基本观点仍强调教育因素的作用。[①]

二、经济学理论分析基础及其相关论述

（一）人力资本理论

人力资本理论不仅为西方教育经济学奠定了理论基础，而且开辟了西方经济学新的研究领域。[②]该理论全面分析了人力资本的含义、人力资本的形成途径及人力资本的“知识效应”。同时把消费纳入了生产过程，把人的消费视为一种重要的投资。这一理论也带来了资本理论、增长理论和收入分配理论革命性的变化。[③]

传统资本理论是建立在劳动同质性和资本同质性假设基础上的，其中资本同质性假设主要是指等量资本获取等量利润。随着社会的发展，建立在劳动与资本同质性假设基础上的传统资本理论，不断受到现实的挑战。经济学的巨匠亚当·斯

① 张翼. 中国人社会地位的获得——阶级继承和代内流动[J]. 社会学研究，2004，(4)：76-90.
② 曲恒昌，曾晓东. 西方教育经济学研究[M]. 北京：北京师范大学出版社，2000：25.
③ 杨文华. 人力资本与社会发展研究[D]. 北京：中共中央党校，2005：4.

密（Adam Smith）注意到了人力资本的问题，他敏锐地认识到：人的知识、经验和才能对社会生产有重要的作用，是一种具有生产性的资本。[①]亚当·斯密认为劳动技巧的熟练程度和判断能力的强弱必然要制约人的劳动能力与水平，而劳动技巧的熟练水平要经过教育培训才能提高，教育培训则是需要花费时间和付出学费的。[②]

随着经济学的不断发展和完善，经济学家开始关注人力资本的现实意义。古典经济学的集大成者、19 世纪末英国著名经济学家阿尔弗雷德·马歇尔（Alfred Marshall）认识到知识的重要性及其资本属性，认为对人力的投资是一种创造物质财富的重要手段。他在其经典著作《经济学原理》中不仅充分认识到了教育和培训的重要作用，而且把教育作为“国家投资”来看待。阿尔弗雷德·马歇尔认为：“教育仅仅当作是一种投资，使大多数人有比他们自己通常能利用的大得多的机会，也将是有利的。因为，依靠这个手段，许多原来会默默无闻而死的人就能获得发挥他们的潜在能力所需要的开端。而且，一个伟大的工业天才的经济价值，足以抵偿整个城市的教育费用。”[③]与此同时，卡尔·马克思通过劳动价值论的阐述突破了劳动同质性假设，提出了近似于人力资本的概念。马克思认为，创造价值的劳动分为简单劳动和复杂劳动，其中复杂劳动就是经过专门训练、具有一定技术专长的劳动。马克思所论述的“复杂劳动”在本质上已经非常接近教育经济学领域中的人力资本的概念。尽管马克思没有进行专门的人力资本理论研究，但他关于劳动的许多理论观点却是人力资本理论的重要思想基础。

19 世纪 40 年代，德国经济学家李斯特（Friedrich List）研究了才能在生产中的作用，他提出了与人力资本概念相近的“精神资本”概念，并主张“一个国家的最大部分消耗，是应该用于后一代的教育，应该用于国家未来生产力的促进和培养”。[④]到 20 世纪 50 年代初，越来越多的经济学家开始关注人力资本的研究。[⑤]但这一时期人力资本概念并未能得到主流经济学家们的认可。

1960 年西奥多·W. 舒尔茨（Theodore W. Schultz）在经济学年会上发表了关于人力资本投资的演说，系统地阐述了人力资本理论，人们多以此作为人力资本理论诞生的标志。至此，现代意义上的人力资本理论才正式宣告诞生，人力

---

① 王建民. 人力资本生产制度研究[M]. 北京：经济科学出版社，2001：17.

② 亚当·斯密. 国民财富的性质和原因的研究[M]. 郭大力，王亚南译. 北京：商务印书馆，1972：25-258.

③ 马歇尔. 经济学原理（上册）[M]. 朱志泰译. 北京：商务印书馆，1964：233.

④ 弗里德里希·李斯特. 政治经济学的国民体系[M]. 邱伟立译. 北京：华夏出版社，2009.

⑤ 冯子标. 人力资本运营论[M]. 北京：经济科学出版社，2000：38.

资本概念同时也被正式纳入主流经济学中。舒尔茨明确阐述了人力资本理论，使其冲破重重歧视与阻挠成为经济学上一个新的门类。之后他又进一步研究了人力资本形成的方式与途径，并对教育投资的收益率和教育对经济增长的贡献做了定量的研究。他对未来持乐观态度，认为决定人类前途的并不是空间、土地、自然资源，而是人的能力。

加里·S. 贝克尔被认为是现代经济领域中最富创见的学者之一，他与舒尔茨一起，成为人力资本理论的主要推动者。他的著作《人力资本》（*Human Capital*）是西方学术界公认的“经济思想中人力资本投资革命”的起点。贝克尔分析了正规教育的成本和收益问题，还重点讨论了在职培训的经济意义，也研究了人力资本投资与个人收入分配的关系。[①]除了在人力资本形成方面的研究以外，他还在教育、培训和其他人力资本投资的过程方面取得了具有开拓意义的成果。贝克尔既注重对人力资本的微观分析，弥补了舒尔茨只重视宏观分析的缺陷，又注重将人力资本投资理论与收入分配结合起来。但是他沿用舒尔茨的人力资本概念，缺乏对人力资本本质的分析，也缺乏对人力资本全面的研究。继舒尔茨、贝克尔等经济学家对人力资本理论做出了重大贡献后，卢卡斯（Robert Lucas）、罗默尔（Paul Romcr）、斯宾塞（Michael Spence）等人都在不同程度上进一步发展了人力资本理论。随着对人力资本投资理论研究的深入，一些新兴的经济分支学科迅速发展起来，如教育经济学、家庭经济学和人力资源会计学等。

到20世纪80年代，以知识经济为背景的“新经济增长理论”在西方国家兴起，成为当代人力资本理论的主要代表。与60年代的舒尔茨采用新古典统计分析法不同，新经济增长理论采用了数学的方法，建立了以人力资本为核心的经济增长模型，克服了人力资本理论的一些缺陷。新经济增长理论在人力资本理论研究方面的主要贡献表现在将人力资本纳入了增长模型，并且使其内生化，克服了经济均衡增长取决于劳动力增长率这一外生变量的缺陷。另外，新经济增长理论从经济增长模型中阐发其人力资本理论，将对一般的技术进步和人力资源的强调变成了对特殊的知识即生产所需要的“专业化的人力资本”的强调，从而使人力资本的研究更加具体化和数量化，极大地发展了人力资本理论，也使人们在实践中正确认识了人力资本在经济增长中的作用。[②]从20世纪80年代后期开始，人

① Becker G S. Human capital and the personal distribution of income: an analytical approach [R]. Ann Arbor: Institute of Public Administration, 1967.

② 杨文华. 人力资本与社会发展研究[D]. 北京：中共中央党校，2005：3-4.

力资本理论研究的势头再次掀起，人力资本理论有了更新的发展，从而使人力资本理论的研究达到了一个新的理论高度。

人力资本理论认为，对人力资本的投资将伴随着收益。就教育的人力资本投资而言，收益表现在两个方面，一是增加个人的就业机会，二是提高个人的经济收入。个体通过以上两个方面的收益率来保证其在就业市场与社会分层中的优势地位。

1. 人力资本增加就业机会

舒尔茨认为，人力资本和物力资本的投资收益率是有相互关系的，人力资本和物力资本相对投资量主要由收益率来决定。通过论证，他提出人力资本投资收益率会超过物力资本的投资收益率。他认为人力是社会进步的决定性因素，但人力的取得不是无代价的，需要耗费稀缺资源。他把人力资本投资范围和内容归纳为五个方面：卫生保健设施和服务；在职培训；正规的初等、中等和高等教育；不是由商社组织的成人教育计划，特别是农业方面的校外学习计划；个人和家庭进行迁移以适应不断变化的就业机会。[①]这些投资形式都能提高人们的技能，增加人们的知识，改善人们的健康。

对于人力资本投资，贝克尔在实际论证方面的贡献最大。他认为“唯一决定人力资本投资量的最重要因素可能就是这种投资的有理性或收益率”[②]。在日常生活中，许多消费现象是人力资本投资。人们在教育方面的直接开支是为了获取好的工作机会。在美国，许多移民的收入很低，重要的原因是他们几乎没有接受过教育，没有工作能力。在当代，年轻工人比老工人更有竞争力。如果比较，会发现年轻工人平均受教育程度为 12 年，而年纪较大的失业工人平均受教育程度是 6 年。现在，人们认为如果年轻人没有院校的文凭，便不具备工作的条件。[③]可见，正是人力资本投资带来的教育收益率，使人们为了获取在就业市场上的优势地位，对接受教育充满了热情。

2. 人力资本提高个体收入

1958 年，雅各布 · 明塞尔（Jacob Mincer）发表《人力资本投资与个人收入分配》（*Investment in Human Capital and Personal Income Distribution*）一文，把个人收入差别归因于接受正规教育、在职培训和工作中经验积累形成的人力资本差

---

① 杨文华. 人力资本与社会发展研究[D]. 北京：中共中央党校，2005：3-4.

② 加里 · 贝克尔. 人力资本[M]. 梁小民译. 北京：北京大学出版社，1987：42.

③ 许庆豫，卢乃桂. 教育分流论[M]. 南京：江苏教育出版社，2005：8-9.

别，并把受教育年限作为衡量人力资本投资的最重要标准，建立了说明人力资本投资与个人收入之间关系的人力资本收益率模型。①

舒尔茨对人力资本与收入差别提出了两个非常重要的假设：一是人的经济能力首先是一种表现出来的生产资料。由天赋能力差异而获得的一些纯收入姑且不论，收入数额的最大差别乃是人力投资数额不均的结果。也就是说，工资和薪金结构最终是由对学校教育的投资、对在职训练的投资等来决定的。二是人力资本投资与非人力资本投资相比有所提高，这就使与资产收入相对的个人收入有所增加，人力资本投资分配的均衡使人们收入亦为之均衡化。换言之，人力资本投资的变化乃是降低个人收入分配不平等的基本因素。②可见，在舒尔茨看来，个人收入的增长和个人收入差别缩小的根本原因是人们受教育程度的普遍提高，是对人力资本投资的最终结果。③人力资本投资是降低个人收入不平等的重要因素。

在一项测定人力资本增长对收入增长的影响中，丹尼森（Edward Denison）发现，1929～1982 年人均收入的增长中有 1/4 归功于普通工人受教育水平的提高。④美国经济学家贝克尔也对人力资本与个人收入分配的关系进行了系统的实证研究。他的著作和研究表明，即使在扣除各种直接或间接的教育费用，排除受过较高教育的人的家庭背景及其个人能力的影响后，美国的中学和大学教育也极大地提高了人们的收入水平。⑤人们在接受过较高教育后，收入将高于平均收入，美国的大学和中学毕业生平均收入差距就很好地说明了这一点。

（二）劳动力市场分割理论

对劳动力市场的研究，一直是经济学研究的重要组成部分。新古典经济学认为劳动力市场是一个统一的竞争性市场，市场中的劳动者可以根据自己的偏好和能力来选择职业，从而获取回报。虽然劳动者的个体差异会导致收入差异，同时造成劳动力市场的短期分割，但市场的供求机制最终会使整个劳动力市场达

① 张超. 经济体制转型与人力资本积累关系的实证分析[J]. 经济研究，2007，(12)：59-71.

② 西奥多·W. 舒尔茨. 教育的经济价值[M]. 曹延亭译. 长春：吉林人民出版社，1982：98.

③ 高耀. 人力资本与家庭资本对高校学生就业的影响——基于调研数据的实证研究[D]. 南京：南京农业大学，2011：21.

④ 加里·贝克尔. 人力资本理论：关于教育的理论和实证分析[M]. 郭虹，熊晓琳，王筱，等译. 北京：中信出版社，2007：8.

⑤ 加里·贝克尔. 人力资本理论：关于教育的理论和实证分析[M]. 郭虹，熊晓琳，王筱，等译. 北京：中信出版社，2007：2.

到均衡。特别是到 20 世纪 60 年代初，以舒尔茨和贝克尔等为代表的经济学家提出了人力资本的思想，其基本前提是，个人可以进行有目的的人力资本投资，通过人力资本投资既能够取得较高的生产率，也能够给投资者带来较高的预期收入。[①]

但从 20 世纪中期开始，一些经济学者对这些经典理论的解释力提出了质疑。1954 年，美国经济学家科尔（Clark Kerr）发表了一篇探讨劳动力市场分割问题的文章，这篇文章将劳动力市场的非竞争性问题追溯到了英国古典经济学家密尔（J. S. Mill）和凯恩斯（J. M. Keynes）。[②]将劳动力市场划分为内部劳动力市场和外部劳动力市场，认为现实中的工资差别是劳动力市场分割的结果，从而最早提出了有关劳动力市场分割以及企业内部劳动力市场的思想。

到 20 世纪 60 年代末，美国经济学家彼得·多林格尔（P. Doeringer）和迈克尔·皮奥雷（M. Piore）对波士顿的低工资群体进行了研究，发现很难用竞争理论和人力资本理论来说明那些高工资群体和低工资群体及失业者之间的区别，从而提出了二元结构劳动力市场模型，该模型成为早期劳动力市场分割理论的典型代表。他们认为应当将劳动力市场划分为两个部分，一个是第一劳动力市场（primary market），另一个是第二劳动力市场（secondary market），也译作主要劳动力市场和次要劳动力市场。第一劳动力市场上，工资高，工作条件优越，就业稳定，工人有接受培训的机会和升迁的机会；第二劳动力市场上，工人的工资水平较低，工作条件较差，就业不稳定，而且缺乏升迁机会。两个市场有着不同的运行机制。其中第二劳动力市场可以被视为一个竞争的市场，工资趋于均衡的水平，劳动力的供求在较大程度上受到工资的调节。但是第一劳动力市场的运行机制却要复杂得多，劳动力的价格和数量由一整套管理规则和程序调节，总体工资水平一般要高于均衡水平，而且一个劳动者一旦进入了这个市场，他便会享有“内部人”的种种特权，并避免来自“外部人”的竞争。在这两个市场之间，劳动力的流动性是十分有限的，第一劳动力市场的劳动力宁愿失业也不愿到第二劳动力市场就业，而第二劳动力市场的劳动力也会因为长期以来形成的诸如消极、偷懒等不良的工作习惯而不被第一劳动力市场接纳。[③]

进入 21 世纪，二元结构理论仍有新的发展，主要表现在用来解释失业和失

---

① 余佳. 全球城市：经济特质与二元劳动力市场——上海的实证分析[M]. 上海：学林出版社，2010：44.

② 徐林清. 中国劳动力市场分割问题研究[D]. 广州：暨南大学，2004：22-24.

③ 徐林清. 中国劳动力市场分割问题研究[M]. 北京：经济科学出版社，2006：26-29.

业时的劳动力流动。黑尔斯特伦（K. T. Hallström）[①]认为，二元劳动力市场是“内生”的并且与劳动力市场的大规模失业密切相关。阿纳斯塔斯（J. W. Anastas）和杰克逊（M. Jackson）等认为，由于第一劳动力市场实行高于市场水平的效率工资，当经济处于稳定状态时会存在持久的自愿性失业。当经济面临总需求冲击时，失业率会上升，第二劳动力市场随即产生。衰退引起的大规模失业使得工资较低、工作条件较差的第二劳动力市场的出现成为可能。在这里，劳动力市场的分割不是制度等因素引起的外生给定现象，而是完全由经济因素决定的。尽管第二劳动力市场的工资低，但是它一般高于失业者的收入，因此就可以解释第一劳动力市场劳动力、第二劳动力市场劳动力和失业者收入的差异。现实中经济衰退期所创造的职位大量是来自第二劳动力市场的事实也证明了这种二元劳动力市场的内生理论[②③]。另外，麦克纳勃（Robert McNabb）和瑞安（Paul Ryan）认为，因为在第二劳动力市场就业被视为低生产率的信号，所以高技能劳动者一旦在第一劳动力市场失业，他宁愿保持失业状态，等待在第一劳动力市场重新就业，也不愿意到第二劳动力市场就业。这一机制解释了高技能劳动者的自愿失业和公开失业与岗位空缺并存的现象。[④]

1. 劳动力市场分割成为引导个体流动的关键因素

劳动力市场分割理论认为，现实中的劳动力市场被划分为相互隔绝、自成体系或非竞争的两大部门：第一劳动力市场和第二劳动力市场。第一劳动力市场是指大公司和政府部门所提供的工作，具有较高的工资、良好的工作环境和职业培训机会，而且职业有保障，享有较高的社会地位、平等权利以及晋升机会。而第二劳动力市场则主要是由小企业、小公司提供的工作岗位，往往工资报酬较低、没有职业保障、流动性大、工作环境差、规章制度严厉，很少有进一步发展的机会，属于社会地位较低的层次。该理论认为，能决定毕业生进入哪一个市场的关键不是教育因素而是非教育因素（种族、性别、城乡等）。

目前，我国劳动力市场仍处于一种相对初级形态，城乡之间、地区之间、省

---

① Hallström K T. Organizing International Standardization: ISO and the IASC in Quest of Authority[M]. Cheltenham, Northampton: Edward Elgar, 2004.

② Anastas J W. Employment opportunities in social work education: A study of jobs for doctoral graduates[J]. Journal of Social Work Education, 2006, (2): 195-209.

③ Jackson M, Goldthorpe J H, Mills C. Education, employers and class mobility[J]. Research in Social Stratification and Mobility, 2005, 23: 3-33.

④ 张洪铭. 劳动力市场分割与农民工流动研究——以重庆市丰都县为例[D]. 重庆：重庆大学，2012：9-14.

与省之间、行业之间和不同所有制类型的企业之间所形成的劳动力市场是被分割的，而非一体化的。[①]由于劳动力市场划分形成了“高门槛”的高价劳动力市场和“低门槛”的低价劳动力市场，两者之间的巨大差异给求职者在劳动力市场之间的正常流动设置了障碍，即第一劳动力市场劳动力向第二劳动力市场流动“易”，而第二劳动力市场劳动力向第一劳动力市场流动“难”。从高校毕业生的就业流动机理来看，一方面，当毕业生迫于家庭、性别、城乡因素而不得不进入第二劳动力市场后，他们往往会因为对工作现状不满意而频繁地变换岗位，但由于第二劳动力市场的特征使然，他们想重新流入第一劳动力市场的希望会因为耗费更多时间与成本而变得十分渺茫，只能在第二劳动力市场中不断跳槽；而另一方面，当毕业生进入第一劳动力市场后，他们即使对现行工作不满意，但考虑到两个劳动力市场中所获得利益的巨大差距，通常不会再选择流向工资和劳动条件都比较差的第二劳动力市场就业，也正因如此，多数毕业生宁可选择待业或失业，也不愿意流向第二劳动力市场就业。

2. 通过筛选教育信号确定个体的分层位置

劳动力市场分割理论对人力资本投资作了新的解释，认为人力资本投资只是一种信号，发挥筛选功能，劳动力接受教育只是为进入第一劳动力市场并提供给雇主一个培训潜力大的信号，而那些接受教育少的人被认为培训潜力低，只能占据劳动力阶梯的末端或留在第二劳动力市场。

也就是说，虽然劳动力市场分割理论赞同人力资本理论关于“投资教育的目的在于最终收益”，但是该理论也有自己不同于人力资本的观点，即教育投资的最终收益高低还与个人所传递的教育信号（如学历、文凭或证书等）有关。人们之所以愿意投资高等教育，是因为高等教育与收入之间存在着正相关性，尤其是能传递出被雇主或用人单位看重的教育信号，所以人人都想制造教育信号。然而，教育信号的发送与调整是有成本的，不是任何人都可以实现市场工资与信号成本的最优比率，只有那些具备高生产率、高能力的人进行教育投资才能获得高回报，这种回报通常是以工资的形式来实现的。[②]工资是一种经济关系或经济地位的象征，它是大学生就业流动优先考虑的因素之一。由于在完全竞争的劳动力市场下，工资等级的制定是依学历层次的高低来确定的，因此学历文凭往往被当作自我推

① 张福鸣. 劳动力市场二元分割下的高校扩招对大学生就业的影响[J]. 中国市场，2005,（50）：138-139.

② 冯彬彬. 基于人力资本的研究生教育成本收益分析[J]. 科技致富向导，2012,（9）：20-21, 116.

销的“品牌”或“筛选符号”，以引起就业单位或雇主的关注。然而，教育符号不是任何情况下都是货真价实的，即文凭只给雇主提供甄别教育程度的工具，具有同等文凭的人未必都具有同等的能力。[①]

三、社会学理论分析基础及其相关论述

社会分层研究是社会学领域中较为关注的研究论题，许多社会学理论大师都曾涉及社会分层论题并提出不同的社会分层理论。功能主义理论正是社会分层理论中的一个重要流派。功能主义理论家认为，社会是一个有机整体，其内部存在着相互联系的机制和机构，各部分机制和机构发挥着各种功能和作用，从而使社会正常运行。所以，功能主义理论倾向于认为，现存的各种社会现象，包括社会分层现象和各种不平等现象，对整个社会系统的正常运行具有正面效应，它们是社会系统存在和维持下去所必需的。

功能主义理论有着不同的理论和经验来源，其源头可追溯到圣西蒙（Saint-Simon）、赫伯特·斯宾塞（Herbert Spencer）和奥古斯特·孔德（Auguste Comte）。不过系统的社会学功能主义分析方法则是由古典社会学家埃米尔·涂尔干（Émile Durkheim）所创建，他使这些功能主义思想发展成为一套成熟的理论。[②]功能主义认为社会是由相互联系、相互作用的众多部分所构成的统一体。为使这个统一体处于平衡就必须满足它的需要，如需要有适当的物质再生产、适当的人口再生产等。而构成社会统一体的各个部分从某一个侧面满足着整体的某种需要。例如，社会的经济系统生产出物质资料，满足着社会物质再生产的需要；家庭满足着社会对人口再生产的需要；政府满足着社会管理的种种需要；等等。既然社会上的地位差别、收入差别等是长期存在的普遍现象，那么，其作为社会的构成部分必然在社会中发挥着某种功能，满足着社会的某种需要。这就使得社会活动中的某些活动需要具备知识或特殊才能的人来做，而另一些则是任何人都能做的。因此，社会根据能力不同、职责不同、付出劳动不同而给予的不同报酬、不同地位也是合情合理的。

在功能主义的影响下，涂尔干对社会分层的研究与马克思和韦伯截然不同。

① 武毅英，刘莹. 多学科视域下的高校毕业生就业流动与社会分层之关系[J]. 现代大学教育，2013，(2)：76-82.

② 李春玲，吕鹏. 社会分层理论[M]. 北京：中国社会科学出版社，2008：64.

他认为，社会上有两种不平等：一种是外在不平等（external inequality），即由于人们的出身不同而导致的不平等，也可以说是先赋身份（ascriptive status）导致的不平等；另一种是内在不平等（internal inequality），即由于个人的才能差异导致的不平等，也就是自获身份（achieved status）导致的不平等。涂尔干认为，“所有的外在不平等都不利于有机团结”[①]。也就是说，他认为外在不平等，也就是先赋身份会影响社会秩序和劳动分工的功能。但是对于内在不平等，他认为是合理的，有才能的人就应该居于能发挥他们才能的位置上。涂尔干确信，基于个人才能的差异所产生的不平等是社会所需要的。

这种不平等也可看作由人们所处的社会层次的高低不同造成的，涂尔干认为原因主要包括两个方面。一是在任何社会中总有一些工作比其他工作更重要，如封建时期的教士、资本主义时期的管理者等，他们被置于其他职业位置之上，同时获得较高的收入。因此，社会上的贫富也可以看作不同阶层、群体在社会重要性地位上的差异。二是社会上人们的才能、知识各不相同，让最有才能的人去担任重要的工作应该是社会分层的基本原则。因此扩大不同职业的收入差距，可以将最有才能的人吸引到最重要的岗位上去。也就是说，社会中个体之间一定的收入差距、生活差异既是有必要的，也是合理的。

除了对现代功能主义社会分层理论产生重要影响外，他的《社会分工论》（*The Division of Labor in Society*）对当代社会分层和阶级分类也产生了极大的影响，即强调职业在社会分层和阶级区分中的作用。分工导致新职业领域的出现，为不同的人开辟了一个新的生存空间，人们之间的生存竞争会在一定程度上得到缓和，各种不同的职业可以同时存在，因为它们追求的目标是不同的[②]。

之后，功能主义思想在美国得到发扬光大。功能主义社会分层理论的发展与美国社会分层研究息息相关，美国的社会学理论的发展与欧洲理论的发展不同。在欧洲社会，阶级差异和等级体系十分明显，所以欧洲早期社会思想家们的研究主要是围绕阶级差异和社会不平等展开的。而美国早期的社会学研究基本上不关注社会分层的问题，这与美国的社会性质有关，它是一个移民国家，在美国社会的价值体系里更强调的是机会平等和民主制度。

1929 年，经济大萧条爆发之后产生了一些社会问题，美国社会学家开始对不平等问题产生兴趣。罗伯特·林德（Robert Lynd）和海伦·林德（Helen Lynd）

---

① Durkheim E. The Division of Labor in Society[M]. New York: Free Press, 1964: 371.

② 埃米尔·涂尔干. 社会分工论[M]. 渠东译. 北京：生活·读书·新知三联书店，2000：224.

的《中镇》(*Middle Town*)以及《过渡中的中镇》(*Middle Town in Transition*)开创了美国社会分层的早期研究。对后来的美国社会分层研究产生重要影响的早期社会分层研究是沃纳等的《扬基城》(*Yankee City*),它与前述林德夫妇的研究有相同之处,都是对一个小社区进行的社会分层考察。但两者也有不同,沃纳等的理论取向与韦伯更加相似,也是从身份角度定义社会分层。他们认为,所谓阶级,就是社区中的人们依据主观评价把人区分成高低不同的等级。[①]由于强调多元化分层中的身份区分,基本上忽略了权力和经济方面的不平等,把社会分层与社会冲突化解掉了。通过研究,沃纳等指出社会分层是复杂社会所必需的,美国社会机会平等,所有具有才能和进取心的人,社会流动的途径都是顺畅的。[②]

1949年,沃纳在一部题为《琼斯维尔的民主》(*Democracy in Jonesville*)的著作中,总结了社会分层是社会秩序的必要机制的思想。他认为现代社会异常复杂,与此复杂情况相对应的社会分层体系将社会中的人安排在高低不等的位置上,只有这样才能使社会中的所有成员相互协调地存在于一个社会有机体中。但是,沃纳只提出了这个思想,没有对此做出进一步的论证。不过,论证工作不久便由功能主义大师帕森斯及其弟子完成了。[③]

现代功能主义最有影响的人物是美国社会学家塔尔卡特·帕森斯(Talcott Parsons)。在20世纪中期,他的功能主义理论及其追随者对其理论的发展和修正,成为美国社会学的主流理论,并且对美国社会分层研究产生了重大影响。

(一)帕森斯的社会分层观点

塔尔卡特·帕森斯是美国功能主义大师,其功能主义分层理论继承了法国社会学家涂尔干和美国社会分层研究中的沃纳学派的传统。它并没有对分层做实证研究,因此他的论述相对比较抽象。

第一,在分层体系中,一个人的身份、地位是由他人的道德价值观评价来决定的。帕森斯认为分层首先是一种精神道义上的差异,所以一个人社会地位高,首先是被社会认可的精神道德处于较高地位,是受尊敬,被社会给予肯定的,社

① Warner W L, Lunt P S. The Social Life of a Modern Community[M]. Yankee City Series, Vol. 1. New Haven: Yale University Press, 1941:82.

② Warner W L. Social Class in America[M]. Chicago: Science Research Associates, 1949.

③ 李强. 当代中国社会分层与流动[M]. 北京:中国经济出版社,1993:38-39.

会成员有“道德意识上的不同评价”。[①]反之，另一个人社会地位低，是社会对于这种地位的否定，这个社会位置不受重视，没有尊严。因此，帕森斯对阶级下的定义是在有着相互关系的联合体中享有同等价值评价的一群人。[②]也就是说，由于有了道德价值观评价体系，一个人对另一个人的评价就不仅仅是个人的评价，而是意味着一种社会体系的位置。这样就不是这两个人获得了位置，而是社会上的每个人都获得了位置。

第二，判断身份、地位高低主要是依据共同价值体系。帕森斯的功能主义社会分层理论继承了韦伯的多元分层观，他认为社会存在着多维度的分层。在多维分层中，他比较强调声望分层，也就是韦伯所说的身份群体。当然，他也注意到财富和权力的不平等，但是帕森斯认为这两种不平等仍居于次要位置，而最重要的还是声望不平等。他强调声望分层主要是因为他对社会有一套整体解说。他认为，社会秩序之所以成为可能，是因为人们共享价值和信念。由于人们有共同的价值和信念，个体才能组合成为社会，而人们所信奉的价值体系就是导致不平等的根基，因为这套价值体系是根据个人在社会中的作用来分配个人的报酬和资源的。[③]

第三，实践了此种价值观的人将得到较高的地位并获得较高的报酬。帕森斯与传统分层理论家的观点不一样，他运用价值观来区分人们社会地位的高低。他认为一个人在社会上的地位是由其他人根据社会上占统治地位的价值观念相一致的程度决定的。换言之，越是符合此种价值观的人，其社会地位越高。在此基础上，也将获得财富、权力或者荣誉等。他把社会地位称为“首属报酬”，将金钱收入、政治权力、特殊荣誉等称为“次属报酬”。[④]帕森斯坚信，一个人所能做到的与社会上占统治地位的价值观一致的程度，决定了他的首属报酬和次属报酬。

第四，AGIL 模型阐释社会分层。为了更精确地说明人在社会分层体系中的位置，帕森斯提出了社会中四个子系统的观点，并认为任何社会若要生存都必须满足四个功能条件，包括：适应环境的功能（adaptation），社会需要适应环境，从环境中获取资源，维持生存发展；实现目标的功能（goal attainment），为社会订立目标，调动资源予以实现；整合的功能（integration），保证社会各个部门协调发展；潜在调节功能（latency），使社会成员在需求、动机上适合社会体系的

① Parsons T. An analytic to the theory of social stratification[J]. American Journal of Sociology, 1940, 45: 841-862.

② Parsons T. Essays in Sociological Theory[M]. Glencoe: Free Press, 1954:77.

③ 李春玲，吕鹏. 社会分层理论[M]. 北京：中国社会科学出版社，2008：66.

④ 李强. 社会分层十讲[M]. 北京：社会科学文献出版社，2008：161-164.

要求，使社会模式继续保持下去。

总之，帕森斯的功能主义分层理论主要建立在社会共同价值体系的基础之上，如图 2-1 所示。他将社会分层看作构成一个既定社会体系的人类个体位置差异的排列，是有关人与人之间的相对关系的排列。[①]他强调主观因素，强调社会分层与社会价值观体系的联系。[②]

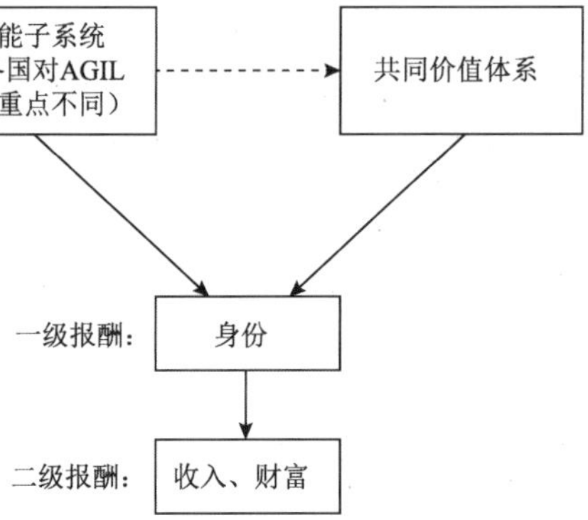

图 2-1　帕森斯的功能主义分层理论路径图[③]

（二）戴维斯和莫尔的社会分层观点

与帕森斯一样，戴维斯和莫尔同样继承了沃纳的传统。当时，第二次世界大战刚刚结束，美国社会占统治地位的是保守主义思潮，主导观念是稳定。戴维斯和莫尔的功能主义分层理论的作品《分层的一些原则》（*Some Principles of Stratification*）正是在这一背景下发表的。他们认为，任何社会都需要建立某种机制来保证不同社会位置能够发挥应有的作用并保障社会有效运行，而这个机制就是社会分层。对于社会分层的配置带来的问题，什么人应该得到的多，什么人应该得到的少，这里面的道理是什么？戴维斯和莫尔就分层的合理性提出了一些原则。[④]

首先，戴维斯和莫尔认为，社会分层对于满足一个复杂的社会系统的要求是必需的，为维持社会机体的健康，就必须满足其要求。他们提出了决定人们社会地位差异的两个重要因素：一是社会的不同位置、不同地位的重要性不同。也就是说，对社会的重要程度不同，地位差异将使重要程度高的地位竞争增强，将最

① Parsons T. Essays in Sociological Theory[M]. Glencoe: Free Press, 1954: 69.
② 李强. 当代中国社会分层与流动[M]. 北京：中国经济出版社，1993：39-41.
③ 李强. 当代中国社会分层与流动[M]. 北京：中国经济出版社，1993：41.
④ 李强. 社会分层十讲[M]. 北京：社会科学文献出版社，2008：161-164.

有才能的人吸引到最重要的位置上去。二是不同人才的稀缺性不同。某些位置需要天赋高的人，而这些人的数量相对较少，这就使这部分高级人才变得十分稀缺。也就是说，在一个社会中，一方面社会位置的重要性不同，另一方面人才的稀缺性也不同。为了将最有能力的人才吸引到最重要的位置上去，那就需要增加重要位置的吸引力，于是，这些重要的位置被赋予较高的社会等级、较高的收入等。戴维斯和莫尔认为，“社会不平等就是这样一种无意识的、不断演进的设置，通过这一设置，社会确保了最具资格而尽责的人居于最重要的位置”。①这些重要位置与人才稀缺性都是相对的，在一个社会中重要的社会位置可能在另一个社会中就没有那么重要，同样地，一个社会中稀缺的人才在另一个社会中可能比较普遍；反之亦然。但是，在一个社会中，总要有一些社会位置重要，有些不重要；有些人才稀缺，有些不稀缺。这两个要素和原则是长存的。

其次，他们试图用上述两要素阐释社会位置是怎样分层的，即分析某些社会位置的社会功能。一是宗教和神职人员的社会功能与社会位置。宗教的功能是整合社会，实现社会团结。神职人员可与神交往，具有神的特征，于是居于高位，但是，只有在对神职人员高度信任的社会中，他们的社会地位才最高。二是政府。政府通过法律和权威整合组织，具有指导社会，避免冲突的功能。从稀缺性来讲，高层官员、决策者少，所以待遇高。但他们的行为需要受到约束和他人的帮助，所以地位会受到一部分影响。三是经济地位。戴维斯和莫尔认为，每一种社会位置都会得到相应的经济报酬，于是人们往往将经济报酬本身看作经济地位。但他们与帕森斯的看法相同，认为分层第一位的是这个位置的社会功能，其次才是这个位置所带来的报酬。四是具有高技术知识的位置。高技术知识位置的功能显而易见，因此，这些位置比较容易吸引人才，并得到较高的报酬。但高技术知识只是一种手段，没有宗教、政治的整合功能重要，因此，高技术知识位置的收入相对低一些。当然，技术人员也受到稀缺性的影响，如果数量增多，报酬将随之下降。

最后，戴维斯和莫尔从五个方面分析了不同类型社会体系中，位置功能的重要性和人才的稀缺差异。第一是专门化程度，只有当一种功能从结构上分化出来，变成专门的功能，它的地位才能变得特殊并受到重视；第二是不同社会突出的功能重点不同；第三是不同社会的平等程度不同；第四是不同社会的流动机会不同；

---

① Davis K, Moore W E. Some principles of stratification[A]//Levine R F. Social Class and Stratification: Classic Statements and Theoretical Debates[C]. New York: Rowman & Littlefield Publishers, Inc., 1988: 86-88.

第五是不同社会阶级的团结程度不同。

（三）新功能主义的社会分层观点

梅尔文·M. 图闵（Melvin M. Tumin）就在《分层的一些原则：批评分析》（*Some Principles of Stratification: A Critical Analysis*）一文中对戴维斯和莫尔的观点进行针锋相对的批判。戴维斯和莫尔的批判者还有兰德尔·柯林斯（Randall Collins）等。

面对这样的批判，戴维斯和莫尔不得不对他们的理论进行修正，他们承认，家庭背景对教育获得和职业获得有影响，他们的理论只是一种抽象的理论推理，而现实生活的确存在一些其他因素影响了分层过程。

美国宾夕法尼亚州立大学的辛普森（Richard L. Simpson）教授试图对戴维斯和莫尔的理论做出修正，提出了分层上的“供需论”观点。他认为，社会地位或者社会位置对于社会的重要性难以测量，如电影明星，无论从重要性角度还是从训练受损角度，得到的报酬都超出了他们的贡献和受损。辛普森认为功能的必要性、重要性无法阐释上述现象，那怎样去解释呢？他认为可以用供给和需求的模式去解释。位置的重要性不易测量，但是人才的供给和需求可以测量。在一个社会中，对某种位置承担者的需求越高，报酬也越高，而能够承担这些位置的人越少，报酬也就越高。也就是说，一方面是人才的供给，对人才的培训；另一方面是人才的需求，社会对社会位置承担者的需要。辛普森认为，影响社会需求的有文化价值观、技术和权力，而影响社会供给的有五种社会因素：一是某种位置所需的训练和天赋；二是利用权力对人才供给的限制；三是特殊技艺与才能；四是职业选择倾向；五是职业流动的因素。[①]可见，辛普森并没有放弃功能主义立场，而是补充了功能主义的不足。

学者对功能主义的批判渐渐转变为对功能主义的修正，以功能主义的理论研究为基础进行了越来越多的探讨和验证。社会学教授杰弗里·C. 亚历山大（Jeffrey C. Alexander）直接提出了“新功能主义”的概念，他在《新功能主义及其后》一书中说道：“帕森斯思想中最为关键的是他的综合性目标和视界。因为他的目的在于创立一个完整的理论体系——一种方法、一种哲学、一种宏观社会学模式乃至一种新的道德。这激励着我和我的新功能主义同道们也能兼收并蓄地

① 李强. 社会分层十讲[M]. 北京：社会科学文献出版社，2008：173-175.

去思考”，并认为“新功能主义是一种重要的潮流。”[①]

可见，功能主义理论在不断地完善和修正，它的一些观点虽然受到了质疑和批判，但是它的一些思想对现今社会还是具有指导意义和解释力的。

第二节　理论分析框架

一、教育分流理论的运用及分析维度

教育分流理论为研究提供了分析的依据，它按照不同的要求和标准，采用不同的方法，教授不同的内容，使个人成为不同规格和类型的人才。研究对学历层次、学校类型、学科专业的划分，正是基于教育分流理论的思路。

客观而言，高校毕业生就业流动状况呈现出差异性，表现在：其一，在行业流动方面，当前中国的现实情况中，不同的行业和单位部门之间，在工资收入、福利待遇、社会保障等方面差异巨大；其二，典型的城乡二元经济结构导致在不同的地区之间、城乡之间同样存在着巨大的差异。正是因为行业等之间的差异，不同行业在总体上对从业人员的教育程度和教育类型提出了不同的要求，而教育分流正是承担着这种功能，为不同行业和职业分类选拔人才。高等教育通过不同职业的要求、规格，对学生进行分流培养，毕业后又进行岗位分流，使毕业生根据接受的教育分流到不同的行业、单位，或者区域，从而满足社会与受教育者的需求。

从教育分流的角度出发，行业与教育程度的关系，集中表现为生产力的意义，个人的受教育程度与工作效率和生产力水平相关，较高的教育程度往往意味着较高的工作效率和生产力水平，并为人们进入工作效率和生产力水平较高的行业和职业提供条件。[②]不同层次的教育决定着不同层次的职业选择，也影响着社会个体今后在社会阶层中的地位。因此，在某种程度上，接受高等教育的社会个体选择什么样的高等教育层次、类型和专业，也就意味着其将来流动到什么样的社会

① J. C. 亚历山大. 新功能主义及其后[M]. 彭牧，史建华，杨渝东译. 南京：译林出版社，2003：13-21.

② 许庆豫，卢乃桂. 教育分流论[M]. 南京：江苏教育出版社，2005：448.

阶层。

在具体的层次划分中，仍然依据传统意义上的分层观念。以单位性质为例，在过去，接受高等教育一定程度上意味着干部身份，当时的“统包统分”政策，使多数毕业生进入党政机关内部，走上仕途。在当时，进入党政机关从事公职被看作较为上层的工作，属于向上流动。随着高等教育精英化向大众化阶段的过渡，接受高等教育不再是定向分配，而是变为“双向选择”。如今，在高等教育大众化阶段，“自主择业”成为高校毕业生就业的主导政策。目前，高校毕业生进入学校、医院等事业单位也算是较为上层的职业选择。因此，研究中单位性质的划分是将党政机关和事业单位合并在一起，看作较上层的单位，然后按照福利、待遇等综合考虑，依次为国有企业、三资企业、其他非国有企业和其他单位（包括自主创业）。这种划分主要考虑到人们在择业选择中的传统观念，并综合失业风险和薪酬待遇等多方面的因素。行业类型的划分，主要是按照其行业类型的性质，将优势行业，或者说垄断行业看作较上层，依次为：科教文卫业，金融和信息科技业，房地产、运输和其他行业，采矿、制造或建筑业，其他行业。区域位置分为东部、中部和西部。就业地按行政级别顺序分为大中城市（省会城市、直辖市和计划单列市）、地级市、县城及县级市、乡镇、农村。

二、人力资本理论的运用及分析维度

人力资本理论为本书的研究提供了方法论的意义及分析维度，其指导意义主要体现为以下几个方面。

（一）教育程度差异体现为人力资本质量的差异

美国经济学家舒尔茨和贝克尔提出了“人力资本”，用“教育”这一术语更有力、更清楚地解释了人力资本的概念，并将其定义为个人通过教育、培训等途径所具备的知识、才能、技能和资历等要素的总和。[①]从人力资本的概念看，教育和培训是最重要的人力资本投资形式。在贝克尔看来，学校教育是专门生产、培训产品的机构，特别是大学，提供种类繁多的培训。这些培训可以带给学生知识、能力的增长。他的研究发现，大学生平均智商高出中学生 13%左右，智商 120 以上的大学生数目是中学生的两倍多，从而证明了接受高等教育的大学

① 林南. 社会资本：关于社会结构与行动的理论[M]. 张磊译. 上海：上海人民出版社，2005.

生的能力明显高于未接受高等教育的中学生。[①]由此可见，高校毕业生在接受高等教育后，其知识、能力等都得到了较大的提升。增加的知识和能力是通过投资高等教育而获得的，也就是所谓的人力资本。可见，高等教育使高校毕业生获得了人力资本。

（二）人力资本存量差异的测度指标

从人力资本投资的角度来看，对教育的投资越多，获得的收益也就越大。高校毕业生通过对高等教育的投资增加了人力资本的知识存量，表现为人力资本构成中的教育程度差异，即用受教育程度（学历）来反映人力资本存量。也就是说，高校毕业生在接受不同层次的高等教育后，所获得的学历证书不同，那么人力资本存量也将不同。比如，学历层次越高，说明对高等教育投资得越多，人力资本存量越多，它所带来的收益也将越多。因此，研究将学历层次作为考察人力资本差异的测度指标。在具体分析中，拟对人力资本及其收益进行多维度的考察，将不同学历、同一地区不同学历、同一行业不同学历作为分析的维度，考察高校毕业生工资收入及分层的差异性特征。

（三）人力资本存量对高校毕业生就业流动产生影响

随着知识经济时代的到来，我国的产业结构也进行了相应的调整，社会需要更多具有创新能力的研究人员以及大量拥有熟练操作技术的工人。这些变化必然会反映到我国的高等教育领域，因为通过接受高等教育，毕业生可以获得创新能力以及熟练的操作技术，可以应对经济发展带来的就业变化，从而获得更好的就业机会；若不接受高等教育便无法满足职业的新要求，进而也将影响个人的就业流动。也就是说，通过接受高等教育可获得一定的人力资本增量，而一定的人力资本增量则有助于毕业生就业机会的获取和向上流动概率的增加。高等学校通过人才培养模式的改进来满足经济和社会发展对接受高等教育者知识、能力的新要求，进而改善并提高受教育者的人力资本存量。在这种情况下，较之没有接受过高等教育的人，接受过高等教育的毕业生将会具有更加明显的优势，他们具有更强的适应能力，也更容易获得就业机会。因此，人力资本的存量会对高校毕业生就业流动产生影响并决定其就业的结果与质量，人力资本存量高的高校毕业生，

① 约翰·S. 布鲁贝克. 高等教育哲学[M]. 王承绪，郑继伟，张维平，等译. 杭州：浙江教育出版社，2002：117.

将在就业流动方面具有更加明显的优势。

（四）高校毕业生的阶层流动往往是借助更多的人力资本存量得以实现

布鲁贝克在《高等教育哲学》中指出："青年人开始认识到，高等学校这一过去一直是选择少数学术精英的机构，现在还在起分配职业阶梯上的等级和社会结构中的位置的作用。随着青年人对这种作用的认识，他们越来越希望获得高等教育，以使自己的社会地位得以提高。高等学校的这一作用是如此重要，以致无数的青年人逐渐觉得上大学是一种责任。"①由此可见，通过接受高等教育可以影响社会分层，改变社会地位。这是因为，通过接受高等教育可以获得人力资本，人力资本可以带来收益，这种收益表现为收入，而收入是社会经济地位的重要指标。可见，人力资本论在理论逻辑上对社会分层现象做出了合理的解释。②而且，在通常情况下，人力资本含量高的高校毕业生会比人力资本含量低的毕业生获得更多的报酬和更优越的职位，进而流动到社会上层。社会成员可以通过投资高等教育的方式来获得人力资本，进而改变自身的社会阶层，这也是他们实现向上流动的理性选择。

三、劳动力市场分割理论的运用及分析维度

劳动力市场分割理论为毕业生在劳动力市场内的流动提供了分层依据。早期的劳动力市场分割理论主要探讨两级市场的分割问题。但因为各个国家的制度及市场因素纷繁复杂，劳动力市场往往表现为多重分割交织在一起。虽然对于大部分成熟的市场经济国家来说，两级市场的分割是主要的类型，但是对于市场机制发育不成熟的国家来说，更多的可能是缘于政府制度安排的分割。在有关劳动力市场分割的文献中，以下三类分割模式是最多被提及的，特别是其中的两级市场的分割长期以来一直是人们感兴趣的话题。③

1）第一劳动力市场与第二劳动力市场。这是劳动力市场分割理论关于劳动力市场的最主要的一个分类。这两种劳动力市场是根据工作性质、工作条件及待遇的不同来区分的。第一劳动力市场上的供给者由知识、技能和管理精英构成，

---

① 约翰·S. 布鲁贝克. 高等教育哲学[M]. 王承绪，郑继伟，张维平，等译. 杭州：浙江教育出版社，2002：4.

② 刘光宇. 对中国社会分层的人力资本阐释[J]. 社会科学家，2005，(3)：114-118.

③ 徐林清. 中国劳动力市场分割问题研究[D]. 广州：暨南大学，2004：22-24.

他们往往是企业的核心员工，基本上没有失业之虞，这个市场是非竞争性的。第二劳动力市场由大量的非熟练工人、没有特殊技能的就业者、新进入劳动力市场的劳动者、由农村进入城市劳动力市场的劳动者等构成，而城市的非正规部门、正规部门的外围岗位是他们的主要需求者。这个市场的主要特征是供过于求，劳动者工资待遇低下，没有接受在职培训的机会，没有被提升的机会。这个市场是竞争性的，价格机制是其基本的运行原则。一些文献中也使用体制性分割来表达劳动力市场之间的分割。体制性分割，是指在特定经济体制背景下，劳动力市场被人为地分割的状况，以及政府为了特定的目的限制部分劳动者进入特定的市场的情况。在发展中国家或市场经济不成熟的国家，劳动力市场被人为地分割的现象是非常多见的，并且日益成为制约经济全面发展和社会公平的重要因素。

2）高等教育程度的劳动力市场、垄断的劳动力市场和竞争的劳动力市场。高等教育程度的劳动力市场，是指那些专门提供给大学毕业生就业的职位，如行政、管理、科学技术以及各种专业技能岗位。在该市场内，员工一般享有较高的工资待遇、更高的就业保障和较大的自主权。垄断的劳动力市场，是指资本密集型大型生产、工业、交通和运输等一系列经济核心部门所提供给高中毕业生或初级学院毕业生的蓝领职位。该市场内存在明显的等级制，即雇员按资历和等级提升，资深雇员享有相对职业保障，工资水平介于高等教育程度的劳动力市场和竞争的劳动力市场之间，它不要求其雇员比竞争市场具有更多的经验或受过更高的教育。在竞争的劳动力市场，部分工作岗位不要求雇员接受教育或只要求接受少量教育，但部分工作岗位则要求雇员具有高中毕业文凭并能胜任若干手工艺技能。其突出特点是工资最低、就业最不稳定、工作条件最差、提升机会最少，该市场中的大多数职业是“没有出路”的职业，很少有或根本没有获得升迁的机会。显然，不同市场对于人员的学历、经验和技能要求是不同的，向下流动易，向上流动难。①

3）外部劳动力市场与内部劳动力市场。所谓的“外部劳动力市场”，是指劳动力的价格、分配和培训方案均受经济变量的直接控制，它存在于小型的、竞争性的企业之中，类似于前述的竞争的劳动力市场。内部劳动力市场是现代化大企业加强人力资源管理的一种重要方式。很多公司都有一套正式的规则来确定雇员的聘用与解雇方式，如果某些岗位出现空缺，他们往往不是面向全社会招募员工，

① 武毅英，洪文建. 劳动力市场分割视阈下的大学生就业流动[J]. 高教发展与评估，2013，29（3）：15-26.

而是首先查询企业内部的人才库，或者在企业内部公开竞聘，只有在内部招聘仍然无法满足需求时才考虑向社会招聘。内部劳动力市场有效地将劳动力的内部供求与外部供求隔离开来，传统经济学自由竞争的基本原理在这里失去了作用。

上述分类并不是绝对的，而且不同分类之间是相互交叉的。例如，内部劳动力市场可以认为包含在第一劳动力市场之内，而较多的女性和受歧视的种族则更倾向于在第二劳动力市场上寻找工作。在市场经济不发达的国家，不仅体制性分割情况较为严重，而且地区之间、不同的产业之间、性别之间、种族之间的分割现象都十分明显。所谓体制性分割主要是从原因的角度去分类的，而城乡市场、两级市场、地区市场、内部与外部市场等分类则侧重于结果。例如我国，城乡劳动力市场的分割既有制度方面的原因，也有市场方面的原因，但主要是制度方面的。①

本书的研究主要采用的是前两种模式的划分观点，以城乡、区域和行业分割的角度来定义第一劳动力市场与第二劳动力市场。具体而言，将城市、沿海地区、垄断行业与正规部门看作第一劳动力市场，农村、内陆地区、竞争行业和非正规部门则是第二劳动力市场。第一劳动力市场的层次高于第二劳动力市场，因此，在劳动力市场内的流动及分层便显而易见。

四、功能主义理论的运用及分析维度

功能主义从社会功能的角度出发解释社会分层现象，它的一些理论思想很适合作为本书的指导思想，具体表现在以下几方面。

（一）基于功能主义理论的分层研究符合构建和谐社会的需要

功能主义理论强调社会分层的合理性，该理论将社会分层视作普遍存在的社会现象。从社会价值体系和社会地位的重要程度来解释社会分层，认为在一个社会中，一些社会位置重要，相对的另一些社会位置则不重要。这里的重要程度是一种客观描述，就如科学家与清洁工，并不是说清洁工的位置对社会不重要，而是相对于科学家来说，清洁工的位置更容易获得，就社会价值而言，科学家的社会位置比清洁工的更重要。功能主义理论将社会分层和不平等看作具有功能的必

① 徐林清. 中国劳动力市场分割问题研究[D]. 广州：暨南大学，2004：22-24.

要性，因此社会要存在和运行，社会分层和不平等就不可避免。[①]可见，功能主义理论从社会位置的重要程度出发，强调社会分化的合理性。既然社会分层是客观存在的，那么高校毕业生作为社会中的个体，通过就业流动进入不同的社会地位或社会位置，从而形成社会分层活动，是符合功能主义理论的。而且，功能主义分层的最主要的特征即该分层不注重经济上、权力上的对立，比如，雇主与雇员之间的管理与被管理、控制与被控制。如此而言，社会各群体之间虽然存在差异，但是并不存在对立和冲突的关系。[②]

改革开放以来，我国社会发生了深刻的变化，经济体制转轨和现代化进程促使我国社会阶层结构发生结构性的改变。原来的“两个阶级一个阶层”（工人阶级、农民阶级和知识分子阶层）的社会结构发生了显著的分化，一些新的社会阶层逐渐形成。对于当前新出现的社会阶层结构，应该科学地分析，从中得出关于现阶段中国社会阶层结构的科学认识。正如马克思所说：“每一历史时代主要的经济生产方式与交换方式以及必然由此产生的社会结构，是该时代政治的和精神的历史所赖以确立的基础，并且只有从这一基础出发，这一历史才能得到说明。”[③]在当前有关阶级阶层问题的争论中，真正的区别不在于采用哪个词汇，而在于采用哪种思路来分析阶层这种社会现象。目前，学术界主要存在两种分析思路，即“冲突论”和“功能论”，且这两种分析思路是相互对立的。冲突论强调各个阶层之间的利益冲突，强调对现实的批判；而功能论则强调社会分化的合理性，强调各个阶层之间的利益关系和社会整合。功能主义理论的思路有助于我国目前社会分层方面的研究，符合我国社会和谐发展的时代主题。现阶段，研究中国社会阶层分化问题的目的，主要是更快地实现社会经济的发展目标，更好地建设现代化社会主义国家。[④]因此，采用功能主义理论对当代中国各社会阶层的变化进行研究，分析他们的社会、经济、政治状态，对更好地协调各阶层之间的利益关系、促进社会经济进一步发展更有适切性。

（二）功能主义理论将受教育程度与社会地位和收入报酬联系起来

功能主义理论认为在任何社会活动中，均有某些位置在功能上比其他位置重

① 李春玲，吕鹏. 社会分层理论[M]. 北京：中国社会科学出版社，2008：70.

② 李强. 社会分层十讲[M]. 北京：社会科学文献出版社，2008：158.

③ 马克思，恩格斯. 共产党宣言[M]. 北京：人民出版社，1963：11.

④ 陆学艺. 当代中国社会阶层研究报告[M]. 北京：社会科学文献出版社，2002：5-7.

要，需要有特殊才能和技术者去承担。也就是说，一些职业位置是任何人都可以做的，但是另一些则必须是具备特殊品质、特殊能力的人才能胜任。而且只有少数人才可能被训练成为掌握上述职位技术的人。[①]那么技术和才能如何获得呢？戴维斯和莫尔认为，将这些少数的人转变为掌握技术的人，需要一定时期的训练。这种训练主要来自教育机构，在一个社会中，教育特别是高等教育是训练个人掌握技术、获得才能的主要途径。最尖端、最高层次的技术理论往往在大学传授，可以认为高等学校正是肩负着训练这种“特殊品质、特殊能力的人”的文化机构。学校通过对人的训练，使社会成员完成社会化，维持社会模式的运转。既然教育是使人获得知识、才能的途径，那么教育程度越高，对技术和才能的掌握就越多。也就是说，学历层次越高，越容易进入重要的社会地位中。

功能主义理论认为，在这一训练时期，受训者将受到一定程度的损失，有所牺牲。为了使这些人愿意经受这种牺牲，获得训练，他们将来的位置就必须有吸引人的价值，要有特殊利益，即在进入那些社会上难得的、报酬高的职业时，这些人具有特权，更容易进入该位置。[②]可见，接受的训练越多，获得报酬高的职业机会就越大。这里的报酬不只是收入，社会学家帕森斯在论述分层地位的要素时提出，给予地位的报酬内容是不一样的。首先是得到共同价值观念体系认可的社会地位，在此基础上，得到第二个层次的报酬，包括收入、财富和权力等。[①]也就是说，接受的训练越多，获得的社会地位越高，获得的收入也就越多。上面已经论述了接受训练与受教育程度的关系，因此可以认为，受教育程度，或者说学历决定了社会地位的高低及收入的多少。

（三）功能主义理论将职业作为划分社会分层的标准

1. 职业作为社会分层划分标准的优势

正如格伦斯基（David B. Grusky）所说，在社会演进过程中，社会分层形成了稳定的机制。这一机制与职业联系起来，推进着社会分层，并实施资源控制，所以运用职业划分社会阶层具有理论基础。帕森斯曾指出，在当代社会中职业是最主要的分层标准。职业是一个非连续的、异质性的指标，它可以区分出工人、农民、知识分子、领导干部这样的身份群体。总的来说，以职业作为划分基础主

① 李强. 当代中国社会分层与流动[M]. 北京：中国经济出版社，1993：42.
② 李强. 社会分层十讲[M]. 北京：社会科学文献出版社，2008：164.

要是从以下几个方面考虑的。

1）阶层的分化越来越趋向于职业分化。社会学大师涂尔干从社会分工角度辩解了社会分层的必要性，剖析了职业地位高低的原因。美国社会学家布劳和邓肯在《美国职业结构》一书中提出了以职业地位为基础的阶级分层模式。他们认为资本主义社会阶层的变化速度太快，人们是否属于某一集团已无意义，唯一可以作为分层标准的只有职业。他们说，“阶级虽然可以根据经济资源与利益来定义，但是对于大多数人而言，决定这些的首要因素是其职业地位”，“在当代社会中，如果阶级指的是人们所占据的经济角色以及他们对企业经营发挥的作用，那么，这些更精确地反映在他们的特定职业上而非雇佣地位上……虽然职业并非包含了阶级概念的一切方面，但它是阶级的最好的单独指标”。①可见，以职业作为划分基础，可以反映社会分层的真实情况。

2）以职业为划分标准比较便于接受，有利于社会和谐发展。根据职业划分社会阶层可以看作伦斯基所说的“保守主义者”的一种战略，因为它在揭示人们多层次的社会差别的同时，减少了人与人之间关系的冲突色彩。同时，从职业分工体系出发，也可以对社会分层做出合理解释，即人们地位的不同，是因为分工的不同，因而具备不同专业知识、不同技术水平的人去从事不同的工作，处在不同的职业位置上就是合理的，易于被人们所认可。②因此，把职业作为社会分层的标准，把资源占有作为基本维度，并辅之社会经济地位综合指数的测量，也比较容易为人们所接受。

3）职业地位指数具有稳定性。社会分层研究者们研究职业等级的方法主要有两种，第一种方法是发展职业的社会经济分层方案，这方面主要有影响的工作来自人口统计学家艾尔巴·爱德华（Elba Edward）。他的“职业社会经济群体”概念在社会分层和社会流动的研究中得到了广泛的应用，将其做某些改动就可以成为“主要职业群体”，美国统计局自 1940 年以来一直使用此术语。③职业分层的第二种研究方法是从或多或少具有代表性的样本中获得关于职业的“一般地位”和“声望”的等级划分，它不会随着时间的推移而发生变化。④声望是对“道

① Blau M P, Duncan O D. The American Occupational Structure [M]. New York: John Wiley & Sons, Inc. ,1967: 6.

② 李强. 试析社会分层的十种标准[J]. 学海，2006，（4）：40-46.

③ Edwards A M. Comparative Occupation Statistics for the United States, 1870 to 1940[R]. Washington: Government Printing Office, 1943.

④ Hodge R W, Siegel M P, Rossi P H. Occupational prestige in the United States, 1925-1963[J]. American Journal of Sociology, 1964, 70: 286-302.

德价值”的量度，地位的道德价值反映了人们对具有社会意义的资源和报酬的控制。在对美国1925年与1963年等级划分相关度的测量中，二者相关程度为0.93，尽管这段时间内，美元的价值出现了变化，教育水平也得到了提高。可见，职业地位指数具有很强的稳定性。①

4）职业是反映社会分层最好的指标。布劳和邓肯认为，职业职位既不等同于经济阶级，也不等同于声望地位，但是与两者尤其是前者具有密切联系；阶级通过经济资源和利益实现，而对绝大多数人来说，职业反映了他们的经济资源和利益。如果阶级是指个体在经济体制中所处的地位及其对经济利益的影响，那么，在当代社会中，个体的职业更能精确地反映个体的经济地位。职业不能包容阶层的概念的所有性质，但却是表征阶层的最好指标。新韦伯主义的代表人物，英国社会学家戈德索普（John Goldthorpe）也属于按职业分层的理论家，他和同事建构的职业分量表能够将占有相同社会情境的人们归为一类，并使不同职业类型的人们在经济保障、经济发展机会、权力和生产的控制方面具有可比性。②所以说，职业是社会分层结构划分的最好指标。

2. 研究所采用的具体社会分层标准

不同的社会发展阶段有不同的社会分层结构。现代化社会的分层结构不再是以一种资源的占有进行划分，而是通过多种资源的占有比例来划分。根据不同的理论体系和不同的分层目的而使用的分层标准有很多，如生产资料的占有、财富和收入、组织权力、社会声望、知识技能、受教育程度、消费偏好、象征性权利、信息资源占有、职业等。目前，学术界主流的看法，是倾向于把“职业”看作包含了各种经济社会资源占有和使用信息的标准。

本书所采用的是陆学艺所在“当代中国社会结构变迁研究”课题组的社会阶层划分标准，这一标准是以职业分层为基础的。职业分层也正是功能分层理论比较推崇的一种分层标准，它能够集中反映决定社会阶层地位的要素，如财富（收入）、权力（地位）和社会声望（文化、教育程度）等，也可以认为是个人所占有的经济资源、权力资源和文化资源，职业已经成为区分不同社会阶层的“指示器”。③

---

① 戴维·格伦斯基. 社会分层[M]. 2版. 王俊等译. 北京：华夏出版社，2005：225.

② 许庆豫，卢乃桂. 教育分流论[M]. 南京：江苏教育出版社，2005：69-70.

③ 仇立平. 职业地位：社会分层的指示器——上海社会结构与社会分层研究[J]. 社会学研究，2001，（3）：18-33.

根据陆学艺课题组的分层原则，我国社会分为十大阶层，分别是国家与社会管理者阶层、经理人员阶层、私营企业主阶层、专业技术人员阶层、办事人员阶层、个体工商户阶层、商业服务员工阶层、产业工人阶层、农业劳动者阶层和城乡无业、失业、半失业者阶层。这种阶层结构是以职业分类为基础，以组织资源、经济资源和文化资源的占有状况为标准来划分的社会阶层结构。这里的组织资源指的是行政组织资源与政治组织资源，是依据国家政权组织和党组织系统而拥有的支配社会资源的能力。可见，组织资源就是上述权力资源的另一种表达形式。关于经济资源和文化资源，本书第一章已经详细介绍，在此不做赘述。

在具体的应用中，父母所处的社会阶层由被调查者根据父母所从事的职业进行填答。高校毕业生所处的社会阶层由研究者根据被调查对象填写的具体职业、教育程度和月薪收入，综合这三个方面的信息，对应上述十大阶层所包含的职业分类标准，将高校毕业生进行社会阶层的划分。

简言之，以上四个理论在文中的应用可以用图 2-2 表示。具体而言，本书将人力资本具体为学历层次、学校类型、学科专业三个指标，作为毕业生就业流动与分层的分析维度，重点考察不同分类间的流动与分层差异；劳动力市场分割理论为毕业生在劳动力市场中的流动提供了分层依据，也为研究提供了经济学领域的考察视角；功能主义理论以职业作为社会分层的标准，为毕业生社会结构中的流动提供分层标准，同时丰富了研究在社会学领域的考察视角。

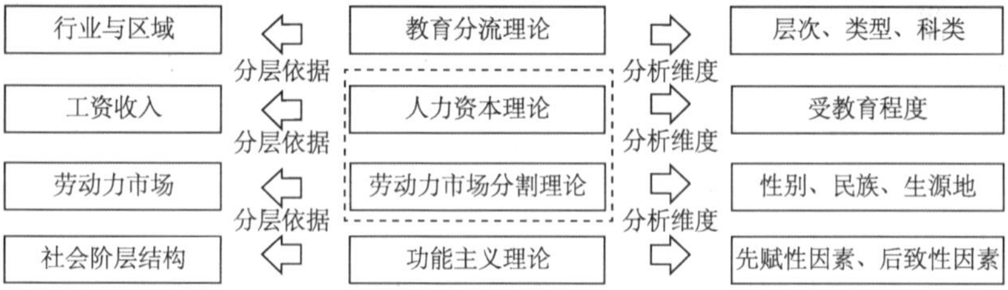

图 2-2　本书的分析逻辑图

第三章 高校毕业生就业整体状况的抽样调查

本书的研究以量化研究方法为主，采用问卷调查法，对国内应届高校毕业生的就业流动状况进行问卷调查，并辅以质性访谈和文本分析等研究方法，以求对我国应届高校毕业生就业流动及分层的现实状况有更深入的把握，从而在现状的基础上探讨高校毕业生就业流动形成社会分层的机理，为促进高校毕业生合理分流提供依据与思路。

第一节　研究设计与调查样本的数据说明

一、研究设计

通过设计可操作的研究方案，使研究更具体化，更具可行性。程序上，本书的整体方案设计将从研究问题出发，提出研究假设，运用科学的研究工具，对我国应届高校毕业生就业流动进行严谨的探讨。

（一）研究问题

本书的研究主要试图解决以下两个问题，并围绕这两个问题展开研究。

1）应届高校毕业生就业流动及分层的现实状况。通过对这个问题的研究，将获悉不同特征群体的高校毕业生就业流动的分层差异和特征。同时，对现状的描述，也将回答毕业生获得了怎样的分层地位——这也正是社会分层所关心的

“得到了什么”的问题。具体而言，主要是从教育学视角、经济学视角和社会学视角，回答高校毕业生就业流动及分层的现实状况、存在的问题及产生的原因。

2）应届高校毕业生就业流动形成社会分层的机理。也就是说，高校毕业生就业流动形成分层的影响因素是什么？众所周知，影响个人地位获得的因素很多，当笔者把所有因素都纳入进去的时候，教育因素究竟在其中发挥了怎样的作用？这部分重点考察教育的层次、类型、科类差异对毕业生阶层地位的影响和作用。对于因素的分析也正是社会分层所要探究的“为什么得到”的问题。

（二）研究假设

基于上述研究问题，本书提出以下研究假设。

假设 1：不同层次、类型、科类高校毕业生在行业、区域间的流动及分层存在差异，其中，高学历、高层次院校的高校毕业生在行业与区域的流动中处于相对优势地位。

假设 2：不同学历高校毕业生之间工资收入存在显著性差异，且高校毕业生工资收入与受教育程度呈正向递增。

假设 3：不同性别、民族、生源地高校毕业生在第一、第二劳动力市场的流动及分层存在差异，其中，男性、汉族和城市生源更容易进入第一劳动力市场。

假设 4：先赋性因素特征与后致性因素特征的高校毕业生阶层流动及分层存在差异，且先赋性因素特征与后致性因素特征越丰富，高校毕业生发生向上阶层流动的概率越大，进入较高阶层的概率也越大。

假设 5：社会分层系统内各要素对高校毕业生职业地位均具有影响，且教育因素所发挥的作用大于非教育因素。

假设 6：基于高校毕业生就业流动的研究，将能勾勒出我国现阶段高等教育促进个人社会流动、形成社会分层的内部机理。

（三）研究工具

本书的研究主要采用问卷调查、访谈等研究方法，来获取实证分析的样本数据和材料。

1. 问卷调查

（1）编制与试测

为了实证数据的收集，本书调查的重要工具是笔者所在课题小组设计并实施的《2012 届高校毕业生就业状况调查问卷》。之所以把群体控制为 2012 年应届毕业，是为了减少毕业时间差异对研究结果的影响。笔者参与了从问卷设计到数据修订的全过程，包括该问卷的设计、试测、修改、发放、回收、数据录入与数据校对等。本问卷是根据前期与毕业生的小规模访谈以及研究的分析维度，设定问卷的内容，从初步设计到进行试测，经过了课题组多次集中讨论，然后对问卷内容进行修改、补充。在正式调查前，于 2012 年 5 月 3～4 日进行了三处试测，主要目的是通过试测来检验调查方案是否可行，然后对出现的问题加以完善。试测的对象包括厦门大学化学化工学院硕士毕业生 6 人、厦门大学公共管理学院本科毕业生 11 人、原厦门华夏职业学院（2015 年更名为厦门华夏学院）专科毕业生 8 人，总计 25 人。试测结束后，针对问卷存在的问题，又进行了集中讨论，对问卷进行了再修改。经过反复的讨论与审定，问卷于 2012 年 5 月 26 日正式定稿印刷。下面详细介绍一下该问卷调查的具体情况。

（2）主要内容

调查问卷的主要内容包括以下四个部分：一是高校毕业生的背景资料。主要包括性别、民族、家庭所在地、家庭月收入、父母受教育程度、父母职业、学历层次、就读的学校类型、就读的专业、在校期间的学习情况、获得证书情况及毕业去向等。二是高校毕业生的就业情况。主要包括目前工作的行业、工作所在地区、工作所在城市、工资薪酬、单位性质、就业成本、工作与所学专业的相关程度、选择该工作的原因等。三是自我评价情况。主要包括对目前职业的满意度、相关就业因素对现在工作的重要程度和实际影响程度等。四是被调查者对问卷的意见或建议，以及被调查者的联系方式。该部分原则上是自由填写，不做强制。

（3）样本抽样原则

调查的样本涉及专科、本科、研究生三个学历层次，本调查的取样原则主要包括：第一，考虑到样本的均衡性与说服力，力争调查范围覆盖全国东、中、西三个区域，不包括我国香港、澳门和台湾地区。第二，鉴于我国高校毕业生就业的实际情况和研究需要，调查样本力争涵盖 985 高校、211 高校、普通公办本科院校、普通民办本科院校、公办高职高专院校和民办高职高专院校等六种类型。第三，考虑到不同学科和专业间的差别，力争调查取样兼顾各个专业，包括教育部 2012 年发布的《普通高等学校本科专业目录》中的十二大学科门类，即经济学、医学、艺术学、管理学、理学、历史学、文学、哲学、工学、农学、教育学和法学。然后根据学科性质，划分为五大类，分别是人文类（包括文学、哲学、历史学和艺术学）、社科类（包括经济学、教育学、法学和管理学）、理学类、工学类（包括工学和农学）和医学类。需要说明的是，这里考虑到专科层次的专业门类与本科层次的专业门类并非一一对应，为了使专科毕业生便于和其他学历层次毕业生进行比较，所以在对高职高专院校毕业生的调查中，选择了与上述十二种学科门类对应的专业进行调查，特此说明。第四，对于院校的调查取样大致根据院校规模进行样本数分配，力求样本能反映各类院校的实际状况。

（4）发放与回收

本书的问卷发放时间为2012年6月1～30日，历时一个月。共对我国10个省（自治区、直辖市）30所院校的2012届毕业生总计发放问卷6000份，回收5261份，回收率为88%。经过筛选，有效问卷4274份，有效率为81%。主要采取两种形式进行：一是笔者亲自到所调查院校进行问卷的发放与回收。该调查方式的优点是便于反馈，保障了回收率和实效性。二是发送电子问卷给参与调研的高校的相关联络人，由他们印刷。或者由笔者所在课题组印刷好问卷后，通过快递公司邮寄给参与调研高校的相关联络人，然后按照之前制定好的取样原则由他们组织实施。第二种方式的实效性和回收率没有前者高，但是调查区域较广，覆盖面宽。两种调查方式各有利弊，互相结合更利于本书的调查。该调查原则上采用的是匿名方式，因此，学生们对问题的填答抵触心理较小，安全感较强，提供的信息有较高的真实性。

（5）数据处理与信效度的说明

对于本书问卷调查得来的数据，首先根据需要进行初步整理，然后运用Excel2007和SPSS19.0对数据进行统计分析。在数据的现状描述过程中，主要采用描述统计进行频率及比例分布的描述；在样本的差异性检验方面，主要采用比较均值的统计方法，且比较的组别多为两个因素以上，因此，大部分运用的是单因素方差分析；在对影响因素的分析上，运用的是多元线性回归的方法。

关于问卷的信效度。本书主要采用样本的“背景变量”进行数据分析讨论，因此，文中不再呈现问卷的信效度检验。之所以选择背景变量展开研究，主要考虑到被试样本的背景变量可信度相对较高。

2. 访谈

访谈调查具有探索社会现象、对意义进行阐释，以及发掘总体和深层社会文化结构的作用。[①]为使量化研究部分更加充分和完善，并保证研究的科学性和规范性，本书在问卷设计的基础上，围绕2012届应届高校毕业生就业流动问题展开质性访谈。以期通过质性研究来补充量化结果，从深层次了解高校毕业生的就业流动情况及影响因素。

（1）访谈提纲的设计思路

访谈提纲为半结构式提纲，也就是说，访谈提纲中的问题不全是封闭性的问题，部分是开放性的问题，有利于从被访者那里获取更多先前未考虑进去的信息，从而了解影响高校毕业生就业流动的深层次因素。通过访谈能够获取更具体、详细的信息，如家庭背景信息、就业意愿等问题，在问卷调查中都是封闭性选项，想要更准确、深入地了解具体状况，只能通过面对面的访谈交流，才能达到预期的效果。本书中，使用质性访谈的目的在于阐释实证数据的分析结论，试图找出本书实证数据分析的深层次原因。所以，研究的访谈提纲设计与实证数据的分析思路紧密结合。通过质性访谈，主要获得以下几个方面的信息：①目前的工作情况，具体从事的职业、所在地、收入等；②对工作所在行业、区域的具体看法；③选择工作时最看重的几个方面，又是出于何种考虑；④目前职业是否达到之前的预期，对哪方面不满意；⑤求职过程中，家人和朋友是否提供了帮助，都提供了哪些帮助；⑥教育经历的影响，特别是在职业获得中的影响。

（2）访谈对象

访谈对象的结构如表3-1所示。可以看到，访谈对象人数总计15人，其中，就性别而言，男生9人，女生6人；就学历层次而言，专科毕业生4人，本科毕业生7人，研究生4人。

表3-1　访谈对象的背景信息一览表

编号	性别	学历层次	专业	学校类型	从事的行业	工作所在地
A01	男	专科	金融管理与实务	民办高职高专	销售业	直辖市
A02	男	专科	电子机械	民办高职高专	制造业	直辖市
A03	男	研究生	高分子材料	985高校	金融业	计划单列市

① 莎兰·B. 麦瑞尔姆. 质化方法在教育研究中的应用：个案研究的扩展[M]. 于泽元译. 重庆：重庆大学出版社，2008.

续表

编号	性别	学历层次	专业	学校类型	从事的行业	工作所在地
A04	男	研究生	高分子材料	985 高校	科学研究与技术服务业	计划单列市
B05	女	本科	行政管理学	985 高校	公共管理和社会组织	乡镇
A06	男	研究生	教育经济与管理	211 高校	批发零售业	省会城市
A07	男	研究生	公共卫生	211 高校	医疗卫生业	地级市
B08	女	本科	临床医学	211 高校	医疗卫生业	地级市
A09	男	本科	教育学原理	普通公办本科	计算机和软件服务业	省会城市
B10	女	本科	会计学	普通公办本科	房地产业	省会城市
B11	女	本科	普通心理学	普通公办本科	教育业	地级市
B12	女	专科	护理学	公办高职高专	教育业	县城
B13	女	专科	临床护理学	公办高职高专	医疗卫生业	计划单列市
A14	男	本科	国际经济与贸易	普通民办本科	租赁和商务服务业	地级市
A15	男	本科	金融管理与实务	普通民办本科	金融业	省会城市

（3）访谈过程

开始正式访谈之初，首先进行小规模访谈，在此访谈的基础上制定更为正式详细的访问提纲进行正式的访谈。访谈时进行分类别、分层次的访谈，包括不同学历层次、不同学校类型、不同学科专业。多是采用一对一的单独访谈，因为一些同学不想在其他同学面前分享就业信息，特别是那些感觉就业不理想的同学。另外，这样做的好处是，比较利于深入交流和沟通，被访者比较放松，不会被其他同学的就业信息所干扰。

（4）访谈内容处理

对访谈录音与资料等内容，首先进行转录整理，然后根据内容编码分类，最后将整理、编码后的访谈内容进行提炼，突出核心观点。通过深入访谈获取相关信息，深化调查问卷信息，与调查问卷结合使用。

二、调查样本的总体情况

调查样本的数据经描述统计后，总体特征如表 3-2 所示。

表 3-2 样本的总体特征

类别	缺失值	样本结构	有效样本数	有效比例/%
性别	3	男	1841	43.1
		女	2430	56.9
生源地	3	农村	1901	44.5
		乡镇	618	14.5
		县城	429	10.0
		县级市	168	3.9
		地级市	620	14.5
		计划单列市	103	2.4
		省会城市	306	7.2
		直辖市	126	3.0
学历层次	0	专科	1006	23.6
		本科	2887	67.5
		研究生	381	8.9
学校类型	0	民办高职高专	133	3.2
		公办高职高专	441	10.3
		普通民办本科	266	6.2
		普通公办本科	2031	47.5
		211 高校	1168	27.3
		985 高校	235	5.5
学科专业	3	经济学	388	9.1
		艺术学	122	2.9
		理学	612	14.3
		文学	456	10.7
		工学	1240	29.0
		教育学	385	9.0
		医学	295	6.9
		管理学	445	10.4
		历史学	124	2.9
		哲学	22	0.5
		农学	158	3.7
		法学	24	0.6

虽然在问卷实施前，课题组就问卷的发放及调查中应注意的问题与调查高校的相关负责人进行了深入细致的沟通和交流，但由于问卷的信息量较大，以及个别高校不够重视，因此出现了错答、漏答的现象，回收率也比预期的低了一些。针对这些问题，经过课题组讨论，将问卷进行了筛选处理。虽然本书使用的数据中有些变量仍存在着缺失值的情况，但尽可能地保证了缺失比例在不影响整体数据的范围内。另外，该研究是抽样调查，但事实上本书的抽样并非完全意义上的随机抽样，很多情况下，调查的样本也受制于联系人的资源方。但是整体来讲，样本的选取是可以有效地反映我国高校应届毕业生的实际情况的。

第二节 高校毕业生就业状况的整体性描述

本书将我国高校毕业生的就业状况共分为十类，分别是：①已确定单位；②自主创业；③自由职业；④其他灵活就业；⑤升学；⑥不就业拟升学；⑦待就业；⑧其他暂不就业；⑨出国出境；⑩其他。本书将①、②、③、④、⑤归为就业人数，其中①、②、③、④归为实际就业人数。

一、高校毕业生整体就业状况

在对我国高校毕业生就业状况的考察中，就业率是衡量高校毕业生整体就业情况的重要指标，这里所说的就业率是指全部高校毕业生中就业人数所占的比例，即就业率=就业人数/需就业的高校毕业生总人数。实际就业率是不含升学毕业生的实际就业人数的比例，即实际就业率=实际就业人数/需就业的高校毕业生总人数。

通过概念部分对高校毕业生研究范围的界定看，就业流动的研究对象是实际就业的这部分毕业生。从表 3-3 的数据看到，这部分总计 2508 人，包括已确定单位、自主创业、自由职业和其他灵活就业的毕业生。

表 3-3 中的样本调查数据显示，截止到 2012 年 6 月，2012 届高校毕业生的就业率是 72.1%，其中升学的比例为 13.4%；出国出境的人数占总人数的 2.2%；其他占 0.5%。

表 3-3　高校毕业生整体就业状况一览表

毕业后去向	频数	百分比/%	累计百分比/%
已确定单位	2295	53.8	53.8
自主创业	79	1.8	55.6
自由职业	56	1.3	56.9
其他灵活就业	78	1.8	58.7
升学	572	13.4	72.1
不就业拟升学	229	5.4	77.5
待就业	767	18.0	95.5
其他暂不就业	78	1.8	97.3
出国出境	93	2.2	99.5
其他	20	0.5	100
合计	4267	100	

从调查数据来看，2012届高校毕业生未就业的人数占毕业生总人数的25.2%，其中不就业拟升学的比例为5.4%。通过对待就业和其他暂不就业的高校毕业生的调查发现，未就业的原因主要有以下三个方面：一是个人原因。有两种情况，一种是没有就业目标，不知道要从事什么职业，还在等待观望中，也有等待家人安排的情况。另一种是没有找到合适的工作，填写这个原因的毕业生所占比例最大。这些毕业生对工资收入和单位性质不满意，于是选择待业，继续寻找工作。可见，这部分毕业生并不是找不到工作，而是目前的招聘没有达到预定的就业期望。二是专业原因。包括专业不对口、专业冷僻等专业原因继续待业的，这部分学生所学专业的就业范围比较窄，所以寻找工作耗费的时间较长，过程中遇到的困难也相对较大。三是其他原因。这部分毕业生一般是被升学考试、实习任务等原因耽误，错过了招聘时间，或者近期刚辞职而出现待业状况，以及目前还未确定工作，仍在等待面试结果、公务员或事业单位考试及资格证书发放的毕业生。

二、不同学历高校毕业生的就业状况

从表 3-4 的调查数据来看，专科、本科、研究生的就业率分别是 78.4%、70.9%和 65.9%。各学历层次的毕业生毕业时实际就业率都在 60%左右，其中专科毕业生最高，达到 68.7%，本科毕业生最低，只有 55.2%，研究生的实际就业率则是

59.8%。通过对就业率和实际就业率的统计，从中不难看出一致的现象，那就是就业情况似乎并没有像教育层次那样，学历层次越高，就业率或者实际就业率越高。这与其他学者得出的结论基本一致。①

表 3-4 不同学历高校毕业生就业状况一览表

毕业后去向	专科		本科		研究生	
	人数	比例/%	人数	比例/%	人数	比例/%
已确定单位	608	60.5	1469	51.0	218	57.4
自主创业	30	3.0	46	1.6	3	0.8
自由职业	25	2.5	29	1.0	2	0.5
其他灵活就业	27	2.7	47	1.6	4	1.1
升学	97	9.7	452	15.7	23	6.1
不就业拟升学	42	4.2	165	5.7	22	5.8
待就业	133	13.2	552	19.2	82	21.6
其他暂不就业	17	1.7	46	1.6	15	3.9
出国出境	21	2.0	62	2.1	10	2.6
其他	5	0.5	14	0.5	1	0.3
合计	1005	100	2882	100	380	100

注：F=8.862，p=0.000 < 0.001

不同学历高校毕业生就业状况有以下几个特点。

1）研究生就业态度最为谨慎。研究生的就业率比专科毕业生的就业率低了12.5 个百分点。原因主要有两个：一是研究生就业观念单一，从表 3-4 中可以看出，研究生选择其他就业形式的人数明显低于专科毕业生和本科毕业生。二是研究生就业期望相对较高。在对研究生的访谈中发现，研究生对就业的目的性比较强，在没有合适的工作时，他们宁愿选择待业。对于专科毕业生和本科毕业生来说，年龄也是一个优势，他们可以骑驴找马，先签了工作再说，如果不合适可以继续更换，或者选择升学。但是对于研究生来说，他们在进行理性思考后，通常会对找工作持更加谨慎的态度。

2）本科毕业生升学观念最强。从已经确定单位的毕业生来看，本科毕业生的签约率最低，仅为 51.0%，但是可以看出本科毕业生选择升学的比例高达

① 丁小浩，岳昌君. 金融危机背景下高校毕业生就业状况分析[R]. 北京：北京论坛，2009.

15.7%，要远远超过专科毕业生和研究生的升学比例，这与近几年的读研热状况基本吻合。原因不言而喻，面对严峻的就业形势，升学可谓一箭双雕。首先，进入更高层次的学习对以后就业增加了砝码。在对升学原因的调查中，44.7%的毕业生选择了提高就业起点，15.7%的毕业生选择了获得文凭，只有17.7%的毕业生是因为专业兴趣而升学。其次，暂时摆脱了在就业市场中高不成低不就的局面。这也是高校毕业生选择不就业拟升学的比例仅次于升学，排在第四位的原因之一。

3）专科毕业生就业形式较为多元化。如图3-1所示，专科毕业生自主创业、自由职业和其他灵活就业的比例都明显高于本科毕业生和研究生，这说明专科毕业生对其他就业形式的接纳度较高。正如访谈中的一位同学所说："既然在应聘方面不占优势，还不如自己想其他出路，创业给自己干。"另外，在访谈过程中了解到，专科毕业生中有一小部分学生家里有家族企业，来上学只是为了文凭证书，但这种情况只是少数，且多存在于沿海高校。

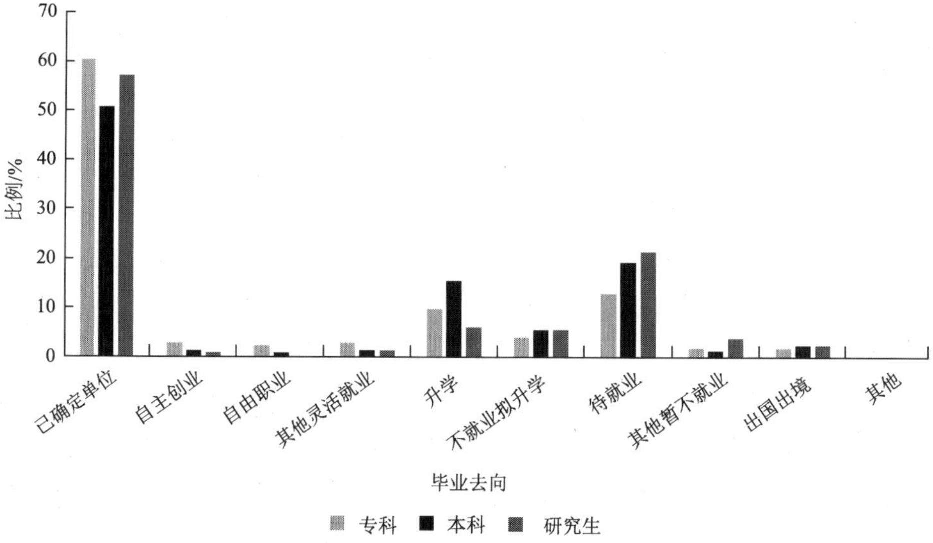

图3-1 不同学历高校毕业生就业状况分布图

三、不同学校类型高校毕业生的就业状况

表3-5是不同学校类型高校毕业生的就业状况。从学校类型来看，民办高职高专院校的就业率是75.1%，公办高职高专院校的就业率是84.9%，普通民办本

科院校的就业率是 73.6%，普通公办本科院校的就业率是 67.6%，211 高校的就业率是 75.2%，985 高校的就业率是 68.1%。上述六类高校的实际就业率分别是 73.6%、77.9%、66.8%、56.0%、54.1%、51.5%。可以看出，就业率最高的是公办高职高专院校和 211 高校，分别是 84.9%和 75.2%。

表 3-5 不同学校类型高校毕业生的就业状况

就业状况	样本分布	民办高职高专	公办高职高专	普通民办本科	普通公办本科	211 高校	985 高校
已确定单位	频数	84	309	151	1026	608	117
	比例/%	63.1	70.1	57.0	50.6	52.1	49.8
自主创业	频数	6	13	9	43	8	0
	比例/%	4.5	2.8	3.4	2.1	0.6	0
自由职业	频数	4	11	3	30	7	1
	比例/%	3.0	2.5	1.1	1.5	0.6	0.4
其他灵活就业	频数	4	11	14	37	9	3
	比例/%	3.0	2.5	5.3	1.8	0.8	1.3
升学	频数	2	31	18	236	246	39
	比例/%	1.5	7.0	6.8	11.6	21.1	16.6
不就业拟升学	频数	5	10	15	113	73	13
	比例/%	3.8	2.3	5.7	5.6	6.3	5.5
待就业	频数	21	36	42	462	164	42
	比例/%	15.8	8.2	15.8	22.8	14.1	17.9
其他暂不就业	频数	1	8	8	33	21	7
	比例/%	0.8	1.8	3.0	1.6	1.8	3.0
出国出境	频数	6	10	4	34	26	13
	比例/%	4.5	2.3	1.5	1.7	2.2	5.5
其他	频数	0	2	1	12	5	0
	比例/%	0	0.5	0.4	0.7	0.4	0
合计	频数	133	441	265	2026	1167	235
	比例/%	100	100	100	100	100	100

注：F=9.743，p=0.000 < 0.001

从学校类型来看，学校的层次不同，毕业生的就业状况有明显的不同。就实际就业率而言，最高的是公办高职高专院校和民办高职高专院校，分别是77.9%和73.6%。公办高职高专院校与民办高职高专院校的实际就业率明显高于其他类型的高校，这与专科院校的培养特点有关，一是高职高专院校的毕业生应用性较强，二是高职高专院校的实习期比其他类型院校相对较早，所以大部分学生确定工作的时间也相对较早。就升学率而言，最高的是 211 高校，高达21.1%，其次是 985 高校，为 16.6%，明显高于其他类型的高校。可以看出，学校层次越高，学生继续深造的意愿越强烈。普通公办本科院校和 985 高校的未就业人数比例最高，分别是 30.0%和 26.4%，其中待就业比例分别是 22.8%和17.9%。985 高校的待就业人数之所以高，原因可能在于 985 高校的毕业生对于就业的期望值更高，而且竞争力相对较强，所以对初次职业表现出更慎重的态度，在没有合适的工作之前，不会急于签约，反倒会选择待就业。

总体而言，各类型高校的初次就业率均在 70%左右。目前，在高等教育大众化背景下，应该多关注普通本科院校的就业情况。985 高校与 211 高校作为国内层次较高的院校，国家给予的重视较多，倾注的教育资源也较多，所以，这类学校的毕业生就业渠道和学生质量相对较高，就业问题不大。而普通本科院校在教育资源和政策扶持上不够，无论是公办院校还是民办院校，就业率都有待提高。更重要的是，在我国，这类院校的数量和毕业生数量都占全国数量的很大比例，应该给予这类学校毕业生就业问题更多的关注。高职高专院校近年来逐步形成职业技术方面的特色，以市场为导向，就业形势比较稳定。

四、不同专业高校毕业生的就业状况

从学科层面看，不同专业的就业状况表现出了明显的差异，如图 3-2 所示。医学类和工学类专业的初次就业率较高，分别是 87.2%和 81.7%，其实际就业率分别是 77.2%和 65.9%。理学类和人文类专业的未就业人数比例较大，分别是33.8%和 32.3%。就升学率而言，理学类专业的升学率最高，为 16.8%。可见，就业形势不好的专业，学生升学的意愿更强。

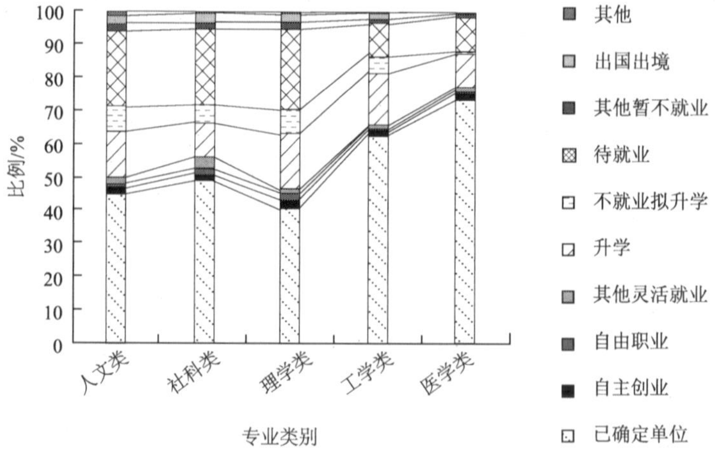

图 3-2　不同学科专业高校毕业生就业状况分布图

注：F=12.552，p=0.000 < 0.001

就具体的专业而言，学历层次不同，专业的就业状况将会不同。在专科层次，初次就业率均在 80%左右，其中，医学专业的就业率最高，达到 96.6%，实际就业率达到 93.8%。教育学专业的初次就业率最低，只有 39.0%。在本科层次，工学、医学两个专业的毕业生初次就业率明显较高，分别是 83.6%、77.9%。哲学、历史学和教育学初次就业率较低，分别是 57.1%、50.0%和 45.9%，均低于总体平均值。就业率较低的历史学、哲学的升学率最高，分别是 33.0%和 23.8%。在研究生层次，各学科毕业生初次就业率普遍在 60%左右，相对而言，教育学和工学的就业率较高，分别是 81.0%和 76.6%，其中，实际就业率分别是 71.4%和 70.1%。文学和医学就业形势不佳，未就业人数的比例占到 54.5%和 50.0%。

从以上数据可以看出，同一个学科在不同的学历层次的就业状况也有不同。一些专业的就业状况与学历呈正向变化，以教育学为例，专科毕业生就业率是 38.9%，本科毕业生就业率是 45.9%，研究生就业率则是 81.0%。明显看出，学历层次越高，就业状况越好。一些专业则随着学历增长，就业率出现了负增长，管理学、理学、文学和医学都是如此，以医学为例，专科毕业生就业率为 96.5%、本科毕业生就业率为 77.9%、研究生就业率则只有 50.0%。造成这一结果的原因可能与职业和专业间的关系有关。教育学专业和医学专业都是技术类专业，都对学历有一定的要求。从调查数据来看，教育学毕业生近 70%从事教育业，其中大部分从事教师这一职业。目前对教师的学历要求比较高，导致学历低的教育学毕业生就业困难，也就出现了教育学专业的毕业生学历越高越容易就业的情况。医学专业有 94.9%的毕业生从事医疗卫生行业。在这个行业中，医护人员岗位更多的是从高职高专院校毕业的。所以，医学专业的专科毕业生社会需求量较大，就业状况明显要好。随着学历层次的增长，医学专业毕业生所从事的岗位要求更为严格。对医师资格要求的提高，使得学历层次高的医学毕业生就业变得困难。另外，艺术学、工学、管理学等专业，无论是在专科、本科，还是研究生层次，就业状况都普遍较好，而哲学、文学、历史学的就业状况则不是很乐观。

根据以上描述，可以总结出不同学科专业的就业特点。一是理工类学科的毕业生就业状况要优于人文社科类毕业生。这在一定程度上反映了我国长期以来以经济建设为中心，从而使关系到经济增长的行业（如制造业等）持续发展。这些行业对理工科专业的毕业生需求量大，从而提高了理工科专业的就业率。二是就业状况与升学意愿成反比。就业形势较困难的专业升学率相对就高，大部分毕业生为了避免失业的风险，选择了继续升学深造。这种做法虽然延缓了就业时间，提升了就业资本，但是也有可能造成盲目学历热的状况。三是专业性质影响就业状况。正如前面所提到的教育学与医学的就业率变化，这与专业性质有关。专业性质大致明确了毕业生今后从事的职业方向。

第四章
高校毕业生就业流动及分层的教育学考察

在现代社会中，学校教育越来越成为一种重要的流动资源，个人接受的教育程度越高，越容易进入优势行业或发达地区，进而获得更高阶层的职业。[①]高校毕业生通过接受高等教育，获得流动所应具备的资源，但获得的资源在高校毕业生之间存在差异，不仅反映在不同层次的教育之间，也反映在不同类型的教育之间。本章从教育学的视角出发，在实证调查的基础上，探讨我国应届高校毕业生就业流动在行业与区域间的分层[②]差异，从而揭示不同层次、类型、学科教育对高校毕业生的分化程度。

第一节　高校毕业生就业行业与区域流动的整体性描述

首先对我国应届高校毕业生就业流动的整体状况进行描述，从高校毕业生从事的行业类型、进入的单位性质、工作的区域位置和就业的城市规模等四个方面对高校毕业生就业流动情况进行考察。

一、高校毕业生就业流动的行业分布

按照中华人民共和国国家统计局对行业类型的分类，当前我国的行业总共分

① 廖益. 社会分层与高等教育的互动[J]. 现代大学教育，2005，(5)：63-66.
② 为使表述更易懂，正文中分析具体的行业、学历、学校类型和学科差异时，“分层”和“分布”都有使用。

为二十类。[①]本书在国家统计局行业分类标准的基础上，根据研究需要并结合高校毕业生的特点，将行业类型合并分为十六类（图 4-1），分别是：①制造业；②建筑业；③交通运输、仓储和邮政业；④信息传输、软件和信息技术服务业；⑤金融业；⑥房地产业；⑦住宿和餐饮业；⑧批发零售贸易业；⑨教育业；⑩文化、体育和娱乐业；⑪租赁和商务服务业；⑫居民服务、修理和其他服务业；⑬公共管理、社会保障和社会组织业；⑭医疗卫生业；⑮科学研究与技术服务业；⑯其他行业。

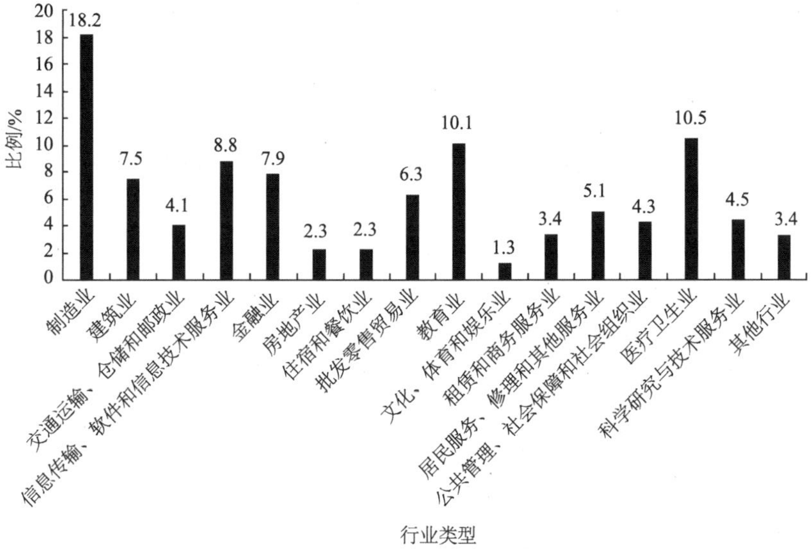

图 4-1　高校毕业生就业行业类型分布

图 4-1 是高校毕业生目前从事的行业类型分布状况，从图中的数据可以看出，高校毕业生就业比较集中的三个行业是制造业、医疗卫生业和教育业，分别占到 18.2%、10.5%和 10.1%。从图中可以看出高校毕业生行业类型分布具有明显的集聚倾向，对毕业生吸纳量最多的行业是制造业、医疗卫生业、教育业以及信息传输、软件和信息技术服务业，吸纳了近一半毕业生。毕业生所从事的行业主要集中在第二产业和第三产业，流向第二产业制造业的居第一位，这和我国当前大力发展第三产业追求三大产业协调发展的趋向有所不一致。而且即便在第三产业内部就业，产业内的行业类型也集中在教育业、医疗卫生业、

① 国家统计局. 2011 国民经济行业分类[EB/OL]. http://www.stats.gov.cn/tjsj/tjbz/hyflbz/2011/ [2011-08-18].

金融业，占了近一半的比例，而技术服务、商务服务等现代服务业所占的比例仍然很低。国民经济行业的发展讲求均衡，高校毕业生过度集中于一些行业，使得人力资源行业结构配置处于不均衡状态，不利于这些行业的发展，而毕业生的拥堵行为也加剧了就业难的现状，将会造成人力资源密集行业的人力资本闲置和浪费。

二、高校毕业生就业流动的单位分布

单位性质是高校毕业生就业情况的重要体现。单位是中国经济、政治生活的基层组织形式，它在概念上与一般意义上的工作处所不同，其本质意义在于它体现着一种全面而深刻的归属关系，即单位与其职工不是简单的雇佣、工作关系，而是一种单位控制、照顾其职工，职工依靠并服务其单位的复杂的政治、经济关系。21 世纪初，单位的控制面进一步缩小，但是，目前在事业单位、重要的社会团体、党政机关和国有企业等，还普遍保留着较为完整的单位体制。

2004 年教育部发布的《教育部办公厅关于进一步加强和完善高校毕业生就业状况统计报告工作的通知》（教学厅〔2004〕7 号）[①]笼统地将单位性质分成机关类、事业单位类、企业类、部队、国防单位、民办非企业法人类六大类，其中事业单位类包括科研设计单位、医疗卫生单位、高校、其他教学单位、其他事业单位。基于上述分类标准，根据本书前期的访谈结果及研究需要，对单位性质进行如下划分，包括十三类：①党政机关；②科研设计单位；③高等学校；④中初级教学单位；⑤医疗卫生单位；⑥其他事业单位；⑦金融单位；⑧国有企业；⑨其他非国有企业；⑩三资企业；⑪自主创业；⑫部队；⑬其他。此分类标准能够较为客观地反映出高校毕业生单位性质的整体状况。

从图 4-2 可以看出，国有企业、三资企业和其他非国有企业是高校毕业生最主要的就业单位。对比调查数据可以明显看到，高校毕业生进入的单位性质集中在三资企业和其他非国有企业，占到毕业生总数的 39.9%，排在第三位的是国有企业，占到高校毕业生总数的 17.9%。

---

① 中华人民共和国教育部. 教育部办公厅关于进一步加强和完善高校毕业生就业状况统计报告工作的通知[EB/OL]. http://www.moe.gov.cn/jyb_xxgk/gk_gbgg/moe_0/moe_1/moe_162/tnull_3557.html [2004-06-03].

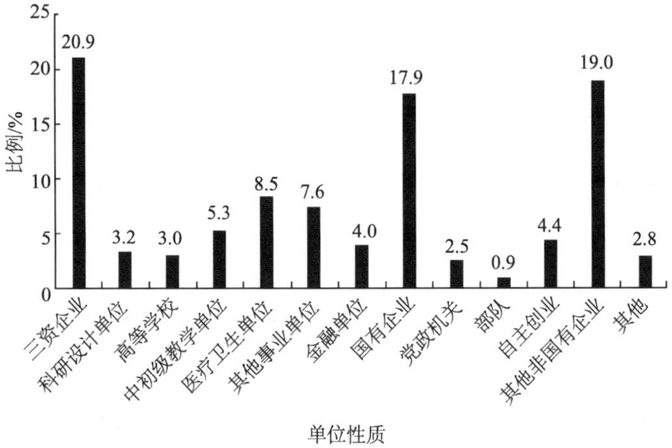

图 4-2 高校毕业生就业单位性质分布

进入传统的就业部门，如党政机关、高等学校、其他事业单位、国有企业的比例为 31%。这说明随着就业制度与市场经济的接轨，高校毕业生在单位性质的选择上开始呈现多元化。在我国，非国有性质的企业数量很多，吸纳毕业生的能力较强，对毕业生的需求也较多。另外，高等教育扩招以来，毕业生人数逐年递增，传统就业部门对毕业生的吸纳力有限，进入这些单位的竞争加剧。自主创业是目前高校毕业生就业的又一途径，但是从图 4-2 中可以看出自主创业所占的比例仅为 4.4%，这一比例还有待扩大。

从就业期望来看，高校毕业生期待进入的单位性质比较集中。图 4-3 显示高

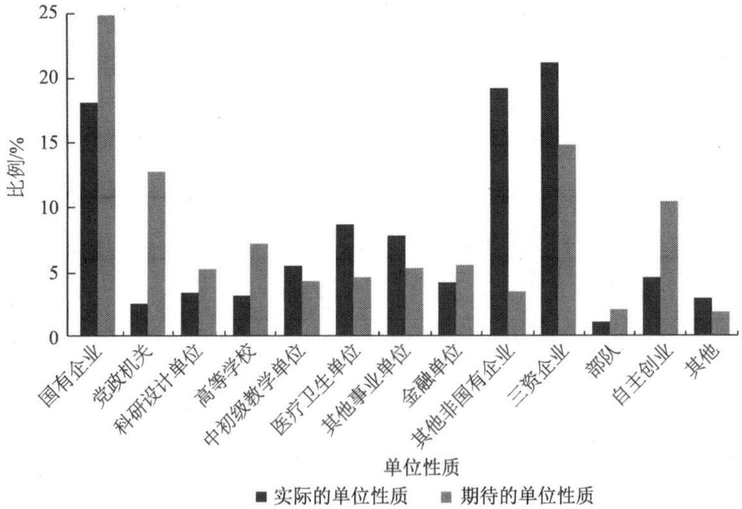

图 4-3 高校毕业生实际就业单位性质与期待就业单位性质的对比

校毕业生最期待进入的单位依次是国有企业、三资企业和党政机关，这部分毕业生占到总数的51.9%。期待进入党政机关的人数很多，这与长期以来“学而优则仕”的观念有关。虽然有12.7%的毕业生期望进入党政机关就业，但从图中可以看出，实际只有少部分毕业生进入，仅占2.5%。之所以造成进入党政机关的毕业生现实与期望的落差，原因主要在于党政机关的吸纳量有限，竞争激烈。另外，从图4-3中可以看出，期待自主创业的毕业生比例排在第四位，但是实际自主创业的人数不足一半，这也从一个侧面表明，目前对高校毕业生自主创业的扶持力度不够。

三、高校毕业生就业流动的区域分布

国务院发展研究中心发布的《地区协调发展的战略和政策》报告中提出“十一五”期间将我国31个省（自治区、直辖市）划分为东部、中部、西部、东北四大板块，并在此基础上划分为八大综合经济区。报告所提出的四大板块的划分标准与国家统计局的划分标准基本一致。考虑到细化研究的重要性，本书采用的是国务院发展研究中心所提出的划分标准，将我国31个省（自治区、直辖市）划分为八大区域，分别是：南部沿海地区（广东、福建、海南）；东部沿海地区（上海、江苏、浙江）；北部沿海地区（山东、河北、北京、天津）；东北地区（辽宁、吉林、黑龙江）；长江中游地区（湖南、湖北、江西、安徽）；黄河中游地区（陕西、河南、山西、内蒙古）；西南地区（广西、云南、贵州、四川、重庆）；西北地区（甘肃、青海、宁夏、西藏、新疆）。

高校毕业生的就业地区选择，尤其是由生源地到院校所在地再到就业地的一系列流动，不仅反映了我国劳动力市场的需求结构，也在一定程度上反映了我国高等教育资源的地区性分布特点。因此，这部分主要通过不同生源地的毕业生的流动情况，来了解高校毕业生区域间的流动特征。具体如表4-1所示。

表中的流入流出比代表的是外地生源到该地就业的毕业生数与未回到该生源地就业的毕业生数之比。流入流出比为1，表示流入该地与流出该地的毕业生数相同；大于1表示流入该地的毕业生数大于流出该地的毕业生数；小于1则表示流入该地的毕业生数小于流出该地的毕业生数。也就是说，流入流出比越大，表示进入该地区的人数越多；反之，则表示流出该地区的人数较多。

表 4-1　按生源地分的高校毕业生区域流动情况一览表

区域名称	类别					流入流出比
	在该地就业的毕业生数	生源地为该地的毕业生数	该地生源在该地就业的毕业生数	未回到该生源地就业的毕业生数	外地生源到该地就业的毕业生数	
南部沿海地区	1013	909	850	59	163	2.8
东部沿海地区	500	307	294	13	206	15.8
北部沿海地区	150	156	104	52	46	0.9
东北地区	11	35	6	29	5	0.2
长江中游地区	47	54	32	22	15	0.7
黄河中游地区	219	319	209	110	10	0.1
西南地区	362	440	333	107	29	0.3
西北地区	184	166	150	16	34	2.1

注：在该地就业的毕业生数 = 该地生源在该地就业的毕业生数+外地生源到该地就业的毕业生数；生源地为该地的毕业生数 = 该地生源在该地就业的毕业生数+未回到该生源地就业的毕业生数；流入流出比 = 外地生源到该地就业的毕业生数/未回到该生源地就业的毕业生数

从表中的数据可以看出，东部沿海地区和南部沿海地区的流入流出比最大，分别是 15.8 和 2.8。也就是说，进入东部沿海地区和南部沿海地区的外地生源毕业生分别是流出该地毕业生数的 15.8 倍和 2.8 倍。从这个结果可以看出，东南沿海地区吸纳外地生源毕业生的能力较强，同时，也从一定程度上反映了当地劳动力市场对高校毕业生的需求较大。人才流失最严重的两个区域是黄河中游地区和东北地区，流入流出比分别是 0.1 和 0.2，表明该地区流出去的毕业生数大大高于流入的毕业生数，说明这些地区人才流失比较严重。

从表 4-1 中可以看出西北地区的流入流出比是 2.1，仅次于南部沿海地区。出现这种情况的原因可能是西部大开发战略的成功实施，包括通车运营、西气东输，西电东送等大型工程项目的启动，在很大程度上增加了对高学历人才的需求量。同时，西部地区在人才政策上的导向，也使毕业生看到了就业的发展前景。国家对参加大学毕业生志愿服务西部计划的志愿者制定了专门的鼓励政策，除享受国家规定的高校毕业生就业优惠政策外，国家还给予了以下政策支持：对到中西部和艰苦边远地区县以下农村基层单位就业并履行一定服务期限的，由政府补偿学费，代偿助学贷款。[①]这在很大程度上吸引毕业生在此区域就业。

从北部沿海地区的流入流出比来看，流入率不大。出现此状况的原因可能有两个：一是该区域虽然有北京、天津两个吸纳毕业生数量较大的直辖市，但是与山东和河北两省平均起来，优势就不再明显了。二是该地区日益恶化的工作环境可能也是导致流入率减少的原因之一。近年来，北京、天津的人口膨胀，竞争激烈，房价居高，再加上工业污染，促使毕业生在选择区域时，更多地倾向于去工作环境相对优越的发达地区，即东南沿海。

四、高校毕业生就业流动的城乡分布

本书将高校毕业生就业所在地按照行政区域级别，划分为三个等级，分别是农村、乡镇、城市。图 4-4 是高校毕业生就业所在地的城乡分布情况。图中的数据显示，高校毕业生就业的城乡分布存在显著差异，在城市就业的毕业生比例占到毕业生总数的 82.3%，是在非城市就业的近 5 倍。在农村就业的人数比例最小，仅为毕业生总数的 5.4%。可以看出，高校毕业生就业地仍然是以城市为主。

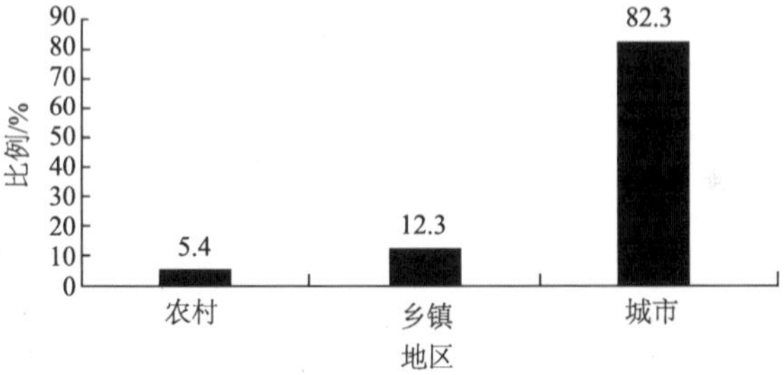

图 4-4　高校毕业生就业所在地的城乡分布情况

从表 4-2 中可以看到，高校毕业生就业地在城市与非城市的满意度同样表现出了明显的差异。在城市就业的毕业生对就业所在地非常满意的占 30.5%，基本满意的占 55.8%，选择非常不满意的仅占 1.1%；在农村和乡镇就业的毕业生，选择非常不满意和不太满意的比例均高于在城市就业的毕业生，其中在农村就业的毕业生对就业所在地非常不满意的占 5.1%。可以看出，尽管部分高校毕业生选择在乡镇、农村就业，但是他们对就业所在地的满意度并不高。

---

① 中华人民共和国教育部. 教育部发布国家促进普通高校毕业生就业政策公告[EB/OL]. http://www.moe.gov.cn/jyb_xwfb/xw_zt/moe_357/s3581/moe_2684/moe_2688/tnull_45424.html [2009-03-18].

表 4-2 高校毕业生对就业所在地的满意度 单位：%

地区	满意度			
	非常满意	基本满意	不太满意	非常不满意
农村	22.1	50.7	22.1	5.1
乡镇	21.0	53.6	22.4	3.0
城市	30.5	55.8	12.6	1.1

图 4-5 显示了高校毕业生就业城市类型[①]分布。数据显示，高校毕业生在县城或县级市就业的人数比例为 14%；在地级市就业的人数比例为 22%；在计划单列市就业的人数比例为 20%；在省会城市就业的人数比例最大，为 30%；在直辖市就业的人数比例为 14%。

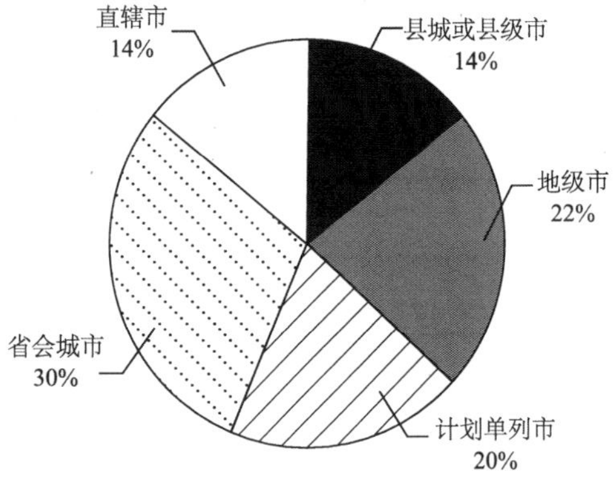

图 4-5 高校毕业生在不同类型城市就业的分布情况

可以看到，高校毕业生最倾向的就业地是省会城市。一方面，省会城市能够提供更多的就业机会与更高的就业平台；另一方面，省会城市比直辖市、计划单列市的数量多，选择相对更大一些。在对调查对象的访谈中发现，多数学生希望在家庭所在省（自治区、直辖市）的省会城市工作。这一选择的原因比较容易理解，一是可以离家近一些，很多家庭的父母希望子女可以在省（自治区、直辖市）内就业。在对毕业生就业原因的调查中，有 90.8%的学生选择了家庭原因这一选项，其中大部分是因为考虑到父母的意愿和家庭情况。二是省会城市一般是所在省（自治区、直辖市）发展相对较好的城市，这也是其成为高校毕业生就业地首

① 城市类型按照行政级别分为直辖市、省会城市、计划单列市、地级市与县城或县级市。其中，直辖市包括北京、上海、天津、重庆，计划单列市包括青岛、大连、深圳、厦门、宁波。

选的原因之一。

第二节　不同学历层次高校毕业生就业行业与区域流动的分层差异

本书从学历层次的角度，对高校毕业生行业、区域流动情况进行考察，分析不同学历高校毕业生就业流动的行业类型、单位性质、区域位置与城乡分布的现实状况，阐述不同学历层次流动存在的差异与特征，进而探讨学历层次对毕业生就业流动造成的影响。对于流动的考察，仍然是从行业类型、单位性质、区域位置与城乡分布这四个方面进行分析。

一、不同学历高校毕业生就业行业类型的分层情况

本书将前述的 16 种行业类型进行归类合并，整合为五大类。按照层次高低顺序依次为：①科教文卫业；②金融和信息科技业；③房地产、运输和商业；④采矿、制造和建筑业；⑤其他行业。之后的行业类型分析同样按照此分类标准。

表 4-3 是不同学历毕业生进入各行业类型就业的比例分布情况。从表中的数据可以看到，高校毕业生从事科教文卫业的人数占比最大，为 30.7%，其次是采矿、制造和建筑业，从事此类行业的毕业生占总数的 25.8%。

表 4-3　不同学历高校毕业生就业行业类型的分布情况

学历		行业类型					合计
		科教文卫业	金融和信息科技业	房地产、运输和商业	采矿、制造和建筑业	其他行业	
专科	频数	208	126	212	137	12	695
	学历层次中的比例/%	29.9	18.1	30.5	19.7	1.7	100.0
	行业类型中的比例/%	27.0	30.1	36.0	21.2	14.5	27.7
本科	频数	482	226	364	455	60	1587
	学历层次中的比例/%	30.4	14.2	22.9	28.7	3.8	100.0
	行业类型中的比例/%	62.6	53.9	61.8	70.4	72.3	63.3

续表

学历		行业类型					合计
		科教文卫业	金融和信息科技业	房地产、运输和商业	采矿、制造或建筑业	其他行业	
研究生	频数	80	67	13	54	11	225
	学历层次中的比例/%	35.5	29.8	5.8	24.0	4.9	100.0
	行业类型中的比例/%	10.4	16.0	2.2	8.4	13.3	9.0
合计	频数	770	419	589	646	83	2507
	学历层次中的比例/%	30.7	16.7	23.5	25.8	3.2	100.0
	行业类型中的比例/%	100.0	100.0	100.0	100.0	100.0	100.0

专科毕业生进入的行业类型主要集中在房地产、运输和商业及科教文卫业，占到专科毕业生总数的 60.4%；本科毕业生主要从事的行业除了科教文卫业外，在采矿、制造和建筑业的比例也较大，分别占本科毕业生总数的 30.4%和 28.7%；研究生从事的行业主要集中在科教文卫业及金融和信息科技业，其中，在科教文卫业的比例达到 35.5%，从事房地产、运输和商业的人数比例较小，仅为研究生总数的 5.8%。可以看到，不同学历层次进入的行业类型比例不同，但是，无论位于何种学历层次，进入科教文卫业的毕业生所占比例都较大，约占到所在学历层次中的 1/3。

不同学历高校毕业生在具体行业类型中的分布情况如图 4-6 所示。专科毕业生比较集中的行业是医疗卫生业、制造业和金融业，分别占专科毕业生总数的 19.3%、13.1%和 10.1%。本科毕业生比较集中的行业是制造业、教育业和建筑业，分别占到本科毕业生总数的 20.9%、11.9%和 7.8%。研究生在行业类型的分布上主要集中在信息传输、软件和信息技术服务业，教育业，制造业，分别占研究生总数的 24.4%、17.3%和 15.6%。通过图中的数据可以看到：①各学历层次的毕业生在制造业的比例都比较大，专科毕业生为 13.1%，本科毕业生为 20.9%，研究生为 15.6%；②学历层次越高，从事技术类优势行业的可能性越大。在科学研究与技术服务业、教育业以及信息传输、软件和信息技术服务业这类行业中，学历层次与从业人员的比例呈现出递增的趋势。特别是在信息传输、软件和信息技术服务业，研究生的比例显著高于本科毕业生和专科毕业生，达到 24.4%。

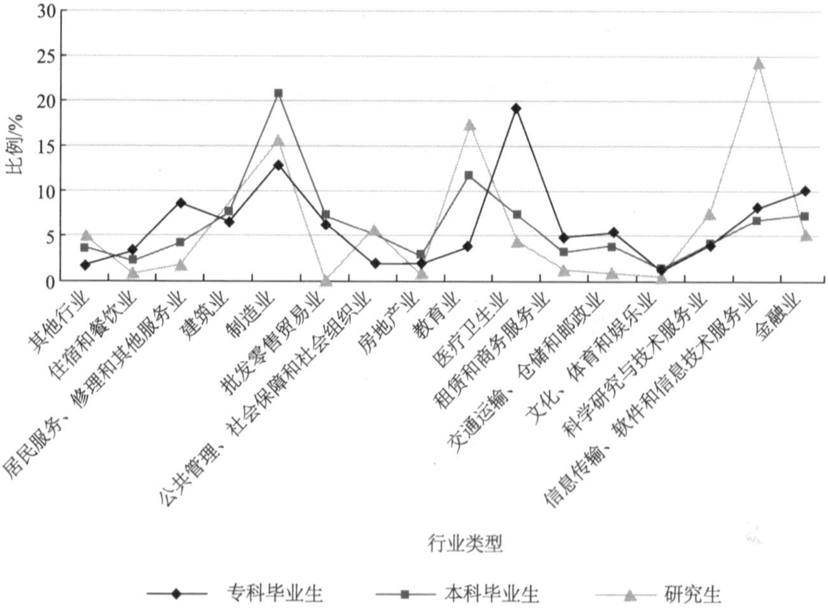

图 4-6　不同学历高校毕业生在具体行业中的分布情况

二、不同学历高校毕业生就业单位性质的分层情况

在对单位分布情况的分析中，同样将单位根据性质进行归类合并，划分为五个大类。按照层次高低依次为：①党政机关、事业单位；②国有企业；③三资企业；④私营企业；⑤其他单位。之后的分析也依照此分类标准进行分析。

不同学历高校毕业生进入各单位的比例如表 4-4 所示。可以看到，总体而言，高校毕业生进入党政机关、事业单位的人数最多，占总人数的 34.2%，其次是三资企业和私营企业，比例分别为 20.9%和 19.0%，进入国有企业的比例为 17.9%，其他性质单位为 8.0%。

从学历层次来看，专科毕业生有 41.4%进入党政机关、事业单位，13.8%进入国有企业；本科毕业生有 29.9%进入党政机关、事业单位，19.4%进入国有企业；研究生中进入党政机关、事业单位的比例最大，为 42.0%，其次是国有企业，占 19.6%。也就是说，研究生在党政机关、事业单位和国有企业工作的人数达到了 61.6%，这个比例明显高于本科毕业生和专科毕业生。

从表 4-4 中的数据发现，专科毕业生在党政机关、事业单位的人数比例较大，甚至超过了本科毕业生。为了找出原因，特将毕业生的具体工作单位列表如表 4-5 所示。从表 4-5 中可以看到，专科毕业生工作的单位性质主要集中在医疗卫生单

表 4-4 不同学历高校毕业生就业单位性质的分布情况

学历		单位性质					合计
		党政机关、事业单位	国有企业	三资企业	私营企业	其他单位	
专科	频数	285	95	116	118	74	688
	学历层次中的比例/%	41.4	13.8	16.9	17.2	10.7	100.0
	单位性质中的比例/%	33.4	21.3	22.2	24.9	36.8	27.5
本科	频数	475	307	364	320	120	1586
	学历层次中的比例/%	29.9	19.4	23.0	20.2	7.5	100.0
	单位性质中的比例/%	55.6	68.8	69.6	67.5	59.7	63.5
研究生	频数	94	44	43	36	7	224
	学历层次中的比例/%	42.0	19.6	19.2	16.1	3.1	100.0
	单位性质中的比例/%	11.0	9.9	8.2	7.6	3.5	9.0
合计	频数	854	446	523	474	201	2498
	学历层次中的比例/%	34.2	17.9	20.9	19.0	8.0	100.0
	单位性质中的比例/%	100.0	100.0	100.0	100.0	100.0	100.0

位，占到专科毕业生总数的 18.8%。本科毕业生在党政机关的比例高于研究生与专科毕业生，这与近年来我国本科毕业生参加公务员类考试的趋势比较一致。研究生在单位分布上集中于国有企业和三资企业，分别占到研究生总数的 19.6%和 19.2%。

通过表 4-5 中的数据还发现：①专科毕业生选择自主创业的积极性高于本科毕业生和研究生。②本科毕业生工作单位的选择偏好比较明显。本科毕业生的单位密集程度高于研究生和专科毕业生，主要集中在三资企业、其他非国有企业和国有企业，分别占到本科毕业生总数的 23.0%、20.2%和 19.4%。这在一定程度上也反映了本科毕业生的就业单位偏好。③学历层次在一些单位表现出了明显的优势。例如，在高等学校就业的研究生比例为 13.4%，在科研设计单位研究生比例为 7.6%，二者均明显高于本科毕业生和专科毕业生。

表 4-5　不同学历高校毕业生就业单位的具体分布情况

单位性质	专科		本科		研究生		总计	
	人数	比例/%	人数	比例/%	人数	比例/%	人数	比例/%
党政机关	6	0.9	53	3.3	4	1.8	63	2.5
科研设计单位	13	1.9	51	3.2	17	7.6	81	3.2
高等学校	21	3.0	25	1.6	30	13.4	76	3.0
中初级教学单位	25	3.6	97	6.1	10	4.5	132	5.3
医疗卫生单位	129	18.8	77	4.9	6	2.7	212	8.5
其他事业单位	60	8.7	112	7.1	19	8.5	191	7.6
金融单位	31	4.5	60	3.8	8	3.6	99	4.0
国有企业	95	13.8	307	19.4	44	19.6	446	17.9
其他非国有企业	118	17.1	320	20.2	36	16.1	474	19.0
三资企业	116	16.9	364	23.0	43	19.2	523	20.9
自主创业	44	6.4	64	4.0	2	0.9	110	4.4
部队	6	0.9	15	0.8	1	0.3	22	0.9
其他	24	3.5	41	2.6	4	1.8	69	2.8
合计	688	100	1586	100	224	100	2498	100

三、不同学历高校毕业生就业区域位置的分层情况

在对毕业生就业区域位置流动情况的分析中，为了便于研究分析，将之前的八个区域类别进行合并，按照区域位置的地理属性以及发展程度，依次划分为东部地区、中部地区和西部地区。后面对区域流动的划分也按照此分类标准进行。

表 4-6 是各学历层次毕业生在区域位置上的比例分布情况。数据表明，高校毕业生大部分流动到东部沿海地区，进入该地区的毕业生人数达到总人数的近 70%。专科毕业生进入东部沿海地区工作的比例达到 76.1%，高于本科毕业生和研究生；本科毕业生流入东部地区的比例为 63.2%，流入中部地区的比例为 14.3%，流入西部地区的比例为 22.5%；研究生流动到东部地区就业的比例略高于本科毕业生的比例，为 64.8%。

表 4-6 不同学历高校毕业生就业区域位置的分布情况

学历		地区			合计
		东部	中部	西部	
专科	频数	528	20	146	694
	学历层次中的比例/%	76.1	2.9	21.0	100.0
	区域中的比例/%	31.6	7.2	26.7	27.8
本科	频数	999	226	355	1580
	学历层次中的比例/%	63.2	14.3	22.5	100.0
	区域中的比例/%	59.9	81.6	64.9	63.4
研究生	频数	142	31	46	219
	学历层次中的比例/%	64.8	14.2	21.0	100.0
	区域中的比例/%	8.5	11.2	8.4	8.8
合计	频数	1669	277	547	2493
	学历层次中的比例/%	67.0	11.1	21.9	100.0
	区域中的比例/%	100.0	100.0	100.0	100.0

下面以专科毕业生为例，将毕业生的家庭所在地与工作所在地建立交叉表，以生源所在地区为参照，进行更深入的分析来考察毕业生在就业区域流动上的特征。从表 4-7 中可以看出，毕业生更倾向于选择在生源所在地区就业，说明生源地与就业区域选择之间存在较高的关联性。数据显示，工作所在地与家庭所在地在同一区域的学生占总人数的 87.2%。其中，西部生源有 80.8%在西部地区就业，中部生源有 75.0%在中部地区就业，东部生源有 89.4%在东部地区就业。选择在东部生源地区就业比较容易理解，因为东南沿海的经济发展比较好，本就是高校毕业生期望的就业区域。西部地区流出率较低的原因可能存在两个方面：一是西部地区，特别是西北地区是少数民族居多的区域，少数民族的学生在外地就业要适应环境、文化习俗，所以他们的流动意愿不强；二是少数民族的学生家族意识相对较强，比较喜欢生活在家庭所在地，所以他们的流动性较弱。

表 4-7　专科毕业生家庭所在地区与工作所在地区的交叉表

家庭所在地		工作所在地			合计
		东部	中部	西部	
西部	频数	8	20	118	146
	工作所在地区中的比例/%	5.5	13.7	80.8	100.0
	家庭所在地区中的比例/%	1.7	28.2	84.9	21.1
中部	频数	4	15	1	20
	工作所在地区中的比例/%	20.0	75.0	5.0	100.0
	家庭所在地区中的比例/%	0.8	21.1	0.7	2.9
东部	频数	471	36	20	527
	工作所在地区中的比例/%	89.4	6.8	3.8	100.0
	家庭所在地区中的比例/%	97.5	50.7	14.4	76.0
合计	频数	483	71	139	693
	工作所在地区中的比例/%	69.7	10.2	20.1	100.0
	家庭所在地区中的比例/%	100.0	100.0	100.0	100.0

四、不同学历高校毕业生就业地的分层情况

对于高校毕业生城乡分布情况，为了研究需要，将毕业生工作所在地按照行政级别的顺序依次划分为：①大中城市（省会城市、直辖市和计划单列市）；②地级市；③县城及县级市；④乡镇；⑤农村。关于城乡的划分，“乡”指的是乡镇和农村，“城”指的是县城及县级市以上的城市。城乡比是城市就业的毕业生数与乡镇、农村就业的毕业生数的比值，它代表的是在城市就业的毕业生数与乡镇、农村毕业生数相比的倍数。

各学历层次高校毕业生就业地的城乡分布状况如表 4-8 所示。从表中的数据可以看到，各学历层次的毕业生都倾向于进入城市工作。其中研究生进入城市工作的比例最高，仅有 5.8%的研究生进入农村和乡镇工作。专科毕业生城乡分布比为 4.5∶1，本科毕业生城乡分布比为 4.2∶1，研究生高达 16.2∶1。可以看到，研究生学历的毕业生与本、专科毕业生在城乡的分布上显示出了明显的差别，但是否存在显著性差异，还需要进一步的分析和检验。

表 4-8 不同学历高校毕业生就业地的城乡分布情况

学历		工作地区					合计
		大中城市	地级市	县城及县级市	乡镇	农村	
专科	频数	409	90	71	98	27	695
	学历层次中的比例/%	58.8	12.9	10.2	14.2	3.9	100.0
	城市规模中的比例/%	31.3	19.3	24.2	31.7	19.9	27.7
本科	频数	736	340	208	201	106	1591
	学历层次中的比例/%	46.3	21.4	13.1	12.6	6.6	100.0
	城市规模中的比例/%	56.3	73.0	71.0	65.1	77.9	63.3
研究生	频数	163	36	14	10	3	226
	学历层次中的比例/%	72.1	15.9	6.2	4.4	1.4	100.0
	城市规模中的比例/%	12.4	7.7	4.8	3.2	2.2	9.0
合计	频数	1308	466	293	309	136	2512
	学历层次中的比例/%	52.1	18.5	11.7	12.3	5.4	100.0
	城市规模中的比例/%	100.0	100.0	100.0	100.0	100.0	100.0

高校毕业生多数倾向于选择大中城市就业，但城市规模不同，毕业生就业分布情况也存在明显的差异。如图 4-7 所示，大部分比例的高校毕业生选择了在省会城市就业。研究生和本科毕业生在省会城市就业的人数明显高于直辖市和计划单列市，原因可能在于直辖市或计划单列市的就业条件较为苛刻。

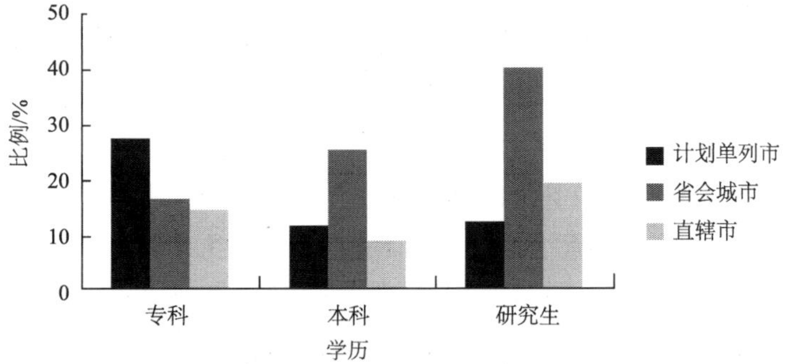

图 4-7 各学历高校毕业生在大中城市就业的分布情况

五、不同学历高校毕业生就业行业与区域流动及分层的差异性分析

从描述统计的数据可以看到，不同学历高校毕业生就业流动状况存在差别。为检验不同学历高校毕业生的就业流动情况是否存在显著性差异，研究者对各学

历层次的毕业生就业流动情况进行单因素方差分析。根据方差同质性检验结果，行业类型、单位性质、区域位置与城乡分布四个变量的方差差异均在 0.05 水平达到显著，因此采用方差异质的事后比较法——Tamhane's T2 检验法①进行事后多重比较分析。具体结果如表 4-9 所示。

结合各学历毕业生行业、区域流动情况和表 4-9 中的方差分析结果，可得出：①在“行业类型”这个层面，研究生进入科教文卫行业的概率显著高于本科毕业生，专科毕业生整体高于本科毕业生，本科毕业生仅在采矿、制造和建筑业显著高于专科毕业生，研究生与专科毕业生之间不存在显著差异；②在“单位性质”这个层面，研究生进入的单位性质显著优于本科毕业生，研究生与专科毕业生之间、本科毕业生与专科毕业生之间均不存在显著差异；③在“区域位置”这个层面，专科毕业生进入东部沿海地区就业的概率显著高于本科毕业生，专科毕业生与研究生之间、本科毕业生与研究生之间均不存在显著性差异；④在“城乡分布”这个层面，研究生进入城市就业的概率显著高于专科毕业生和本科毕业生，专科毕业生进入城市就业的概率显著高于本科毕业生。

表 4-9 不同学历高校毕业生就业流动的差异性检验

变量		平方和	*df*	均方	*F*	事后比较
行业类型	组间	23.755	2	11.878	7.571**	1. 研究生 > 本科 2. 专科 > 本科
	组内	3928.470	2504	1.569		
	总数	3952.225	2506			
单位性质	组间	31.746	2	15.873	8.891***	1. 研究生 > 本科
	组内	4454.417	2495	1.785		
	总数	4486.163	2497			
区域位置	组间	9.871	2	4.935	7.224**	1. 专科 > 本科
	组内	1701.162	2490	0.683		
	总数	1711.033	2492			
城乡分布	组间	92.193	2	46.096	29.142***	1. 研究生 > 本科、专科 2. 专科 > 本科
	组内	3968.759	2509	1.582		
	总数	4060.952	2511			

注：*表示 $p < 0.05$，**表示 $p < 0.01$，***表示 $p < 0.001$，全书同

① 根据方差同质性检验结果，此处方差差异达到极其显著水平，违反方差同质性假定，因此选择了方差异质的事后比较法——Tamhane's T2 检验法。

第三节　不同类型学校高校毕业生就业行业与区域流动的分层差异

学校类型在一定程度上反映了高校提供的教育资源，这里选取学校类型这一变量，考察不同学校类型高校毕业生就业流动的现实状况。

一、不同类型高校毕业生行业类型的分层情况

表 4-10 是不同类型高校毕业生进入各行业类型就业的比例分布情况。从学校类型来看，民办高职高专院校的毕业生从事的行业比例最大的是采矿、制造和建筑业，占到民办高职高专院校毕业生总数的 40.4%，其次是房地产、运输和商业以及金融和信息科技业，进入科教文卫业的毕业生比例仅为 3.0%；公办高职高专院校的行业集中度相对较高，从事的行业主要集中在科教文卫业与房地产、运输和商业，比例占到公办高职高专院校的 73.9%；普通民办本科院校毕业生从事的行业多是集中在房地产、运输和商业，比例为 35.6%；普通公办本科院校同样是进入科教文卫行业的人数比例较大，为 36.7%，进入金融和信息科技业的人数比例为 11.7%；211 高校毕业生从事的行业多分布于采矿、制造建筑业，比例占到 211 高校毕业生总数的 41.6%；985 高校的毕业生则多从事金融和信息科技业，其次是科教文卫业，二者所占比例达到 985 高校毕业生总数的 81.0%。

表 4-10　不同类型高校毕业生就业行业类型的分布情况

高校类型		行业类型					合计
		科教文卫业	金融和信息科技业	房地产、运输和商业	采矿、制造和建筑业	其他行业	
民办高职高专院校	频数	3	26	28	40	2	99
	学校类型中的比例/%	3.0	26.3	28.3	40.4	2.0	100.0
	行业类型中的比例/%	0.4	6.2	4.8	6.2	2.4	3.9
公办高职高专院校	频数	143	64	113	22	4	346
	学校类型中的比例/%	41.3	18.5	32.6	6.4	1.2	100.0
	行业类型中的比例/%	18.6	15.3	19.2	3.4	4.8	13.8

续表

高校类型		行业类型					合计
		科教文卫业	金融和信息科技业	房地产、运输和商业	采矿、制造和建筑业	其他行业	
普通民办本科院校	频数	37	45	63	30	2	177
	学校类型中的比例/%	20.9	25.4	35.6	16.9	1.2	100.0
	行业类型中的比例/%	4.8	10.7	10.6	4.6	2.4	7.1
普通公办本科院校	频数	420	133	267	286	35	1141
	学校类型中的比例/%	36.7	11.7	23.4	25.1	3.1	100.0
	行业类型中的比例/%	54.5	31.7	45.3	44.3	42.2	45.5
211 高校	频数	136	84	107	259	37	623
	学校类型中的比例/%	21.8	13.5	17.2	41.6	5.9	100.0
	行业类型中的比例/%	17.7	20.1	18.2	40.1	44.6	24.9
985 高校	频数	31	67	11	9	3	121
	学校类型中的比例/%	25.6	55.4	9.1	7.4	2.5	100.0
	行业类型中的比例/%	4.0	16.0	1.9	1.4	3.6	4.8
合计	频数	770	419	589	646	83	2507
	学校类型中的比例/%	30.7	16.7	23.5	25.8	3.3	100.0
	行业类型中的比例/%	100.0	100.0	100.0	100.0	100.0	100.0

图 4-8 是不同类型高校毕业生具体的行业类型的分布情况。从图中可以看到，民办高职高专院校的毕业生多是进入建筑业、金融业和制造业；公办高职高专院校的毕业生在医疗卫生业的比例较为突出，占到此类高校毕业生总数的 38.7%；普通民办本科院校和普通公办本科院校的毕业生在各行业的分布上相对均匀，没有显现出某一行业突出的竞争力；211 高校的毕业生在制造行业中的比例较高，在其他行业中并无突出；985 高校的毕业生在信息传输、软件和信息技术服务业与教育业中的比例较高。

从各类型高校毕业生具体的行业类型分布上可以看到，学校类型在从事的行业分布上显示出了明显的差别，除普通民办本科与普通公办本科院校外，各类型高校均有比较凸显的行业集中情况，在一定程度上也反映了各类型高校不同的行业竞争优势。从这个层面上而言，本科类院校的人才培养模式缺乏鲜明的行业意识。

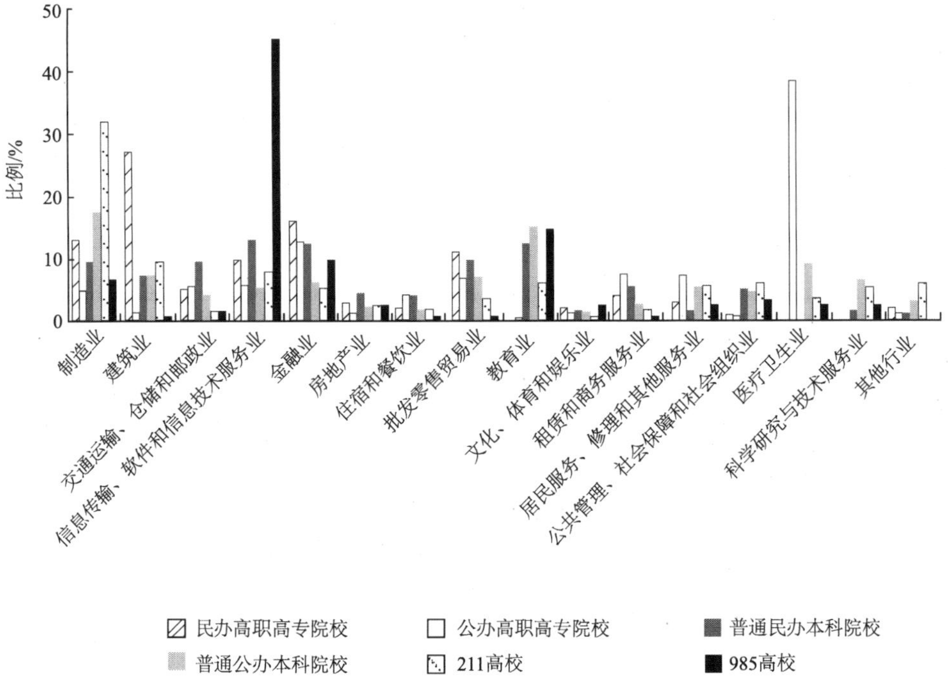

图 4-8　不同类型高校毕业生在具体行业中的分布情况

二、不同类型高校毕业生就业单位性质的分层情况

不同类型高校毕业生进入各单位的比例如表 4-11 所示。可以看到，高校毕业生进入党政机关、事业单位的人数最多，占总人数的 34.2%，其次是三资企业和私营企业，比例分别为 20.9%和 19.0%，进入国有企业的比例为 17.9%，其他性质单位为 8.0%。

表 4-11　不同类型高校毕业生就业单位性质的分布情况

高校类型		单位性质					合计
		党政机关、事业单位	国有企业	三资企业	私营企业	其他单位	
民办高职高专院校	频数	32	7	19	23	15	96
	学校类型中的比例/%	33.3	7.3	19.8	24.0	15.6	100.0
	单位性质中的比例/%	3.8	1.6	3.6	4.9	7.5	3.8
公办高职高专院校	频数	184	26	50	53	32	345
	学校类型中的比例/%	53.3	7.5	14.5	15.4	9.3	100.0
	单位性质中的比例/%	21.6	5.8	9.6	11.2	15.9	13.8

续表

高校类型		单位性质					合计
		党政机关、事业单位	国有企业	三资企业	私营企业	其他单位	
普通民办本科院校	频数	36	8	45	62	26	177
	学校类型中的比例/%	20.4	4.5	25.4	35.0	14.7	100.0
	单位性质中的比例/%	4.2	1.8	8.6	13.1	12.9	7.1
普通公办本科院校	频数	406	197	215	214	101	1133
	学校类型中的比例/%	35.8	17.4	19.0	18.9	8.9	100.0
	单位性质中的比例/%	47.5	44.2	41.1	45.0	50.2	45.4
211 高校	频数	154	186	168	99	19	626
	学校类型中的比例/%	24.7	29.7	26.8	15.8	3.0	100.0
	单位性质中的比例/%	18.0	41.7	32.1	20.9	9.5	25.1
985 高校	频数	42	22	26	23	8	121
	学校类型中的比例/%	34.7	18.2	21.5	19.0	6.6	100.0
	单位性质中的比例/%	4.9	4.9	5.0	4.9	4.0	4.8
合计	频数	854	446	523	474	201	2498
	学校类型中的比例/%	34.2	17.9	20.9	19.0	8.0	100.0
	单位性质中的比例/%	100.0	100.0	100.0	100.0	100.0	100.0

就党政机关、事业单位而言，公办高职高专院校的毕业生进入此类单位的比例最大，占到公办高职高专院校毕业生总数的 53.3%。其次是普通公办本科院校的毕业生和 985 高校的毕业生。就国有企业而言，211 高校的毕业生进入此类单位的比例最大，占到 211 高校毕业生总数的 29.7%，其次是 985 高校的毕业生和普通公办本科院校的毕业生。

从上述数据分析中发现：①公办类院校毕业生进入的单位层次相对较高。通过上面的数据分析可知，公办高职高专、普通公办本科院校等公办类院校的毕业生进入党政机关、事业单位的比例较大。就公办高职高专院校而言，前面提到，调查样本高校中有医科类高职高专，这部分毕业生多数进入医疗卫生单位工作。医科类高职高专毕业生进入医疗卫生单位的人数比例较高，也可以被归为学科对工作单位性质产生的影响。②学校层次越高，进入国有企业的比例越大。结果表明，学校层次较高的 985 高校、211 高校，此类高校毕业生进入党政机关、事业单位和国有企业的比例较大。这在一定程度上也反映出学校层次越高的毕业生可能越倾向于选择较为稳定的单位就业。③民办类高校在单位性质的层次方面处于相对劣势地位。

三、不同类型高校毕业生就业区域位置的分层情况

各类型高校毕业生在就业区域位置方面的分布情况如表 4-12 所示。表中的数据表明，除 211 高校和普通民办本科院校外，其他类型高校毕业生在区域流动上比较倾向于东部沿海地区。这一现象在公办高职高专院校的区域流动上较为明显，选择在东部沿海地区就业的人数比例高达 93.1%。211 高校则相异，毕业生中有近一半流动到西部地区。

表 4-12　不同类型高校毕业生就业区域位置的分布情况

高校类型		毕业生所在区域			合计
		东部	中部	西部	
民办高职高专院校	频数	97	1	1	99
	学校类型中的比例/%	98.0	1.0	1.0	100.0
	区域位置中的比例/%	5.8	0.3	0.2	4.0
公办高职高专院校	频数	322	14	10	346
	学校类型中的比例/%	93.1	4.0	2.9	100.0
	区域位置中的比例/%	19.3	5.1	1.8	13.9
普通民办本科院校	频数	80	96	0	176
	学校类型中的比例/%	45.5	54.5	0.0	100.0
	区域位置中的比例/%	4.8	34.7	0.0	7.0
普通公办本科院校	频数	846	68	226	1140
	学校类型中的比例/%	74.2	6.0	19.8	100.0
	区域位置中的比例/%	50.7	24.5	41.3	45.7
211 高校	频数	219	93	303	615
	学校类型中的比例/%	35.6	15.1	49.3	100.0
	区域位置中的比例/%	13.1	33.6	55.4	24.7
985 高校	频数	105	5	7	117
	学校类型中的比例/%	89.7	4.3	6.0	100.0
	区域位置中的比例/%	6.3	1.8	1.3	4.7
合计	频数	1669	277	547	2493
	学校类型中的比例/%	67.0	11.1	21.9	100.0
	区域位置中的比例/%	100.0	100.0	100.0	100.0

通过数据分析发现：①公办高职高专院校在区域流动上具有明显的区域倾向。进入东部沿海地区就业的人数比例最大，一部分原因是东部沿海地区发达。更多的原因可能是，东部沿海地区的产业发展要优于中部地区与西部地区，这为高职高专院校的毕业生提供了更多的工作机会和职业选择。②211 高校的毕业生进入西部地区就业的比例较多，经过对此类高校的再分析发现，进入西部地区就业的毕业生中，有 89%来自西部家庭。也就是说，就业区域的选择，可能与生源所在地有关。另外，进入西部地区就业的毕业生中，有九成毕业于西部地区的高校，可见，学校类型间的区域流动差异，很有可能是生源地与学校所在地两个变量的共同反映。

四、不同类型高校毕业生就业地城市规模的分层情况

不同类型高校毕业生就业地的城乡分布状况如表 4-13 所示。

表 4-13　不同类型高校毕业生就业地的城乡分布情况

高校类型		工作地区					合计
		大中城市	地级市	县城及县级市	乡镇	农村	
民办高职高专院校	频数	32	30	12	19	6	99
	学校类型中的比例/%	32.3	30.3	12.1	19.2	6.1	100.0
	城市规模中的比例/%	2.4	6.4	4.1	6.1	4.3	3.9
公办高职高专院校	频数	258	36	17	30	5	346
	学校类型中的比例/%	74.6	10.4	4.9	8.7	1.4	100.0
	城市规模中的比例/%	19.7	7.7	5.8	9.7	3.7	13.8
普通民办本科院校	频数	121	24	13	13	5	176
	学校类型中的比例/%	68.8	13.6	7.4	7.4	2.8	100.0
	城市规模中的比例/%	9.3	5.2	4.4	4.2	3.7	7.0
普通公办本科院校	频数	465	202	181	193	104	1145
	学校类型中的比例/%	40.6	17.6	15.8	16.9	9.1	100.0
	城市规模中的比例/%	35.6	43.4	61.8	62.5	76.5	45.6
211 高校	频数	330	164	67	50	14	625
	学校类型中的比例/%	52.8	26.2	10.7	8.0	2.3	100.0
	城市规模中的比例/%	25.2	35.2	22.9	16.2	10.3	24.9

续表

高校类型		工作地区					合计
		大中城市	地级市	县城及县级市	乡镇	农村	
985 高校	频数	102	10	3	4	2	121
	学校类型中的比例/%	84.2	8.3	2.5	3.3	1.7	100.0
	城市规模中的比例/%	7.8	2.1	1.0	1.3	1.5	4.8
合计	频数	1308	466	293	309	136	2512
	学校类型中的比例/%	52.1	18.6	11.7	12.3	5.3	100.0
	城市规模中的比例/%	100.0	100.0	100.0	100.0	100.0	100.0

从表中的数据可以看到，各学校类型高校毕业生就业所在地均集中在省会城市、计划单列市和直辖市等大中城市。其中，985 高校中有 84.2%的毕业生进入大中城市，其次是公办高职高专院校有 74.6%的毕业生进入大中城市，而民办高职高专院校中仅有 32.3%的毕业生进入大中城市。就城乡比来看，985 高校的城乡比最大，为 19.0∶1，其次是公办高职高专院校和 211 高校。普通公办本科院校与民办高职高专院校的城乡比相对较小，两类院校毕业生的城乡比均在 2.9∶1 左右。

从上述对不同类型高校毕业生就业地的城乡分布情况的分析来看：①各类型高校的毕业生都比较集中于城市就业，进入农村和乡镇就业的比例较小。其中，985 高校中仅有 5.0%的毕业生进入乡镇或农村。②普通公办本科院校和民办高职高专院校的毕业生进入城市就业的比例小于其他类型高校。其中，普通公办本科院校中，有 26.0%的毕业生流入乡镇或农村；民办高职高专院校中，有 25.3%的毕业生流入乡镇或农村。从数据中可以明显看到，不同类型学校高校毕业生在就业城市规模的分布上存在较为明显的差别，但是否存在显著性差异，还需要进一步的分析和检验。

五、不同类型高校毕业生就业行业与区域流动现状的差异性分析

从描述统计的数据可以看到，不同类型高校毕业生就业流动状况存在差别。为检验学校类型对毕业生的就业流动情况是否存在显著性差异，研究者对各类型高校

毕业生的就业流动情况进行单因素方差分析。根据方差同质性检验结果，行业类型、单位性质、区域位置与城乡分布四个变量的方差差异均在 0.05 水平达到显著，因此采用 Tamhane's T2 检验法进行事后多重比较分析。具体结果如表 4-14 所示。

表 4-14　不同类型高校毕业生就业流动的差异性检验

变量		平方和	*df*	均方	*F*	事后比较
	组间	255.352	5	51.070		1. 985 高校 > 211 高校、普通公办本科院校、普通民办本科院校、民办高职高专 2. 公办高职高专 > 211 高校、普通公办本科院校、普通民办本科院校、民办高职高专 3. 普通公办本科院校 > 211 高校、民办高职高专 4. 普通民办本科院校 > 211 高校、民办高职高专
行业类型	组内	3696.873	2501	1.478	34.550***	
	总数	3952.225	2506			
	组间	129.534	5	25.907		1. 985 高校 > 普通民办本科院校 2. 211 高校 > 普通民办本科院校 3. 普通公办本科院校 > 普通民办本科院校 4. 公办高职高专 > 普通公办本科院校、普通民办本科院校、民办高职高专
单位性质	组内	4356.629	2492	1.748	14.819***	
	总数	4486.163	2497			
	组间	336.580	5	67.316		1. 公办高职高专 > 985 高校、211 高校、普通公办本科院校、普通民办本科院校 2. 985 高校 > 211 高校、普通公办本科院校、普通民办本科院校 3. 普通公办本科院校 > 211 高校 4. 普通民办本科院校 > 211 高校 5. 民办高职高专 > 211 高校、普通公办本科院校、普通民办本科院校
区域位置	组内	1374.453	2487	0.553	121.805***	
	总数	1711.033	2492			
	组间	351.017	5	70.203		1. 985 高校 > 211 高校、普通公办本科院校、民办高职高专 2. 公办高职高专 > 211 高校、普通公办本科院校、民办高职高专 3. 211 高校 > 普通公办本科院校、民办高职高专 4. 民办高职高专 > 普通公办本科院校、民办高职高专
城乡分布	组内	3709.935	2506	1.480	47.421***	
	总数	4060.952	2511			

结合各类型高校毕业生的行业、区域流动情况和表 4-14 中的方差分析结果，可得出：①在“行业类型”这个层面，985 高校与公办高职高专院校的毕业生，

进入科教文卫业的概率显著高于其他类型高校；②在“单位性质”这个层面，普通民办本科院校的毕业生进入较高层次单位的概率显著低于其他公办本科高校；③在“区域位置”这个层面，高职高专院校的毕业生存在明显的区域倾向，进入东部地区就业的人数显著高于其他类型高校，而211高校进入东部地区的毕业生人数则显著低于其他类型高校；④在“城乡分布”这个层面，985等较高层次的高校，进入大城市就业的概率显著高于其他类型高校，另外，高职高专院校的毕业生在城市就业的比例也显著高于其他类型高校，211高校和普通民办本科院校的毕业生之间不存在显著性差异。

第四节　不同学科专业高校毕业生就业行业与区域流动的分层差异

不同的学科专业，意味着不同的培养目标，因此，各学科间的课程设置不尽相同。攻读不同专业所获得的知识与素养存在差异，这在一定程度上将有可能造成毕业生人力资本存量的差异。所以，本书选取从学科专业的角度，对高校毕业生就业流动的现实状况进行考察，有助于发现不同学科专业之间就业流动及分层差异。

一、不同学科专业高校毕业生就业行业类型的分层情况

表4-15是不同学科毕业生进入的行业类型分布情况。从学科结构来看，人文类学科从事房地产、运输和商业的毕业生人数所占比例最大，占到人文类毕业生总数的34.0%，其次是科教文卫业，比例为32.8%；社科类学科与人文类学科在行业分布上比较一致，但是，社科类学科在金融和信息科技业就业的毕业生比例明显高于人文类学科；理学类学科毕业生在这几个行业中的分布比较均匀，其中，进入采矿、制造和建筑业就业的毕业生人数所占比例最高，为28.5%；工学类学科在采矿、制造和建筑业就业的人数所占比例最大，为43.2%，其次是科教文卫业，从事此类行业的工学类学生占工学类毕业生总数的1/5；医学类毕业生进入科教文卫业的人数比例高达97.0%，行业集中度相当高。

表 4-15　不同学科专业高校毕业生就业行业类型的分布情况

学科类型		行业类型					合计
		科教文卫业	金融和信息科技业	房地产、运输和商业	采矿、制造和建筑业	其他行业	
人文	频数	119	48	123	59	13	362
	学科专业中的比例/%	32.8	13.3	34.0	16.3	3.6	100.0
	行业类型中的比例/%	15.5	11.5	20.9	9.1	15.7	14.5
社科	频数	171	159	251	103	17	701
	学科专业中的比例/%	24.4	22.7	35.8	14.7	2.4	100.0
	行业类型中的比例/%	22.2	37.9	42.6	16.0	20.5	28.0
理学	频数	68	62	66	81	7	284
	学科专业中的比例/%	23.9	21.8	23.2	28.5	2.6	100.0
	行业类型中的比例/%	8.8	14.8	11.2	12.6	8.4	11.3
工学	频数	185	149	146	400	45	925
	学科专业中的比例/%	20.0	16.1	15.8	43.2	4.9	100.0
	行业类型中的比例/%	24.0	35.6	24.8	62.0	54.2	36.9
医学	频数	227	1	3	2	1	234
	学科专业中的比例/%	97.0	0.4	1.3	0.9	0.4	100.0
	行业类型中的比例/%	29.5	0.2	0.5	0.3	1.2	9.3
合计	频数	770	419	589	645	83	2506
	学科专业中的比例/%	30.7	16.7	23.5	25.8	3.3	100.0
	行业类型中的比例/%	100.0	100.0	100.0	100.0	100.0	100.0

图 4-9 是不同学科毕业生就业所在具体行业的分布特征图。从图中可以看到，人文类毕业生从事教育业工作的人数最多；社科类毕业生从事金融业和教育业的毕业生人数较多；理学类毕业生在各行业间的分布比较平均，从事制造业工作的毕业生人数较多；工学类毕业生在制造业就业的人数比较显著，在建筑业，信息传输、软件和信息技术服务业，科学研究与技术服务业就业的人数次于制造业，但是人数也较多；医学类毕业生在行业类型分布上呈现出了显著的集中分布情况，绝大多数的毕业生选择在医疗卫生业就业。

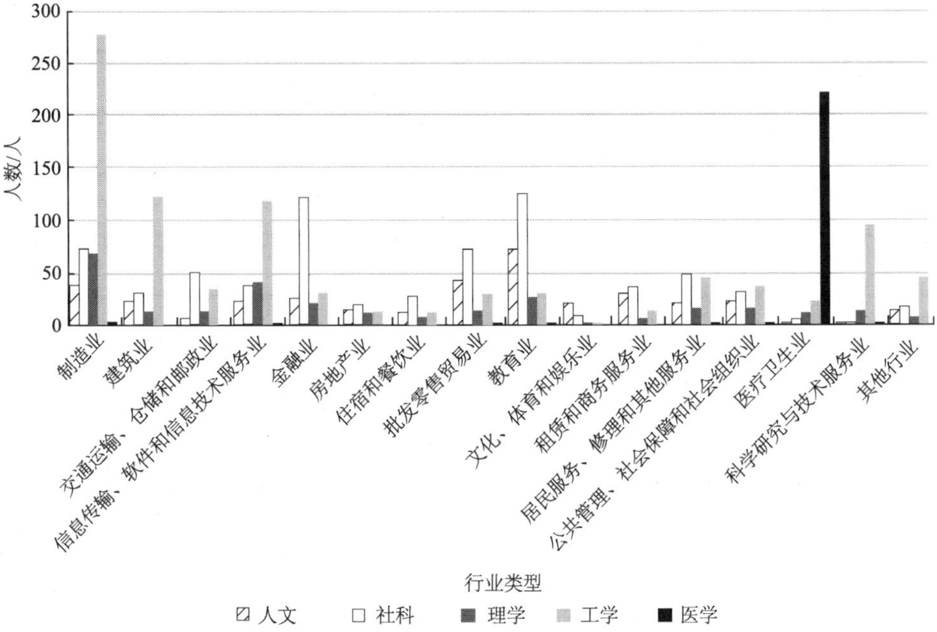

图 4-9　不同学科专业高校毕业生在具体行业中的分布情况

可以看到，学科专业的特征在毕业生行业类型的分布上得到了显著的体现，高校毕业生从事的行业与其在学期间攻读的专业性质密切相关。但是，某种行业类型人才集中的同时，容易出现一些行业人才紧缺的问题。这在一定程度上会出现毕业生就业困难的假象，也就是所说的结构性失业问题。因此，如何协调好学科专业与行业类型间的关系，扩展各学科进入更多行业类型的广度，是高校毕业生就业方面亟待深入探究的一个问题。

二、不同学科专业高校毕业生就业单位性质的分层情况

不同学科高校毕业生进入各单位的比例如表 4-16 所示。从表中的数据可以看到，人文类专业在三资企业和党政机关、事业单位工作的人数比例最多，分别为 26.2%和 33.7%；理学类也是如此；社科类专业在党政机关、事业单位和私营企业工作的人数比例最多，分别为 35.3%和 24.6%；工学类专业在国有企业工作的人数最多，在国有企业中，有 68.6%的毕业生来自工学类专业；医学类专业有 87.2%的毕业生在党政机关、事业单位就业，其中，大部分是在医疗卫生单位工作，包括医院、卫生局、卫生所等。

从上述数据分析中发现：①与其他学科专业相比，工学类毕业生更容易进入国有企业工作。②与其他学科专业相比，医学类专业的毕业生更容易进入党政机关、事业单位就业。这与学科的特性和职业的特征有关。医学学科培养的毕业生，大部分将从事医护工作，进入医疗卫生系统。同时，医学类专业比较特殊，他们在学期间通常会进入与校方有合作关系的医疗卫生单位实习，也会有一定程度的定向培养，毕业后直接进入实习的医疗卫生单位就业。

表 4-16　不同学科高校毕业生就业单位性质的分布情况

学科性质		单位性质					合计
		党政机关、事业单位	国有企业	三资企业	私营企业	其他单位	
人文	频数	122	32	95	78	35	362
	学科专业中的比例/%	33.7	8.8	26.2	21.6	9.7	100.0
	单位性质中的比例/%	14.3	7.2	18.2	16.5	17.4	14.5
社科	频数	246	65	139	171	75	696
	学科专业中的比例/%	35.3	9.3	20.0	24.6	10.8	100.0
	单位性质中的比例/%	28.8	14.6	26.6	36.2	37.3	27.9
理学	频数	96	38	75	50	22	281
	学科专业中的比例/%	34.2	13.5	26.7	17.8	7.8	100.0
	单位性质中的比例/%	11.2	8.5	14.3	10.6	11.0	11.2
工学	频数	186	306	207	163	62	924
	学科专业中的比例/%	20.2	33.1	22.4	17.6	6.7	100.0
	单位性质中的比例/%	21.8	68.6	39.6	34.5	30.8	37.0
医学	频数	204	5	7	11	7	234
	学科专业中的比例/%	87.2	2.1	3.0	4.7	3.0	100.0
	单位性质中的比例/%	23.9	1.1	1.3	2.2	3.5	9.4
合计	频数	854	446	523	473	201	2497
	学科专业中的比例/%	34.2	17.9	21.0	18.9	8.0	100.0
	单位性质中的比例/%	100.0	100.0	100.0	100.0	100.0	100.0

三、不同学科专业高校毕业生就业区域位置的分层情况

各类型高校毕业生在就业区域位置方面的分布情况如图 4-10 所示。从图中可以看到各学科毕业生在东部地区就业的比例较大，其中人文类专业中有 76.4%的人选择东部地区就业；在西部就业的工学类专业比例最大，占工学类毕业生总数的 34.1%；在中部地区就业的社科类专业人数比例最大，高于其他学科。

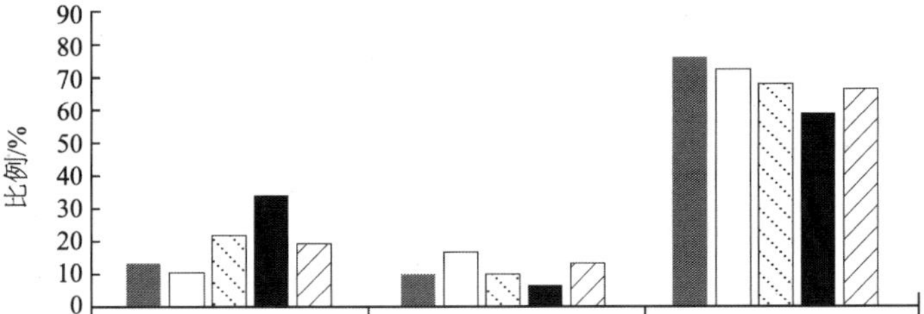

	西部	中部	东部
■ 人文	13.6%	10.0%	76.4%
□ 社科	10.9%	16.6%	72.5%
⊡ 理学	21.9%	10.3%	67.8%
■ 工学	34.1%	7.1%	58.8%
▨ 医学	19.4%	13.4%	67.2%

地区

■人文　□社科　⊡理学　■工学　▨医学

图 4-10　不同学科专业高校毕业生就业区域位置的分布情况

从区域分布上来讲，在西部地区就业的毕业生中，相当大一部分比例来自工学类专业。究其原因，一定程度上可以从《2012 年西部大开发新开工 22 项重点工程》中寻找到线索。国家发展和改革委员会提出，将继续深入实施西部大开发战略，支持西部地区基础设施建设和特色优势产业的发展。数据显示，2012 年国家新开工的西部大开发重点工程 22 项，投资总规模为 5778 亿元。[①]其中大部分工程涉及制造、建筑等工业领域，为工学类专业的毕业生提供了更多的职业选择和就业机会。

可以看到，不同学科专业毕业生进入的单位性质存在较为明显的差别，但是否存在显著性差异，还需要进一步的分析和检验。

① 发展改革委：2012 年西部大开发新开工 22 项重点工程[EB/OL]. http://www.gov.cn/gzdt/2012-12/19/content_2294103.htm [2012-12-19].

四、不同学科专业高校毕业生就业地的分层情况

不同学科高校毕业生就业地的城乡分布状况如表 4-17 所示。从数据中可以看到，各学科高校毕业生，在大中城市，即省会城市、计划单列市和直辖市就业的比例居高。其中医学类最高，比例达到 64.5%。工学类相对较低，比例为 47.4%。就城乡比而言，人文类学科为 5.1∶1；社科类为 5.1∶1；理学类为 4.4∶1；工学类为 3.5∶1；医学类城乡比明显较高，为 20.3∶1。从表 4-17 中可以看到，医学类毕业生在地级市及以上就业的人数较多，占到医学类专业毕业生总数的 87.1%。

表 4-17　不同学科专业高校毕业生城乡分布情况

学科性质		地区分布					合计
		大中城市	地级市	县城及县级市	乡镇	农村	
人文	频数	191	66	48	43	17	365
	学科专业中的比例/%	52.3	18.0	13.2	11.8	4.7	100.0
	城市规模中的比例/%	14.6	14.2	16.4	13.9	12.5	14.6
社科	频数	384	127	76	89	25	701
	学科专业中的比例/%	54.8	18.1	10.8	12.7	3.6	100.0
	城市规模中的比例/%	29.4	27.3	25.9	28.8	18.4	27.9
理学	频数	143	51	37	42	11	284
	学科专业中的比例/%	50.4	18.0	13.0	14.8	3.8	100.0
	城市规模中的比例/%	10.9	11.0	12.6	13.6	8.1	11.3
工学	频数	439	168	113	128	79	927
	学科专业中的比例/%	47.4	18.1	12.2	13.8	8.5	100.0
	城市规模中的比例/%	33.6	36.1	38.6	41.4	58.1	36.9
医学	频数	151	53	19	7	4	234
	学科专业中的比例/%	64.5	22.6	8.1	3.1	1.7	100.0
	城市规模中的比例/%	11.5	11.4	6.5	2.3	2.9	9.4
合计	频数	1308	465	293	309	136	2511
	学科专业中的比例/%	52.1	18.5	11.7	12.3	5.4	100.0
	城市规模中的比例/%	100.0	100.0	100.0	100.0	100.0	100.0

通过以上数据分析发现：①各学科专业的毕业生，就业地多集中于城市，进

入农村和乡镇就业的比例相对较小。其中，医学类与社科类比例最少，分别为 4.8% 和 16.3%。②相比较其他学科专业而言，工学类毕业生就业所在地略显分散，在农村、乡镇就业的人数相对较多，比例为 22.3%。这可能与工矿企业地的分布有关，许多大型重工企业一般将厂址选在一般城市或其他偏远地区。一方面节省了地皮的租金，另一方面也降低了劳动力费用。③表中数据显示，医学类毕业生进入大中城市的比例为 64.5%。可见，医学类专业进入大中城市就业的概率明显优于其他学科。一方面，大中城市居民的医疗保健意识较强，对医疗卫生的社会需求较大，这为医学类毕业生提供了更多的就业机会；另一方面，县城及县级市以下，特别是农村的医疗条件相对较差，大部分毕业生不愿在这些地方就业。正是因为难以招到接受医疗方面高等教育的毕业生，这些地方的医疗人员配备和环境改善更加艰难。于是，该地区的居民可能要前往大中城市才能得到更好的医疗保障，这可能将在一定程度上影响该地区居民的健康保健总体水平。长此以往，可能会形成一个恶性循环。从这个层面上来看，学科专业在城乡分布上的不均衡，很有可能造成较严重的后果。因此，如何保证高校毕业生就业流动的均衡性，值得更多的关注和研究。

五、不同学科专业高校毕业生就业行业与区域流动现状的差异性分析

从描述统计的数据可以看到，不同学科高校毕业生就业流动状况存在差别。为检验学科专业对毕业生的就业流动情况是否存在显著性差异，研究者对各学科毕业生的就业流动情况进行单因素方差分析。根据方差同质性检验结果，行业类型、单位性质、区域位置与城乡分布四个变量的方差差异均在 0.05 水平达到显著，因此采用 Tamhane's T2 检验法进行事后多重比较分析。具体结果如表 4-18 所示。

结合各学科毕业生的行业、区域流动情况和表 4-18 中的方差分析结果，可得出：①在“行业类型”这个层面，医学类专业进入科教文卫业的概率显著优于其他学科专业。工学类进入采矿、制造和建筑业的概率显著高于人文类、社科类和理学类学科。人文类、社科类、理学类这三个学科之间不存在显著性差异。②在“单位性质”这个层面，医学类专业毕业生进入党政机关、事业单位的概率更大，其他四个学科专业之间不存在显著性差异。③在“区域位置”这个层面，医学类、理学类和人文类学科进入东部地区就业的概率显著高于工学。社

科类专业进入东部地区就业的概率显著高于工学和理学，其余学科之间不存在显著性差异。④在“城乡分布”这个层面，医学类专业进入大中城市就业的概率显著高于其他学科。同时，社科类学科进入大中城市的概率显著高于工学类学科，其余学科之间不存在显著性差异。

表 4-18　不同学科专业高校毕业生就业流动的差异性检验

变量		平方和	*df*	均方	*F*	事后比较
行业类型	组间	682.215	4	170.554	130.529***	1. 医学 > 工学、理学、社科、人文
	组内	3267.885	2501	1.307		2. 理学 > 工学
	总数	3950.100	2505			3. 社科 > 工学 4. 人文 > 工学
单位性质	组间	344.788	4	86.197	51.896***	1. 医学 > 工学、理学、社科、人文
	组内	4139.089	2492	1.661		
	总数	4483.877	2496			
区域位置	组间	69.109	4	17.277	26.203***	1. 医学 > 工学
	组内	1639.820	2487	0.659		2. 社科 > 工学、理学 3. 理学 > 工学
	总数	1708.929	2491			4. 人文 > 工学
城乡分布	组间	82.894	4	20.724	13.055***	1. 医学 > 工学、理学、社科、人文
	组内	3978.058	2506	1.587		2. 社科 > 工学
	总数	4060.952	2510			

第五章 高校毕业生就业流动及分层的经济学考察

从经济学视角对高校毕业生就业流动的分层状况进行探讨时，本书分别运用主流经济学领域的人力资本理论和非主流经济学领域的劳动力市场分割理论作为分析工具。首先，运用人力资本理论，从教育投资与收益的角度出发，考察不同层次高校毕业生工资收入及分层差异；其次，运用劳动力市场分割理论，考察制度分割背景下，高校毕业生在劳动力市场内的流动及分层差异。

第一节 基于人力资本特征的高校毕业生流动及分层差异

20世纪60年代，美国经济学家舒尔茨和贝克尔创立人力资本理论，开辟了关于人类生产能力的崭新思路。该理论认为人力资本是体现在人身上的资本，即对生产者进行教育、职业培训等支出及其在接受教育时的机会成本等的总和，表现为蕴含于人身上的各种生产知识、劳动与管理技能以及健康素质的存量总和。

舒尔茨认为，人力资本和物力资本的投资收益率是有相互关系的，人力资本和物力资本相对投资量主要是由收益率来决定的。通过论证，他提出人力资本的投资收益率会超过物力资本的投资收益率，并指出人力是社会进步的决定性因素，但人力的取得不是无代价的，需要耗费稀缺资源。他把人力资本投资范围和内容归纳为五个方面：卫生保健设施和服务；在职培训；正规的初等、中等和高等教育；由商社组织的成人教育计划，特别是农业方面的校外学习计划；个人和家庭进行迁移以适应不断变化的就业机会。[1]这些投资形式都能提高人们的技能，增加人们的知识，改善人们的健康。贝克尔通过实际论证，同样认为“唯一决定人力资本投资量的最重要因素可能就是这种投资的有理性或收益率”[2]。

在上述人力资本投资中，教育培训是人力资本最重要的投资之一。当教育培训预期收益的现值至少等于其最初的现值时，人们就会愿意接受教育培训。教育收益的形式主要表现为个人的工资收入，因此，研究将对不同层次高校毕业生工资收入进行考察，探讨教育投资与收益之间所形成的分层状况。

一、高校毕业生工资收入的整体性描述

高校毕业生的工资收入是教育收益率的体现，从一定程度上反映了高校毕业生就业的质量。同时，它也是高校毕业生在就业市场中最为关注的因素之一。对于高校毕业生工资收入的整体性描述，研究分别从高校毕业生整体实际工资与期待工资间的比较，以及高校毕业生整体在地区、行业间的比较进行描述性统计。

（一）高校毕业生整体工资收入情况

实证调查的结果（图 5-1）表明，高校毕业生实际月均工资[3]主要在 1001～3000 元，占到毕业生总数的 71.9%，其中 2001～3000 元的占 40.3%。从期待工资来看，有 27.3%的毕业生选择 7000 元以上，可见大多数毕业生对于工资都是持多多益善的态度，希望能够获得更高的工资收入。但作为应届毕业生，实际能拿到 7000 元以上工资的，简直是凤毛麟角。除此之外，高校毕业生期待的工资收入集中在 3001～4000 元，占毕业生总数的 23.6%。

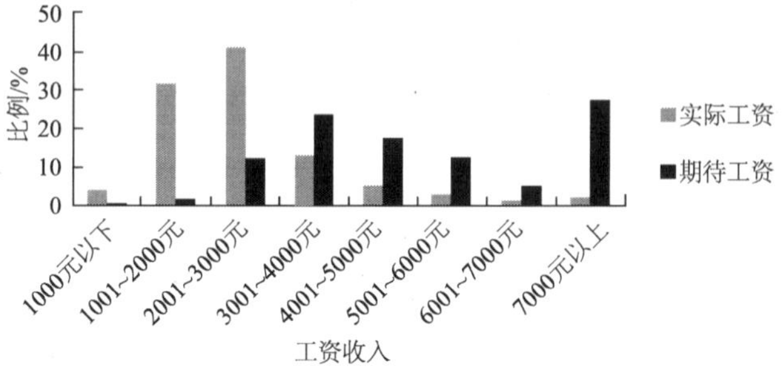

图 5-1　高校毕业生实际工资与期待工资的对比图

① 杨文华. 人力资本与社会发展研究[D]. 北京：中共中央党校，2005：3.

② 加里·贝克尔. 人力资本[M]. 梁小民译. 北京：北京大学出版社，1987：42.

③ 本章中提到的工资收入均指月均工资收入，为行文简便，下文以“收入”或“工资”指代。

（二）高校毕业生各就业地区的工资收入情况

表 5-1 是高校毕业生在不同就业地区的工资收入情况。从表中的数据来看，在西部地区就业的毕业生，多数工资收入在 2001～3000 元，所占比例为 40.6%；在中部地区就业的毕业生，多数工资收入在 1001～2000 元，所占比例为 40.8%；在东部地区就业的毕业生与西部地区相似，多数工资收入在 2001～3000 元，所占比例为 41.7%。数据显示，中部地区的工资收入明显低于东部和西部。也就是说，各地区之间的工资收入并没有呈现出阶梯式分布。

表 5-1　高校毕业生各就业地区的工资收入分布表

工资收入		地区			合计
		西部	中部	东部	
1000 元以下	频数	32	14	55	101
	比例/%	5.9	5.1	3.3	4.1
1001～2000 元	频数	176	113	482	771
	比例/%	32.6	40.8	29.1	31.2
2001～3000 元	频数	219	97	690	1006
	比例/%	40.6	35.0	41.7	40.7
3001～4000 元	频数	68	30	219	317
	比例/%	12.6	10.8	13.2	12.8
4001～5000 元	频数	25	14	84	123
	比例/%	4.6	5.1	5.1	5.0
5001～6000 元	频数	9	4	58	71
	比例/%	1.7	1.4	3.5	2.9
6001～7000 元	频数	5	2	23	30
	比例/%	0.9	0.7	1.4	1.1
7000 元以上	频数	6	3	45	54
	比例/%	1.1	1.1	2.7	2.2
合计	频数	540	277	1656	2473
	比例/%	100.0	100.0	100.0	100.0

注：F=13.048，p=0.000＜0.001

通过进一步的均值计算，得出与表 5-1 一致的观点，具体如图 5-2 所示。高校毕业生在各就业地区的工资收入没有呈现出阶梯式分布，而是两侧高中间低，即中部地区工资较低，相比之下，西部地区工资略高，而东部地区工资明显较高。东部地区收入较高比较易于理解，西部地区工资高的原因可能在于：西部地区为了鼓励和吸引高校毕业生在此地区就业，防止人才流失，对高校毕业生等高层次人才的补贴和关注度增加。西部地区就业的毕业生工资收入高于中部地区，这也在一定程度上解释了为什么在区域流动中西部地区的生源流失情况低于中部地区。

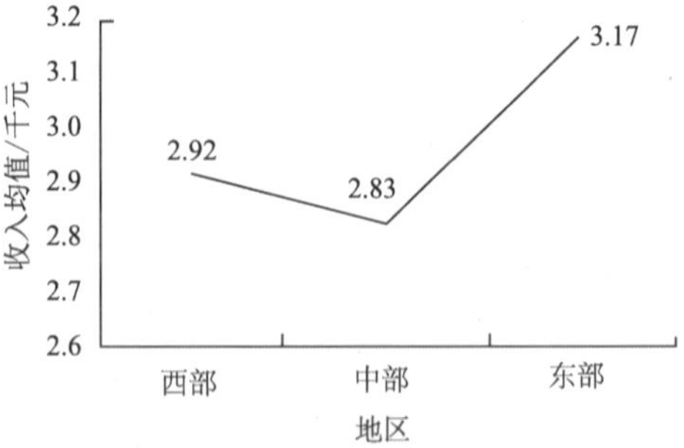

图 5-2　高校毕业生各就业地区的收入均值比较图

（三）高校毕业生各就业行业的工资收入情况

图 5-3 是高校毕业生在各就业行业的工资收入情况，从图中可以看到，信息传输、软件和信息技术服务业的工资收入明显高于其他行业，平均工资收入为 4080 元。其次是文化、体育和娱乐业及金融业，平均工资收入分别为 3280 元和 3210 元。批

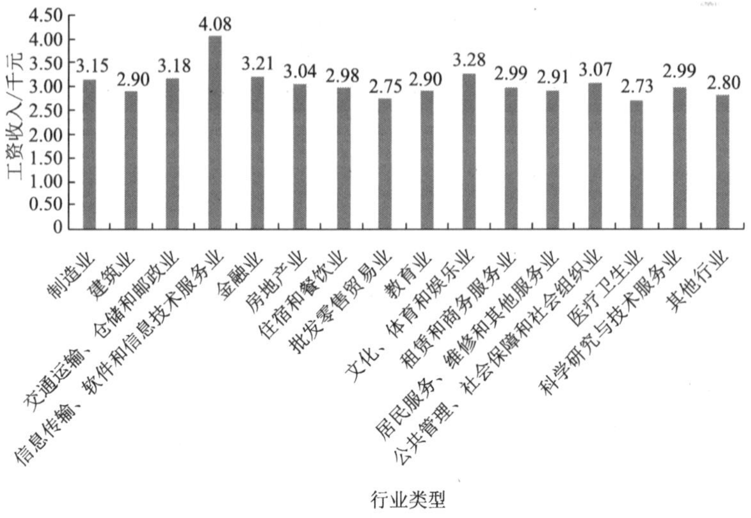

图 5-3　高校毕业生各行业间的收入均值比较图

发零售贸易业，住宿和餐饮业，居民服务、维修和其他服务业等密集型产业工资收入较低，其中批发零售贸易业工资为 2750 元。图中数据显示，医疗卫生业的毕业生工资收入最低，通过追踪访谈发现，医疗卫生业的工资收入差异性较大，从事医师工作与医护工作的收入差距较大。这也反映出工资收入在行业内部之间存在差异，且这一差异主要体现在个人所从事的具体职业上。

二、不同学历高校毕业生工资收入的分层差异

人力资本理论所提到的教育投资，着重强调的是教育层次之间的收益差异，关注不同受教育程度带给个人的收益差别。因此，本书将从学历层次的维度考察不同学历高校毕业生工资收入的分层差异。

（一）不同学历高校毕业生工资收入的分层差异

表 5-2 是不同学历高校毕业生工资收入分布情况。表中的数据显示，专科毕业生工资收入集中于 1001～2000 元，占专科毕业生总数的 40.2%，其次是 2001～3000 元，比例为 38.9%；本科毕业生工资收入主要集中于 2001～3000 元，占本科毕业生总数的 44.9%；研究生工资收入集中于 4001～5000 元，占研究生总数的 18.7%。另外，工资收入在 7000 元以上的，研究生占 16.0%，这个比例远高于本科毕业生和专科毕业生。而工资收入在 1000 元以内的，专科毕业生比例为 5.2%，本科毕业生为 4.0%，研究生仅为 1.3%。

表 5-2　不同学历高校毕业生工资收入分布情况

工资收入		学历			合计
		专科	本科	研究生	
1000 元以下	频数	36	63	3	102
	比例/%	5.2	4.0	1.3	4.1
1001～2000 元	频数	278	473	29	780
	比例/%	40.2	29.9	12.9	31.3
2001～3000 元	频数	269	710	34	1013
	比例/%	38.9	44.9	15.1	40.6
3001～4000 元	频数	66	212	40	318
	比例/%	9.6	13.4	17.8	12.7

续表

工资收入		学历			合计
		专科	本科	研究生	
4001～5000 元	频数	24	57	42	123
	比例/%	3.5	3.6	18.7	4.9
5001～6000 元	频数	9	35	28	72
	比例/%	1.3	2.4	12.4	2.9
6001～7000 元	频数	5	15	13	33
	比例/%	0.7	0.9	5.8	1.3
7000 元以上	频数	4	15	36	55
	比例/%	0.6	0.9	16.0	2.2
合计	频数	691	1580	225	2496
	比例/%	100.0	100.0	100.0	100.0

图 5-4 是不同学历高校毕业生工资收入的均值比较图。图中的数据显示，高校毕业生总体工资收入均值为 3080 元。其中，研究生工资收入为 4800 元，本科毕业生为 2980 元，专科毕业生为 2760 元。研究生工资收入均值明显高于本科毕业生和专科毕业生，而本科毕业生与专科毕业生之间的工资差距不大。就毕业生工资收入的均值来看，学历层次越高，获得的工资收入就越高。高校毕业生学历层次与阶层地位呈现出正向递增。

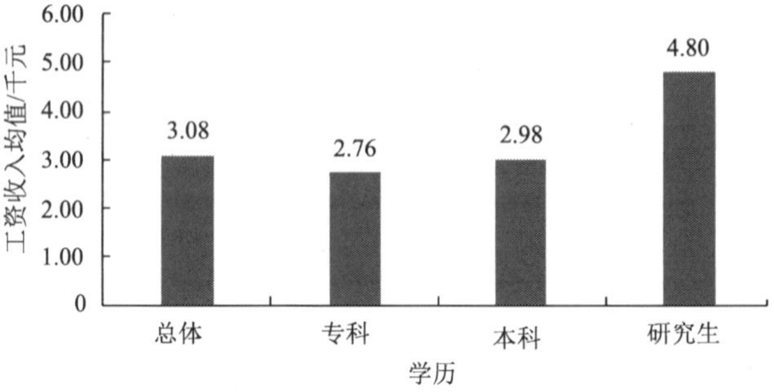

图 5-4　不同学历毕业生工资收入的均值比较图

为检验不同学历高校毕业生工资收入是否存在显著性差异，研究者对各学历毕业生的工资收入进行单因素方差分析。根据方差同质性检验结果，就各学历毕业生的工资收入而言，Levene 统计量的 F 值为 110.329（p=0.000＜0.05），方差差异达到显著，因此采用 Tamhane's T2 检验法进行事后多重比较分析。表 5-3 是不同学历毕业生工资收入的差异性检验。通过差异性检验，结合不同学历毕业生工资收入的均值，可以得出：研究生的工资收入显著高于本科毕业生和专科毕业生；本科毕业生的工资收入显著高于专科毕业生。

表 5-3　不同学历毕业生工资收入的差异性检验

类别	平方和	*df*	均方	*F*	事后检验
组间	754.512	2	377.256	248.943***	1. 研究生 > 本科、专科 2. 本科 > 专科
组内	3777.978	2493	1.515		
总数	4532.490	2495			

（二）同一地区不同学历高校毕业生工资收入及分层差异

本书对同一地区内不同学历层次的毕业生工资收入进行考察。以东部地区为例，如表 5-4 所示。专科毕业生的工资收入比较集中，有 85.1%的专科毕业生工资在 1001～3000 元，其中，工资收入在 1001～2000 元的有 43.3%，工资收入在 2001～3000 元的有 41.8%。本科层次中有 46.4%的毕业生工资收入在 2001～3000 元。研究生工资分布比较分散，3001～4000 元的比例为 20.7%，4001～5000 元的比例为 20.0%，5001～6000 元的比例为 17.9%。这在一定程度反映了不同研究生的收入存在明显差异。通过访谈了解到，同为研究生学历，所学专业不同，工资收入的差距较大，有些就业较为冷僻的专业与热门专业之间的差距甚至有超过学历差距的趋势。

表 5-4　东部地区不同学历高校毕业生工资收入分布情况

工资收入		学历			合计
		专科	本科	研究生	
1000 元以下	频数	18	36	1	55
	比例/%	3.4	3.6	0.7	3.3
1001～2000 元	频数	227	251	4	482
	比例/%	43.3	25.3	2.9	29.1
2001～3000 元	频数	219	460	11	690
	比例/%	41.8	46.4	7.8	41.7
3001～4000 元	频数	39	151	29	219
	比例/%	7.4	15.3	20.7	13.2

续表

工资收入		学历			合计
		专科	本科	研究生	
4001～5000 元	频数	14	42	28	84
	比例/%	2.7	4.2	20.0	5.1
5001～6000 元	频数	3	30	25	58
	比例/%	0.6	3.0	17.9	3.5
6001～7000 元	频数	2	12	9	23
	比例/%	0.4	1.2	6.4	1.4
7000 元以上	频数	2	10	33	45
	比例/%	0.4	1.0	23.6	2.7
合计	频数	524	992	140	1 656
	比例/%	100.0	100.0	100.0	100.0

注：F=327.905，p=0.000 < 0.001

从数据的分析来看，不同学历高校毕业生在同一地区的工资差异较为明显，且通过了差异显著性检验。下面从工资收入的均值来进一步分析。图 5-5 是不同学历高校毕业生在同一地区内的工资收入均值图。

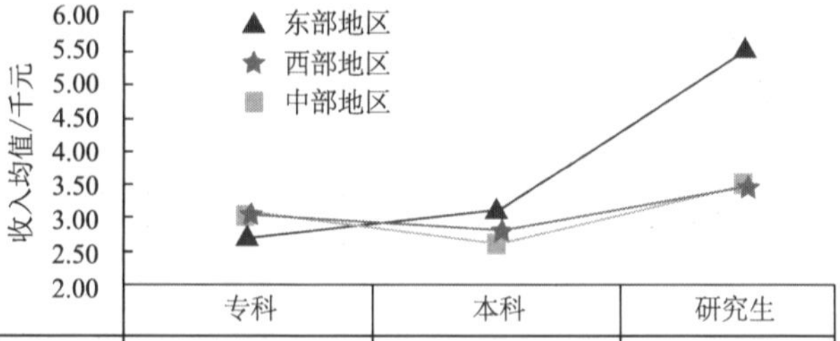

	专科	本科	研究生
西部地区	2.99	2.82	3.43
中部地区	3.10	2.70	3.58
东部地区	2.68	3.10	5.54

图 5-5　不同学历高校毕业生在同一地区内的工资收入均值比较图

由图中的数据可知，在东部地区，研究生工资收入显著高于本科毕业生和专科毕业生，本科毕业生显著高于专科毕业生。西部地区和中部地区并没有呈现出与东部地区一致的结论。从数据上看，在中部地区和西部地区，研究生工资收入明显高于本科毕业生和专科毕业生，但是本科毕业生并不高于专科毕业生。也就是说，地区之间可能会由于其他原因出现人力资本“失灵”的现象。

（三）同一行业不同学历高校毕业生工资收入及分层差异

为了考察不同学历高校毕业生在同一行业中工资收入的差异，本书分别选取制造业和金融业为例进行说明。根据我国产业性质的划分，前者属于第二产业，后者属于第三产业。

在制造业中，不同学历高校毕业生的工资收入分布情况如图 5-6 所示。专科毕业生工资收入集中在 1001～2000 元，向上逐渐递减，其中收入在 1001～2000 元的毕业生比例为 38.5%；本科毕业生工资收入主要集中在 2001～3000 元，占本科毕业生总数的 54.4%；研究生工资收入集中在 4001～5000 元，并向两侧递减，其中收入在 4001～5000 元的毕业生比例为 35.3%。

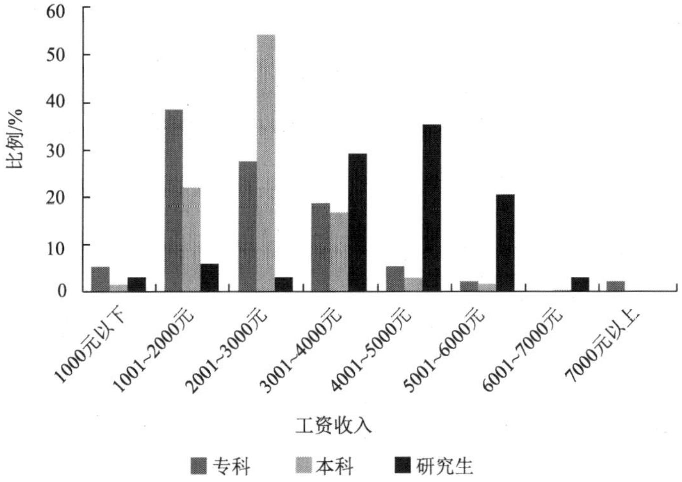

图 5-6　不同学历高校毕业生在制造业中的工资收入分布图

图5-7 是金融业中不同学历高校毕业生工资收入的分布图。与制造业相比，本、专科毕业生工资收入的分布情况表现较为一致，即专科毕业生与本科毕业生在工资收入方面呈现出比较相近的集中分布，多数工资收入在 1001～3000 元。其中，专科毕业生工资在 1001～2000 元的比例为 40.0%，在 2001～3000 元的为 37.1%；本科毕业生工资在 1001～2000 元的比例为 22.2%，在 2001～3000 元的为 50.4%。

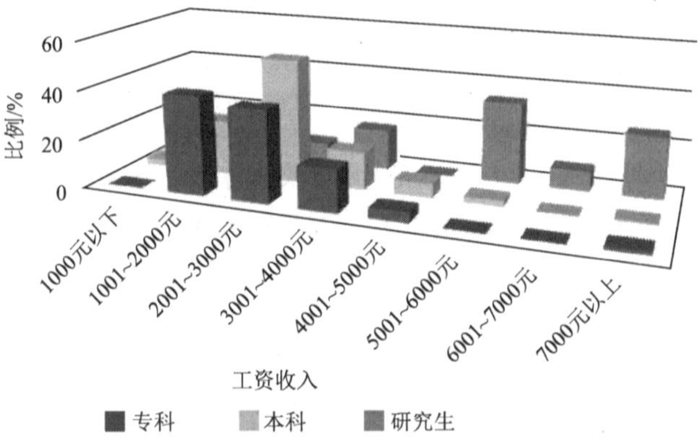

图 5-7　不同学历毕业生在金融业中的工资收入分布图

就图 5-7 中数据而言，除了研究生的工资收入依然明显高于本、专科毕业生以外，与制造业不同的是，研究生的工资收入呈现出较为分散的状态。其中，收入在 5001～6000 元的比例为 33.3%，在 7000 元以上的为 25.0%。

图 5-8 是不同学历毕业生在制造业与金融业中工资收入的均值比较图。从图中的数据来看，无论是在制造业还是金融业，学历层次与工资收入都呈现出正向递增。同时，本科毕业生与专科毕业生之间的差距较小，研究生与本、专科毕业生之间的差距较大，特别是金融业，研究生工资平均在 5670 元，高出本科毕业生 2550 元。可见，金融业中，研究生的工资收入处于较高层次，不但高于同行业中的本、专科毕业生，同时也高于同一学历层次在其他行业内的收入。

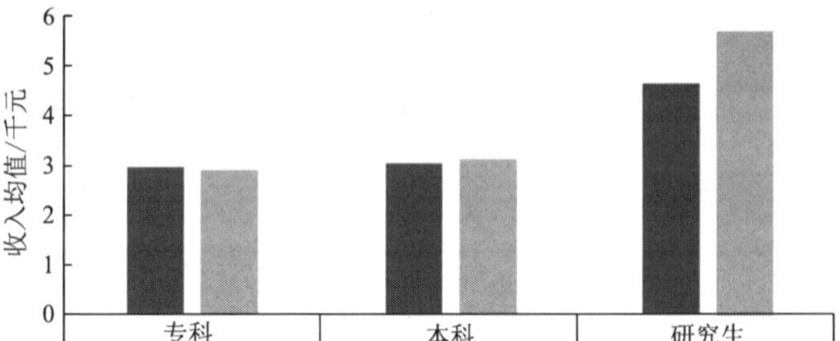

	专科	本科	研究生
制造业	2.98	3.05	4.62
金融业	2.93	3.12	5.67

学历

■制造业　■金融业

图 5-8　不同学历毕业生在制造业与金融业内工资的均值比较图

三、相关性分析及讨论

通过上述分析发现，不同学历层次的高校毕业生的工资收入呈现明显差异，但差异是否显著需要下一步考证。从变量的类型来看，工资收入为连续变量，而学历层次为等级变量，因此，采用斯皮尔曼等级相关进行检验。

通过对我国高校毕业生学历层次与工资收入进行相关性检验发现，高校毕业生的学历层次与其工资收入之间具有显著性相关，如表 5-5 所示。从相关性检验数据看，学历层次与工资收入之间的双侧检验显著性为 0.000，并且在置信度（双侧）为 0.01 时，相关性是显著的。从斯皮尔曼等级相关系数来看，相关系数为 0.252，说明二者处于高度相关水平，且系数为正，说明高校毕业生学历层次与工资收入呈正相关。这意味着我国应届高校毕业生工资收入与受教育程度呈正向递增，即学历层次越高，工资收入越高。

表 5-5 学历层次与工资收入的相关性检验

		学历层次	工资收入
学历层次	相关系数	1.000	
	p（双侧）	0.000	
	N	2526	
工资收入	相关系数	0.252**	1.000
	p（双侧）	0.000	0.000
	N	2496	2496

第二节 基于劳动力市场分割特征的高校毕业生流动及分层差异

劳动力市场分割理论（labor market segmentation theory）是西方非主流经济学的一个重要组成部分，由美国经济学家多林格尔（Peter B. Doeringer）和皮奥里（Michael J. Piore）最早提出。该理论将新制度经济学中有关制度、政府管制等视角引入劳动力市场对其进行研究而形成。[①]本书基于理论和已有研究的范式，拟从城乡、区域、行业分割的角度，考察高校毕业生在劳动力市场内的流动与分层现状。

一、劳动力市场分割现状的事实判断

市场经济导向的体制改革促进了我国劳动力市场的形成与发展。受渐进式改革方式的影响，经济转型时期中国劳动力市场的发育表现为循序渐进的过程。制度的变革导致劳动力市场结构的重组，其中，劳动力市场分割成为中国劳动力市场的一个显著特征。虽然造成我国劳动力市场分割的传统制度正在逐渐被取消，但是，劳动力市场分割现象本身却依然存在。[②]

（一）城乡劳动力市场的“本-外”分割

城乡差异形成的二元分割，是长期以来我国城乡因人均收入、社会保障和公共服务等方面的巨大差异而存在的体制性隔离或二元分割状态。近年来，中国城乡内部结构虽然也发生了一些变化，相对差距缩小了，但绝对差距并没有缩小。先从城市内部的结构变化来看：因地理区位不同而划分为沿海城市和内陆城市；因政治、经济和文化上的差异而区分为中心城市与非中心城市；因政治地位、经济实力、城市规模、区域辐射力上的差异而区分为一线城市和二线城市。再从农村内部的结构变化来看，因城市化和新农村建设而演化出旧城改造、乡镇产业化和村庄产业化等新的模式。由此，第一劳动力市场与第二劳动力市场的划分也变得更复杂。[③]

城乡劳动力市场的二元分割实质上是户籍捆绑制度的一种延伸，即“本-外”分割为主导的流动形式，本地或者外来身份成为户籍不平等和分层的主要基点。[④]“生源地为大中城市的毕业生因受当地就业政策保护在原籍就业相对容易，而生源地在农村、小城市或外地的毕业生，因受大中城市户籍制度、社保制度和地方保护主义政策的限制，只能选择回原籍就业或继续留在大中城市‘待业’或‘低价竞聘’。”[⑤]可见，城乡间的歧视性体制隔离，是导致同等学力、不同生源地毕业生

---

① 郭丛斌. 有关劳动力市场分割理论研究的文献述评[J]. 北大教育经济研究，2004,（1）：8.

② 徐林清. 中国劳动力市场分割问题研究[D]. 广州：暨南大学，2004：22-24.

③ 武毅英，洪文建. 劳动力市场分割视阈下的大学生就业流动[J]. 高教发展与评估，2013，29（3）：15-26.

④ 张展新. 从城乡分割到区域分割——城市外来人口研究新视角[J]. 人口研究，2007,（6）：16-24.

⑤ 武毅英，洪文建. 现行劳动力市场结构下的大学生就业流动与社会分层[J]. 江苏高教，2013,（3）：100-103.

出现就业分流与阶层分流的关键所在。

就城乡劳动力市场的划分而言，本书将城乡劳动力市场划分为以城市为代表的第一劳动力市场和以农村为代表的第二劳动力市场。其中，城市包括直辖市、计划单列市、省会城市、地级城市、县城或县级市；农村包括乡镇、农村。在具体分析时，与区域劳动力市场等交互考察，进行多重比较。

（二）区域劳动力市场的“核心-外围”分割

区域一般是指具有明确地理界限和经济活动的空间范围或客观存在的经济实体。从 20 世纪 80 年代中期开始，随着我国改革开放以及市场经济进程的加快，省与省之间和区域间的非均衡发展日益明显，逐渐出现了以地理特点、市场化程度、中心辐射和行政区划等为划分标志的二分法、三分法、七分法等。其中“二分法”，即指沿海地区和内陆地区，前者因市场化程度较高而更接近理论上的第一劳动力市场，而内陆地区则因其市场化程度较低而形似于第二劳动力市场。[①]劳动力市场发育程度的区域差异性，使我国区域劳动力市场构成了一个沿海地区较为发达、内陆地区相对滞后的“核心-外围”结构。[②]沿海地区是我国核心劳动力市场，主要表现为对劳动力的集聚能力强、劳动力的市场化程度高。

“核心-外围”劳动力市场的分割，实质上是将区域按照经济发展水平将地理位置分割为较发达沿海地区的第一劳动力市场和欠发达内陆地区的第二劳动力市场。按照此分类思想，本书将区域劳动力市场划分为以沿海地区为代表的第一劳动力市场和以内陆地区为代表的第二劳动力市场，考察高校毕业生在区域劳动力市场分割下的流动及分层情况。其中，沿海地区包括东部沿海地区、中部沿海地区和北部沿海地区；内陆地区包括长江中游地区、黄河中游地区、东北地区、西南地区和西北地区。

（三）行业劳动力市场的“垄断-竞争行业”分割与“正规-非正规部门”分割

随着经济体制改革的深入，劳动力市场的制度性分割发生变化，基于所有制类型的部门分割逐渐弱化。在相当多的经济活动领域或部门中，市场机制和市场经济逐渐成为资源分配的主导机制。然而，我国的市场经济体制转型是国家自上

① 武毅英，洪文建. 劳动力市场分割视阈下的大学生就业流动[J]. 高教发展与评估，2013，29（3）：15-26.

② 杨波. 我国大城市劳动力市场分割的理论与实践——以上海为例[D]. 上海：华东师范大学，2008：68.

而下推动的结果，其必然也要受到国家利益的制约。无论从需求角度还是利益角度，国家都必须对资源分配保持一定程度的控制和影响，实现国家对某些产业部门的垄断控制，采取行政垄断手段。这些部门关系到国计民生和国家及社会的整体利益，因此，国家通过国有单位进行垄断，或是设立严格的准入限制方式，以保持对该部门资源的有效控制和对整个社会的影响。

这些行业部门在很大程度上保持着垄断的封闭性，大体可分为三类：首先是与政治和意识形态控制相关的行业，如党政机关、学校和大众传媒等；其次是与经济宏观调控密切相关的行业，如银行、保险、证券及其他金融机构等；最后是关系到国计民生及公共产品相关的行业，如电力、邮政、电信、铁路、航空、公用事业（煤气、自来水、居民用电）等。①

可以看到，垄断行业是通过行政垄断手段干预所形成的。行政垄断分为地区垄断和行业垄断。地区垄断是指地方政府利用其行政权力设置市场壁垒，阻止竞争的行为；行业垄断是指政府行业主管部门为保护本行业或企业的利益，利用行政权力限制、排斥其他行业或企业参与竞争的行为。②行业垄断其实是一种部门性质的划分，是所有制形式的延续方式，包括正规部门与非正规部门。正规部门是那些具有稳定福利待遇和低就业风险，处于垄断行业的国有部门的组织，包括机关事业单位、学校教学单位等，此类部门的总体收益率高于其他部门。这些部门构成了对外部劳动者的排斥，从而成为阻碍城市劳动力市场整合的新领地，形成了劳动力市场的另一种行业分割。

综上所述，行业非均衡发展形成的劳动力市场分割，其划分比较复杂。研究采用行业类型与行业性质的交互作用来考察毕业生在第一、第二劳动力市场的流动及分层情况。

基于此，本书按行业类型将行业劳动力市场分为代表垄断行业的第一劳动力市场和代表竞争行业的第二劳动力市场。垄断行业包括：金融业；教育业；医疗卫生业；科学研究与技术服务业；公共管理、社会保障和社会组织业；文化、体育和娱乐业。竞争行业包括：制造业；建筑业；交通运输、仓储和邮政业；信息传输、软件和信息技术服务业；房地产业；住宿和餐饮业；批发零售贸易业；居民服务、修理和其他服务业；其他行业。按行业性质将行业劳动力市场分为代表

① 杨波. 我国大城市劳动力市场分割的理论与实践——以上海为例[D]. 上海：华东师范大学，2008：109.

② 潘胜文. 垄断行业收入分配状况分析及规制改革研究[M]. 北京：中国社会科学出版社，2009：46-126.

正规部门的第一劳动力市场和代表非正规部门的第二劳动力市场。正规部门包括：党政机关；中初级教学单位；高等学校；科研设计单位；医疗卫生单位；其他事业单位；部队。非正规部门包括：三资企业；国有企业；金融单位；其他非国有企业；其他单位部门（含自主创业）。上述两种方法都是对行业劳动力市场的划分，虽然有交叉，但并不影响分析时并列使用，因为二者是基于不同维度的划分标准。

综上所述，本书将从城乡劳动力市场、区域劳动力市场和行业劳动力市场对高校毕业生在劳动力市场的流动及分层情况进行调查分析。其中行业劳动力市场从行业类型与行业性质两个方面考察。其中，第一劳动力市场包括城市劳动力市场、沿海劳动力市场、垄断行业劳动力市场和正规部门劳动力市场；第二劳动力市场包括农村劳动力市场、内陆劳动力市场、竞争行业劳动力市场和非正规部门劳动力市场。

二、高校毕业生劳动力市场内的流动及分层差异

本书将在劳动力市场分割的背景下，探讨不同性别、民族、生源地高校毕业生在劳动力市场内的流动及分层，从目前的状况、存在的问题与产生的原因展开系统的分析。

（一）高校毕业生劳动力市场内的整体性描述

本书对高校毕业生整体在劳动力市场内的流动及分层进行考察，将从城乡劳动力市场、区域劳动力市场和行业劳动力市场三个维度进行探讨，分析目前的状况、存在的问题及产生的原因。

1. 高校毕业生城乡劳动力市场的流动及分层

表 5-6 是高校毕业生城乡劳动力市场内的分布情况，从表中的数据可以看到，高校毕业生进入城市劳动力市场的比例为 82.3%，进入农村劳动力市场的比例为 17.7%。这说明就高校毕业生整体而言，在城乡劳动力市场内，进入城市劳动力市场的比例明显高于进入农村劳动力市场的比例。

在城市劳动力市场内部，进入沿海地区就业的毕业生比例为 64.7%，内陆地区就业的毕业生比例为 35.3%。可以看到，尽管同样是在城市就业，但是选择沿海地区城市就业的毕业生仍然占据多数。另外，进入垄断行业就业的毕业生比例为 39.5%，竞争行业就业的毕业生比例为 60.5%。进入正规部门就业的毕业生比例为 31.4%，进入非正规部门就业的毕业生比例为 68.6%。

表 5-6　高校毕业生在劳动力市场内的城乡分布状况

城乡类型	区域位置	比例/%	行业类型	比例/%	行业性质	比例/%	总计	比例/%
城市	沿海地区	64.7	垄断行业	39.5	正规部门	31.4	2067	82.3
	内陆地区	35.3	竞争行业	60.5	非正规部门	68.6		
农村	沿海地区	77.4	垄断行业	34.8	正规部门	30.2	445	17.7
	内陆地区	22.6	竞争行业	65.2	非正规部门	69.8		

农村劳动力市场内，进入沿海地区就业的毕业生比例为 77.4%，内陆地区就业的毕业生比例为 22.6%。这说明高校毕业生虽然进入农村劳动力市场，但是在区域上仍具有明显的倾向性。一方面是沿海地区的农村相对优于内陆地区；另一方面，如果日后期望进入沿海城市，那么先在沿海地区就业，将减少今后在地区间流动的成本。在行业类型与行业性质之间的比例与城市劳动力市场的比例较为接近，这从一定程度上反映了高校毕业生无论是流动到城市劳动力市场，还是流动到农村劳动力市场，进入的行业类型与行业性质将不会因城乡差别产生差异。

2. 高校毕业生区域劳动力市场的流动及分层

表 5-7 是高校毕业生区域劳动力市场内的分布情况,从表中的数据可以看到，高校毕业生多数进入内陆劳动力市场。进入沿海地区的比例为 31.1%，进入内陆地区的为 68.9%。数据显示，进入沿海城市的高校毕业生为 79.7%，进入内陆城市的为 88.0%。也就是说，无论进入沿海劳动力市场，还是进入内陆劳动力市场，进入城市就业的毕业生都远远高于农村的比例。

另外，内陆地区就业的毕业生中，进入农村垄断行业和正规部门的比例高于沿海地区，说明区域间可能同时存在行业间和部门间的不均衡。另外还有一种解释，即内陆地区在区域劳动力市场内属于第二劳动力市场，因此，可能通过行业和单位补差来弥补高校毕业生就业区域产生的落差。

表 5-7　高校毕业生区域劳动力市场内的分布状况

区域位置	城乡类型	比例/%	行业类型	比例/%	行业性质	比例/%	总计	比例/%
沿海地区	城市	79.7	垄断行业	38.0	正规部门	30.3	777	31.1
	农村	20.3	竞争行业	62.0	非正规部门	69.7		
内陆地区	城市	88.0	垄断行业	40.4	正规部门	33.1	1721	68.9
	农村	12.0	竞争行业	59.6	非正规部门	66.9		

3. 高校毕业生行业劳动力市场的流动及分层

前面提到我国行业劳动力市场存在行业类型与行业性质交互分割的现象。从行业类型来看，劳动力市场被分割为“竞争-垄断行业”的劳动力市场；从行业性质来看，劳动力市场被分割为“非正规-正规部门”的劳动力市场。下面分别从以上两个维度进行考察。

（1）以行业类型划分的行业劳动力市场

表 5-8 是高校毕业生在行业类型劳动力市场内的分布情况。从表中的数据可以看到，高校毕业生大部分进入竞争行业就业，其中，进入垄断行业的比例为 38.7%，进入竞争行业的比例为 61.3%。

表 5-8 高校毕业生在劳动力市场内的行业类型分布状况

行业类型	城乡类型	比例/%	区域位置	比例/%	行业性质	比例/%	总计	比例/%
垄断行业	城市	84.0	沿海地区	65.6	正规部门	57.0	969	38.7
	农村	16.0	内陆地区	34.4	非正规部门	43.0		
竞争行业	城市	81.1	沿海地区	67.8	正规部门	14.8	1538	61.3
	农村	18.9	内陆地区	32.2	非正规部门	85.2		

在垄断行业内部，进入城市的毕业生为 84.0%，略高于竞争行业；进入沿海地区的毕业生比例为 65.6%，与竞争行业几近持平；进入正规部门的比例为 57.0%。而在竞争行业内部，进入城市的毕业生为 81.1%，进入沿海地区的毕业生比例为 67.8%，进入正规部门的比例仅为 14.8%。也就是说，在竞争行业中，进入正规部门的概率要比垄断行业小很多。无论是垄断行业还是竞争行业，进入城市的毕业生都高于沿海地区。

这一结果与垄断行业中的部门分布存在较大的关系。垄断行业中，科学研究与技术服务业，教育业，医疗卫生业，文化、体育和娱乐业，社会保障和社会组织业，以及电力、燃气及水的生产和供应业，公共管理和社会组织等行业中，国有单位的比重都比较高。其中公共管理和社会组织国有单位职工的比重占到 98.4%，文化、体育和娱乐业最低，但仍有 56.0%。[①]可见，垄断行业与正规部门之间存在正向的交互关系，这也说明行业从一定程度上反映了单位的性质。

① 杨波. 我国大城市劳动力市场分割的理论与实践——以上海为例[D]. 上海：华东师范大学，2008：109.

（2）以行业性质划分的行业劳动力市场

高校毕业生在行业性质劳动力市场内的分布情况如表 5-9 所示。毕业生进入正规部门的比例小于非正规部门的比例，其中，进入正规部门的比例为 38.7%，进入非正规部门的比例为 61.3%。

表 5-9　高校毕业生在劳动力市场内的行业性质分布状况

行业性质	城乡类型	比例/%	区域位置	比例/%	行业类型	比例/%	总计	比例/%
正规部门	城市	82.8	沿海地区	65.0	垄断行业	71.0	969	38.7
	农村	17.2	内陆地区	35.0	竞争行业	29.0		
非正规部门	城市	82.0	沿海地区	67.9	垄断行业	24.3	1538	61.3
	农村	18.0	内陆地区	32.1	竞争行业	75.7		

从表中的数据可以看到，无论是进入正规部门还是非正规部门，进入城市的比例与进入沿海地区的比例都较为接近，没有明显的差别。但是在行业类型的分布上，却呈现出较为明显的差异。进入正规部门的毕业生中，有 71.0%的从事垄断行业的工作；进入非正规部门的毕业生中，仅有 24.3%的从事垄断行业的工作。这一数据再一次印证了行业类型与行业性质之间的相互关系。

从以上分析可以看到，高校毕业生在城乡劳动力市场、区域劳动力市场和行业劳动力市场内的分布具有不同的特征，且呈现出多重分割的态势。特别是在城乡、区域之间的分割较为严重。

劳动力市场分割一个较为显著的表现是工资收入的差异，表 5-10 是对各劳动力市场工资收入状况进行的差异性检验。

表 5-10　各劳动力市场内工资收入的 t 检验

检验指标	类别	频数	均值/千元	标准差	t
城乡类型	城市	2 048	3.18	1.378	7.480***
	农村	443	2.65	1.108	
区域位置	沿海地区	1 656	3.17	1.395	5.026***
	内陆地区	817	2.89	1.198	
行业类型	垄断行业	966	2.96	1.229	−3.547***
	竞争行业	1 522	3.16	1.415	

续表

检验指标	类别	频数	均值/千元	标准差	t
行业性质	正规部门	772	2.95	1.279	−3.265**
	非正规部门	1 701	3.14	1.371	

从表 5-10 中的数据可以看到，各劳动力市场之间收入报酬均存在显著差异。其中，正规部门与非正规部门之间的工资收入差异较小；城乡之间的工资收入差距最大，可以看到，城市劳动力市场的工资收入均值为 3180 元，农村劳动力市场的工资收入均值为 2650 元。行业类型与行业性质的 t 为负，说明行业劳动力市场内工资收入与劳动力市场呈负相关，即在垄断行业内的工资低于竞争行业，在正规部门的工资低于非正规部门。如表 5-10 所示，在正规部门的工资收入均值为 2950 元，在非正规部门的工资收入均值为 3140 元。虽然第一劳动力市场中的垄断行业与正规部门的工资收入低于第二劳动力市场，但考虑到稳定的福利待遇和低就业风险，使得处于垄断行业的国有部门仍然是高校毕业生争相进入的劳动力市场。这也是就业市场中会出现高校毕业生的“待业”与“低价竞聘”的原因。

（二）不同性别高校毕业生劳动力市场内的差异

性别作为明显的外在生理特征，有可能产生以这种生理特征为标志的劳动力市场分割，从而出现所谓的“性别隔离”现象。因此，本书从性别角度出发，对高校毕业生就业流动进行分析，探讨性别差异在第一、第二劳动力市场流动中的分布与特征。

1. 不同性别高校毕业生劳动力市场内的分布情况

图 5-9 是不同性别高校毕业生在劳动力市场内的具体分布情况。图中的数据显示，在城乡劳动力市场中，男、女学生进入城市劳动力市场的人数比例都要明显高于农村劳动力市场。其中，女生进入城市的人数为 1151，占女生总人数的 85.1%；进入农村劳动力市场的为 202 人，占女生总人数的 14.9%。这意味着有 85.1%的女生进入城市劳动力市场，仅有 14.9%的女生进入农村劳动力市场。男生进入城市劳动力市场的为 914 人，占男生总人数的 79.0%；进入农村劳动力市场的为 243 人，占男生总人数的 21.0%。说明男生中有 79.0%的毕业生进入城市劳动力市场，有 21.0%进入农村劳动力市场。

从劳动力市场内的性别分布来看，女生在各第一劳动力市场中的人数均高于男生。以城乡劳动力市场为例：从性别的角度来看，在城市劳动力市场中，女生人数为 1151，约占城市劳动力市场毕业生总人数的 55.7%，男生人数为 914，约占 44.3%，女生人数比例高于男生；在农村劳动力市场中，女生人数为 202，约占农村劳动力市场毕业生总人数的 45.4%，男生人数为 243，约占 54.6%，男生人数比例高于女生。

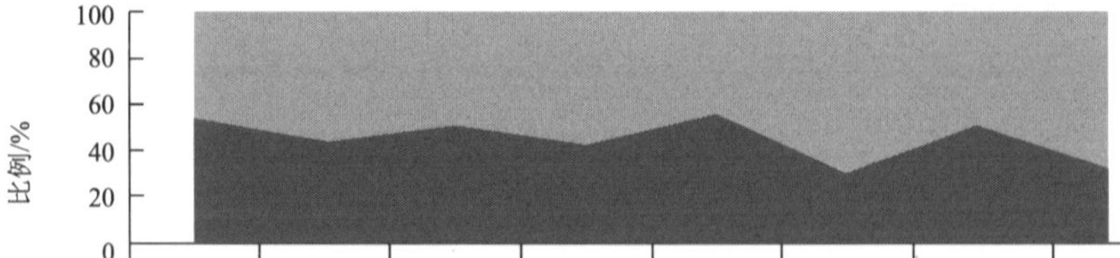

	农村	城市	内陆地区	沿海地区	竞争行业	垄断行业	非正规部门	正规部门
女	202	1151	395	952	669	682	833	519
男	243	914	428	716	867	287	887	257

劳动力市场类型

■女　■男

图 5-9　不同性别毕业生劳动力市场内的分布图

同时，从图中可以看到，城乡劳动力市场与区域劳动力市场并无明显的起伏，说明性别在这两个劳动力市场中表现的差异不是特别明显。从行业劳动力市场的分布来看，无论是行业类型，还是行业性质，性别的分布都出现了明显的差别。从行业类型来看，在垄断行业中，女生所占比例明显大于男生。具体而言，女生在垄断行业的人数为 682，占女生总人数的 50.5%；男生在垄断行业的人数为 287，占男生总人数的 24.9%。可以看到，毕业生中，女性进入垄断行业的比例明显高于男性。

2. 不同性别高校毕业生劳动力市场内的差异性分析

从描述统计的数据可以看到，不同性别毕业生在劳动力市场内的分布存在差别。为检验性别之间是否存在显著性差异，研究者对男性和女性在劳动力市场内的分布情况进行独立样本的 t 检验。具体如表 5-11 所示。通过对不同性别毕业生在劳动力市场内的差异比较可以看出，男、女毕业生在城乡劳动力市场、区域劳动力市场和行业劳动力市场内均存在显著性差异。t 为负数，说明女生进入各第一劳动力市场的概率显著高于男生。且从 t 的系数来看，以行业类型划分的行业劳动力市场 t 最大，说明行业类型劳动力市场内的差异显著性最大。结合表中的均值，说明在以行业类型划分的行业劳动力市场内，不同性别之间存在极其显著的差异，且男生进入垄断行业的概率显著小于女生。

表 5-11　不同性别毕业生劳动力市场分布的差异比较

检验指标	性别	人数	均值	标准差	t
城乡类型	男	1157	1.7900	0.40750	−3.982***
	女	1353	1.8507	0.35651	
区域位置	男	1144	1.6259	0.48411	−4.291***
	女	1347	1.7068	0.45542	
行业类型	男	1154	1.2487	0.43245	−13.589***
	女	1351	1.5048	0.50016	
行业性质	男	1144	1.2247	0.41753	−8.688***
	女	1352	1.3839	0.48651	

从上述分析可以看到男生进入第一劳动力市场的概率显著小于女性。那么，工资收入方面是否也会出现此情形，研究将进一步分析。下面以行业性质划分的行业劳动力市场为例进行说明。表 5-12 是不同性别毕业生在以行业性质划分的行业劳动力市场内的收入对比。

数据显示，高校毕业生中，男生工资显著高于女生，无论是总体，还是在不同部门之间。其中，在非正规部门内，男生平均收入为 3270 元，女生平均收入为 3000 元；在正规部门内，男生平均收入为 3230 元，女生平均收入为 2810 元。可以看到，正规部门内，男生与女生之间的收入差距与非正规部门相比较大。同时，从表中数据可知，高校毕业生中，女生在非正规部门的收入较正规部门高出 190 元，男生在非正规部门的收入较正规部门高出 40 元。可以看到，就行业性质而言，非正规部门较正规部门的收入要高，但是差距不是特别明显。

表 5-12　不同性别毕业生在行业性质间的收入均值表

性别	非正规部门		正规部门		总体	
	收入均值/千元	标准差	收入均值/千元	标准差	收入均值/千元	标准差
男	3.27	1.491	3.23	1.546	3.26	1.506
女	3.00	1.218	2.81	1.098	2.93	1.177

注：非正规部门：t=3.982，p=0.000 < 0.001。正规部门：t=4.368，p=0.000 < 0.001。总体：t=6.190，p=0.000 < 0.001

（三）不同民族高校毕业生劳动力市场内的差异

种族同样是劳动力市场中一个受关注的议题。我国幅员辽阔，民族众多，除汉族外，有 55 个少数民族。本书将以民族作为分析维度，考察高校毕业生中汉族与少数民族学生在劳动力市场内的分层现状，探讨不同民族在各第一、第二劳动力市场流动中的分层差异与特征。

1. 不同民族高校毕业生劳动力市场内的分布情况

图 5-10 是不同民族高校毕业生在劳动力市场内的比例分布图。从图中的数据可以看到，在城乡劳动力市场、以行业类型划分的劳动力市场、以行业性质划分的劳动力市场中，汉族与少数民族的高校毕业生并不存在明显差别，在各劳动力市场内的分布几乎持平。

在区域劳动力市场内，汉族与少数民族的分布上呈现出明显的差别。高校毕业生中，汉族学生进入沿海地区劳动力市场的比例为 70.5%，少数民族学生进入沿海地区的为 30.3%，说明汉族学生有近七成流动到沿海地区劳动力市场，而少数民族学生则有近七成流动到内陆地区劳动力市场。之所以出现这种现象，主要原因可能是内陆地区，特别是西北、西南地区是许多少数民族的聚居地。这也从一定程度上反映出，少数民族学生的区域流动意愿不强，他们更愿意回到家庭所在区域就业、生活。

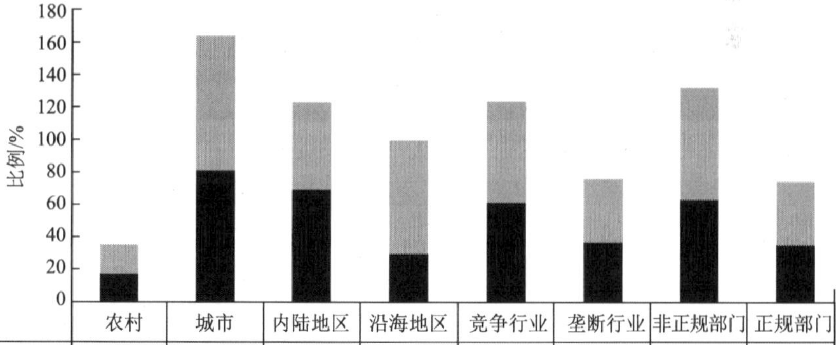

	农村	城市	内陆地区	沿海地区	竞争行业	垄断行业	非正规部门	正规部门
汉族	17.7%	82.3%	29.5%	70.5%	61.1%	38.9%	69.2%	30.8%
少数民族	17.6%	82.4%	69.7%	30.3%	62.3%	37.7%	64.1%	35.9%

劳动力市场类型

■少数民族　■汉族

图 5-10　不同民族毕业生在劳动力市场内的分布图

在以行业性质划分的行业劳动力市场中，少数民族进入正规部门的比例高出汉族 5.1 个百分点，意味着少数民族进入正规部门劳动力市场的概率略高于汉族学生，这很可能与一些正规部门中，特别是党政、事业单位内，对少数民族毕业生施行的倾斜政策有关。

2. 不同民族高校毕业生劳动力市场内的差异性分析

从描述统计的数据中可以看到，不同民族高校毕业生在劳动力市场内的分布存在差别。为检验这一差别是否具有显著性差异，研究者对汉族毕业生和少数民族毕业生在劳动力市场内的分布情况进行独立样本的 t 检验。具体如表 5-13 所示。

通过对不同民族高校毕业生在劳动力市场内的差异性检验结果可以看到，高校毕业生中，汉族学生与少数民族学生在城乡劳动力市场和行业劳动力市场内的分布情况并不具有显著性差异，但在区域劳动力市场内的分布却具有显著性差异。表中数据显示，区域劳动力市场的 t 系数为正，说明民族与区域劳动力市场呈正向递增。具体而言，意味着高校毕业生中，汉族毕业生流动到沿海劳动力市场的概率显著高于少数民族毕业生。而形成这一结果的原因，在上面已有论及，在此不再赘述。

表 5-13 不同民族毕业生劳动力市场分布的差异比较

检验指标	民族	人数	均值	标准差	t
城乡类型	汉族	2239	1.8227	0.38202	−0.032 n.s.
	少数民族	238	1.8235	0.38202	
区域位置	汉族	2224	1.7050	0.45613	12.799***
	少数民族	234	1.3034	0.46072	
行业类型	汉族	2234	1.3890	0.48763	0.374 n.s.
	少数民族	239	1.3766	0.48554	
行业性质	汉族	2226	1.3077	0.46166	−1.608 n.s.
	少数民族	237	1.3586	0.48062	

注：n.s.表示 $p > 0.05$，全书同

（四）不同生源地高校毕业生劳动力市场内的差异

本书把生源地作为分析的一个维度，将毕业生生源地按城乡划分为两类，城市生源来自直辖市、省会城市、计划单列市、地级市和县级市（包括县城），农

村生源来自乡镇和农村。在城乡划分的基础上，考察不同生源地毕业生在劳动力市场内的分层差异。

1. 不同生源地高校毕业生劳动力市场内的分布情况

图 5-11 是不同生源地高校毕业生在劳动力市场内的具体分布图。图中的数据显示，城市生源与农村生源在区域劳动力市场和行业劳动力市场内的分布情况趋于一致，并无明显差别。其中，农村生源和城市生源流动到沿海地区劳动力市场的比例分别为 66.7%和 67.4%；农村生源和城市生源流动到垄断行业的比例分别为 38.9%和 38.4%；农村生源和城市生源流动到正规部门的比例分别为 31.0%和 31.3%。从数据中可以看到，毕业生的生源地不同，并没有使他们在以上劳动力市场内的分布出现较大差别。

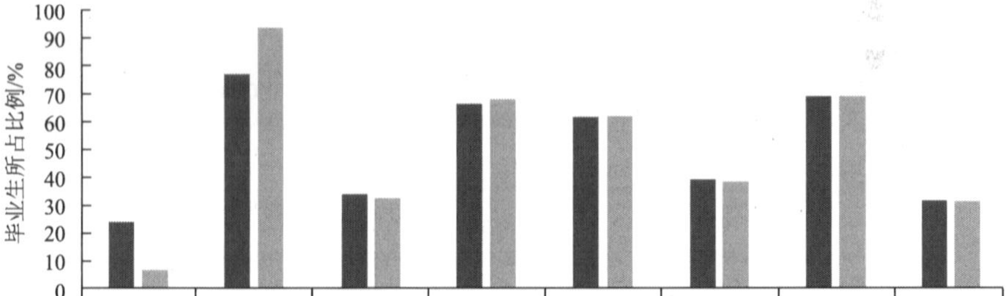

	农村	城市	内陆地区	沿海地区	竞争行业	垄断行业	非正规部门	正规部门
农村	23.6%	76.4%	33.3%	66.7%	61.1%	38.9%	69.0%	31.0%
城市	6.4%	93.6%	32.6%	67.4%	61.6%	38.4%	68.7%	31.3%

劳动力市场类型

■农村　■城市

图 5-11　不同生源地毕业生在劳动力市场内的分布图

但在城乡劳动力市场中，城市生源流动到城市劳动力市场的人数占到城市生源毕业生总数的 93.6%，超出农村生源流动到城市劳动力市场的 17.2 个百分点。

2. 不同生源地高校毕业生劳动力市场内的差异性分析

从描述统计的数据可以看到，不同生源地毕业生在城乡劳动力市场内的分布存在明显差别。为检验生源地之间是否存在显著性差异，研究者对城市生源毕业生和农村生源毕业生在劳动力市场内的分布情况进行独立样本的 t 检验。具体如表 5-14 所示。

从表中的数据来看，不同生源地高校毕业生在区域劳动力市场和行业劳动力市场内的分布不存在显著性差异，仅在城乡劳动力市场内存在显著性差异。也就是说，生源地为城市的毕业生进入城市劳动力市场的概率显著高于农村生源。这或许存在两个原因：一是生源地为城市的高校毕业生进入城市比农村生源的就业成本低。农村生源想要进入城市劳动力市场，需要支付房租等费用，无疑将增加农村生源的就业成本，成为农村生源进入城市劳动力市场的一种阻碍。二是生源地为城市的高校毕业生，个人的人脉、交际等关系网络在内的社会资源，也将有助于城市生源流入城市劳动力市场。

表 5-14 不同生源地高校毕业生劳动力市场的分布差异性比较

检验指标	民族	人数	均值	标准差	t
城乡类型	农村	1651	1.7644	0.42451	−10.914***
	城市	857	1.9358	0.24521	
区域位置	农村	1635	1.6667	0.47155	−0.393 n.s.
	城市	854	1.6745	0.46885	
行业类型	农村	1648	1.3890	0.48766	0.260 n.s.
	城市	855	1.3836	0.48655	
行业性质	农村	1641	1.3102	0.46271	−0.145 n.s.
	城市	853	1.3130	0.46399	

三、相关性分析及讨论

上述研究通过描述性统计，展现了高校毕业生性别、民族、生源地差异在劳动力市场内的流动及分层现状。从描述性统计的数据来看，性别、民族和生源地不同，在劳动力市场内的流动分布也将存在差别。通过差异性检验结果发现，性别、民族和生源地在不同劳动力市场内的分布差异达到了显著性差异水平。但出现的差异状况是否与性别、民族和生源地有相关性，有待进一步论述和检验。下面采用斯皮尔曼等级相关进行检验，如表 5-15 所示。

表 5-15 人口特征因素与劳动力市场分布的相关性检验

		城乡类型	区域位置	行业类型	行业性质
性别	相关系数	0.079**	0.086**	0.262**	0.171**
	p（双侧）	0.000	0.000	0.000	0.000
	N	2510	2491	2505	2496

续表

		城乡类型	区域位置	行业类型	行业性质
民族	相关系数	0.001	–0.250**	–0.008	0.032
	p（双侧）	0.974	0.000	0.708	0.108
	N	2477	2458	2473	2463
生源地	相关系数	0.213**	0.008	–0.005	0.003
	p（双侧）	0.000	0.694	0.795	0.885
	N	2508	2489	2503	2494

表中数据显示，城乡劳动力市场的分布情况与毕业生的性别、生源地具有显著性相关，且与性别变量处于中度相关关系，与生源地处于高度相关关系。且上述两个变量的斯皮尔曼等级相关系数均为正，说明因素间为正向相关。换言之，高校毕业生中，女生、城市生源进入城市劳动力市场的概率高于男生、农村生源。区域劳动力市场的分布情况则与性别和民族具有显著性相关关系，且民族变量的相关系数为负，说明汉族毕业生进入沿海地区劳动力市场的概率显著高于少数民族毕业生。行业劳动力市场的分布情况仅与性别相关。其中，进入的行业类型与行业性质均与性别达到显著性相关水平，且相关系数为正，也就是说，女生进入垄断行业和正规部门的概率显著高于男生。

关于民族与生源地所呈现的结果比较易于理解，而性别之所以出现女生优势地位则需要进一步说明。

图 5-12 是不同性别高校毕业生在具体行业中的比例分布图。可以看到，在属于垄断行业中的金融业、教育业、医疗卫生业等行业，女生的比例都显著高于男生。通过访谈发现，女生虽然在金融业等垄断行业的比例较大，但在行业内部，女生却与男生之间差别对待。一方面是报酬收入。在不同性别的行业劳动力市场中已经得到验证，女生的工资收入普遍低于男生，存在“低价竞聘”的现象。另一方面是从事的职业。通过访谈了解到，女生在行业内部从事的职业普遍比男生要差。但依然有多数女生愿意从事这些收入不高、低层次的职业，原因在于：一是女生对工作稳定性的关注度高于男生。在访谈中，多数女生表示工作部门稳定是首先，大部分女生没有补给家用的压力，因此，从事的职业和工资收入是其次。二是女生在找工作中更多地调用了家庭关系。在访谈中，多数女生自

认在就业市场中不具优势，多是靠家人提供就业信息或者就业机会。这一点与男生所反馈的信息正好相反。

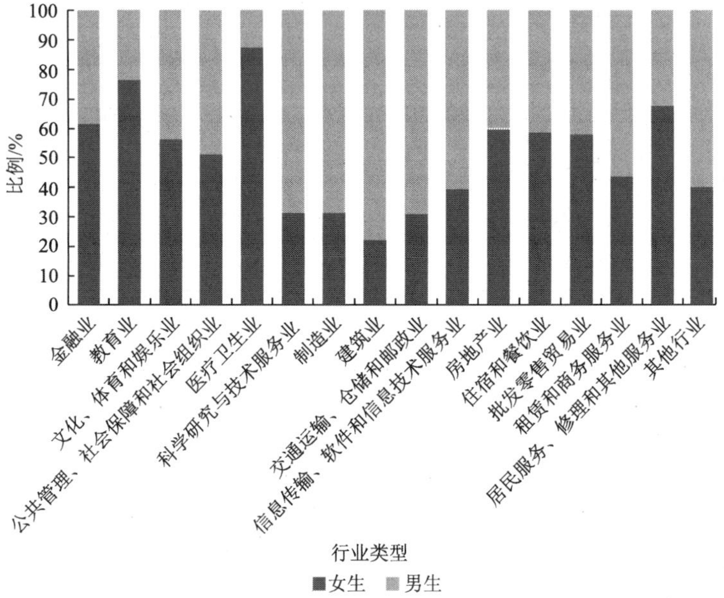

图 5-12　不同性别高校毕业生在各行业内的比例分布图

第六章 高校毕业生就业流动及分层的社会学考察

应届高校毕业生通过初次就业获得一个职业，这个职业所处的阶层位置代表了毕业生个人的社会地位。本章的研究主要从社会学的角度去审视高等教育在多大程度上分化了高校毕业生群体，重点关注以下几个问题：①高校毕业生目前在社会阶层结构中处于怎样的位置？②高校毕业生是否改变了既有的阶层地位，或者说发生了阶层流动？③先赋性因素与后致性因素是否造成高校毕业生阶层流动与阶层地位的差异？

第一节　高校毕业生阶层流动及分层的整体性描述

在考察我国应届高校毕业生阶层流动状况之前，首先对高校毕业生的家庭社会经济背景（简称家庭社经背景）进行描述，为后续研究中更好地判断高校毕业生相对于父辈而言的阶层变化情况提供依据。同时，家庭社会经济背景是先赋性因素的关键指标，为以先赋性因素为变量分析不同背景毕业生阶层流动现状提供了分析维度。具体而言，父亲职业地位、父亲受教育程度和家庭月收入，分别代表了高校毕业生的社会阶层背景、家庭文化背景和家庭经济背景。

一、高校毕业生家庭社会经济背景分析

当前，家庭社会经济地位等先赋性因素对人们的社会流动仍然起着不容忽视的作用。在对家庭社会经济背景的研究中，不同的学者构建的测量指标不同。美国学者埃里克·哈努谢克（Eric A. Hanushek）在测量家庭背景对学生能力的影响

时，主要采用父母职业、学历和家庭财产三个指标。[①]国内一些研究在探讨家庭社会经济背景对高等教育数量和质量获得的影响时，采取家庭居住地、父母受教育年限两个指标。[②]但国内多数学者在研究家庭背景时通常考虑父亲职业、父亲文化水平和家庭收入。[③④⑤]本书认为，在我国的家庭中，父亲的职业代表了家庭拥有的社会资源，父亲的文化水平代表了家庭拥有的文化资源，家庭的经济收入代表了家庭拥有的经济资源。虽然有些家庭母亲的职业与文化水平高于父亲，但是遵从社会学上的一般性调查原则，本书仍然是以父亲为主要考察依据，以母亲的职业与文化水平作为参照信息。将父亲的职业[⑥]、父亲受教育水平和家庭月收入作为高校毕业生家庭社会经济背景的测量指标，考察高校毕业生家庭社会经济背景情况。

（一）父母亲的职业地位

在家庭社会经济背景中，父母亲职业是一个重要的考察指标，职业地位反映了所处的社会阶层。图 6-1 显示，父亲职业地位总体上高于母亲职业地位，这也是将父亲职业作为社会阶层考察对象的原因之一。

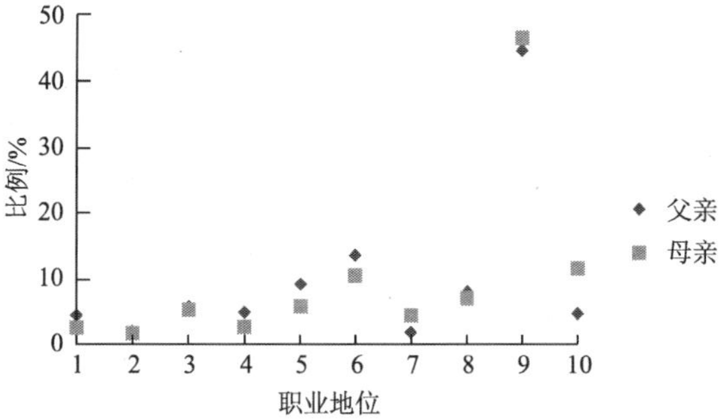

图 6-1　父母亲职业地位分布图

注：1～10 分别代表的是城乡无业、失业、半失业者，农业劳动者，产业工人，商业服务员工，个体工商户，办事人员，专业技术人员，私营企业主，经理人员，国家与社会管理者

① Hanushek E A. The economics of schooling: production and efficiency in public schools[J]. Journal of Economic Literature, 1986, 24（3）：1141-1177.

② 侯龙龙，李锋亮. 家庭背景对高等教育数量和质量获得的影响[J]. 高等教育研究，2008，（10）：39-45.

③ 李春玲. 社会政治变迁与教育机会不平等——家庭背景及制度因素对教育获得的影响（1940—2001）[J]. 中国社会科学，2003，（3）：86-98.

④ 刘精明. 转型时期中国社会教育[M]. 沈阳：辽宁教育出版社，2004：169-269.

⑤ 钟云华，沈红. 社会分层对高等教育公平影响的实证研究[J]. 复旦教育论坛，2009，（5）：56-61.

⑥ 根据社会学研究代际流动的惯例，文中所提到的父亲职业地位均代表的是高校毕业生“14 岁时候父亲的职业地位”。

表6-1是调查数据中父母亲职业所处的社会阶层分布与全国社会阶层分布①的比较情况。从表中的数据可以看出，高校毕业生来自经理人员和商业服务员工家庭的比例最小，都只占到2.1%，来自农业劳动者家庭的比例最大，达到44.6%。调查数据与国内社会阶层分布情况基本相当，略有不同。从表中可知，样本父亲职业处于较上层的人数比例高于全国数据，如国家与社会管理者阶层的比例是4.5%，高于全国数据2.1%；私营企业主阶层的比例为5.9%，远高于全国数据1.0%。处于社会中间阶层的人数分布与全国总体分布差异较大，如个体工商户阶层比例是 13.6%，而全国数据仅为7.1%；商业服务员工比例为2.1%，低于全国数据11.2%。多数高校毕业生的家庭处于相对较低的社会阶层，这与全国数据相近。

表6-1　父母亲职业所处的社会阶层分布占比　　单位：%

社会阶层	全国数据	父亲职业	母亲职业
国家与社会管理者	2.1	4.5	2.7
经理人员	1.6	2.1	1.9
私营企业主	1.0	5.9	5.4
专业技术人员	4.6	5.0	2.9
办事人员	7.2	9.3	6.1
个体工商户	7.1	13.6	10.6
商业服务员工	11.2	2.1	4.6
产业工人	17.5	8.0	7.2
农业劳动者	42.9	44.6	46.8
城乡无业、失业、半失业者	4.8	4.9	11.8

注：父亲有效样本数为2505，母亲有效样本数为2477②

上述调查数据与全国数据存有差别，原因可能在于全国的总体数据是陆学艺课题组2004年研究所得，十余年来我国社会经济发展迅速，极有可能造成社会阶层的变化，使得部分阶层的比例较之前增加或减少。私营企业主、个体工商户等阶层，在这一发展进程中是较为有代表性的阶层，体制转型与生产方式的转变催生了更多

① 陆学艺. 当代中国社会流动[M]. 北京：社会科学文献出版社，2004：13.

② 父母相关数据信息缺失数量比其他数据缺失数量大，经后续回访发现，在缺失的样本中，除了漏答外，还有部分来自单亲家庭，特此说明。

的人获得相关职业地位从而进入该阶层。另外，调查的数据仅是接受高等教育的家庭，而不是面向全社会的调查数据，所以比例分布可能会出现些许的差异。如果是从这个层面来分析数据，也可以认为，在接受高等教育的家庭中，父亲职业地位较高的家庭，让子女接受高等教育的意愿较强烈。而父亲职业地位较低的家庭，其子女是接受高等教育意愿最强烈的社会阶层。

（二）父母亲的受教育程度

父母亲的受教育程度代表了父母的教育地位。本书借鉴了前人的分类标准[①]，将父母亲的受教育程度分为六类，分别是小学及以下、初中、高中或中专、大专、大学本科、研究生及以上。

从图 6-2 中可以看出，父亲的受教育程度总体上高于母亲的受教育程度。具体而言，在调查的样本中，父亲的受教育程度的比例分布分别是小学及以下 18.7%，初中 37.3%，高中或中专 29.7%，大专 6.1%，大学本科 6.8%，研究生及以上 1.4%。可以看出，父亲受教育程度主要集中在初中和高中。母亲受教育程度主要集中在初中和小学，其中接受初中教育的比例为 34.6%，小学及以下教育程度的比例为 33.1%。母亲受教育程度在大专及以上的比例为 11.2%，其中大专为 5.3%，大学本科为 4.5%，研究生及以上仅为 1.4%。

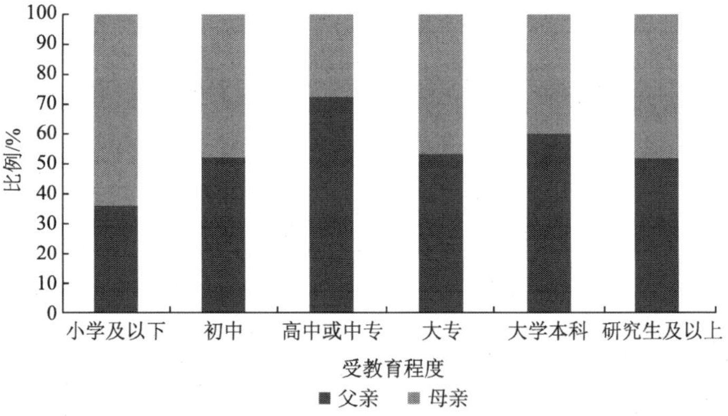

图 6-2　父母亲受教育程度对比图

注：父亲有效样本数为 2516，母亲有效样本数为 2485

① 陆学艺课题组将受教育程度细分为没有学历、初小、小学、初中、高中、中专、大专、大学本科、硕士研究生和博士研究生，综合分组为小学及小学以下组、初高中组和中专及中专以上组。

（三）家庭经济收入

家庭经济收入代表了家庭的经济资本，是家庭社会经济地位的一个重要指标。图 6-3 显示了高校毕业生家庭经济收入分布情况。从图中可以看出，高校毕业生家庭月收入大部分在 6000 元以内，6000 元以上开始逐步递减，到 18 000 元又开始小幅增加。在具体的调查数据中，样本家庭月收入主要集中在 2000～4000 元，占总样本数的 32.2%；2000 元以内的占 29.9%；8000 元以上的仅占总数的 12.6%，其中 20 000 元以上的占 2.6%。

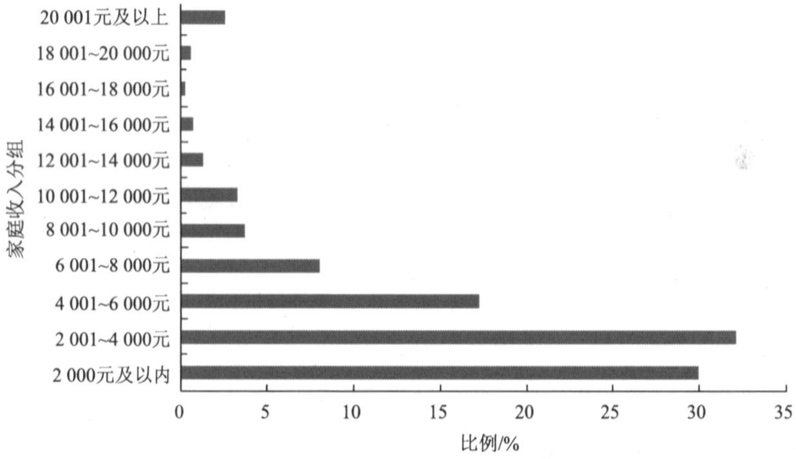

图 6-3　家庭收入分布图

注：有效样本数为 2501

二、高校毕业生阶层地位分布

本书主要通过流动表来考察高校毕业生的社会阶层流动状况。流动表是依据人们在两个时点上所从事的职业将他们的社会阶层进行划分。职业的高低次序排列通常依据的是社会经济地位。较早的时间点通常被称为“职业出身”，较晚的则被称为“职业获得”。对于初次就业人员来说，是将其在成长时期，其父亲所从事的职业看作子代的职业出身。[①] 因此，在流动表的分析中，纵列表示的是高校毕业生父代的职业地位，横行则是高校毕业生初次就业的职业地位。

对于职业地位的高低排序，本书采用的是“当代中国社会结构变迁研究”课

① 迈克尔·豪特. 流动表分析[M]. 李骏译. 上海：格致出版社，2012：6.

题组的十大阶层划分标准。这种十分法形成的流动表，有别于以往的五分法或三分法。一方面更符合我国目前社会结构的构成，能够客观体现高校毕业生的社会阶层地位及社会分层情况；另一方面增加了社会流动测量的“刻度”，有利于对短距离流动状况进行描述，更能精确地测量高校毕业生的阶层流动状况。如果高校毕业生的职业地位与父代的职业地位相同，没有上升也没有下降，那么就认为此类高校毕业生在考察期间没有发生社会流动；如果高校毕业生职业地位与父代的职业地位之间的差距很小，说明发生了短距离的社会流动；如果高校毕业生的职业地位与父代的职业地位之间的差距较大，即跨越了多个社会阶层，那么就可以认为其发生了长距离的社会流动。

具体的操作方法是以问卷中高校毕业生“目前从事的职业”与“父亲从事的职业”作为职业地位的考察指标。在问卷中，“父亲从事的职业”一题中的选项是与十大阶层的分类吻合的，之所以没有直接出现“阶层”或者“地位”之类的字眼，是从问卷调查实施的角度考虑，避免出现比较敏感的字眼，可以减少给被试的压力和干扰，在一定程度上保证问卷调查的客观性。需要说明的是，高校毕业生“目前从事的职业”是根据高校毕业生填答的具体职业并将其依照社会十大阶层的划分标准进行一一归类得来的。这一题设计为开放性问答，主要基于两点：一是便于获取更加详细的信息，避免被湮没在固定的选项中；二是社会十大阶层的划分是对整个社会的调查指标，若有些选项直接出现在题目中，可能会误导高校毕业生填答，无法获取真实的信息。

表 6-2 是高校毕业生阶层流动表，以高校毕业生父亲所处的社会阶层地位为列，以高校毕业生初次职业所处的社会阶层地位为行。从表中的数据可以看到，大部分的高校毕业生从事的职业处于办事人员阶层和专业技术人员阶层，在这两个阶层的人数为 2027，占到总人数的 81.3%。在流动表中，对角线上的数值是未发生流动的人数，也就是父代社会阶层与子代社会阶层一致，没有发生阶层变化的人数。比如，来自农业劳动者阶层的高校毕业生中有 25 人仍然处于农业劳动者阶层，来自产业工人阶层的高校毕业生中有 11 人仍然处于产业工人阶层。以该对角线为界，之上的则是实现向上流动的人数，反之则是向下流动的人数。从表中数据可以看出，大部分的高校毕业生实现了向上的社会流动。

表 6-2 高校毕业生阶层流动表 单位：人

父代社会阶层	子代社会阶层										
	城乡无业、失业、半失业者	农业劳动者	产业工人	商业服务员工	个体工商户	办事人员	专业技术人员	私营企业主	经理人员	国家与社会管理者	总计
城乡无业、失业、半失业者	0	3	4	16	1	40	57	0	0	0	121
农业劳动者	0	25	79	95	5	434	470	2	1	0	1111
产业工人	0	0	11	13	4	94	76	2	1	0	201
商业服务员工	0	0	2	5	0	25	21	0	0	0	53
个体工商户	0	1	10	25	37	137	129	0	0	0	339
办事人员	0	1	18	19	6	107	79	0	0	0	230
专业技术人员	0	0	5	7	1	61	49	1	1	0	125
私营企业主	0	2	1	11	1	74	32	24	1	0	146
经理人员	0	0	3	5	3	28	9	2	3	0	53
国家与社会管理者	0	0	2	4	3	63	42	0	0	0	114
总计	0	32	135	200	61	1063	964	31	7	0	2493

下面以城乡无业、失业、半失业者阶层和办事人员阶层为例，进行更进一步的分析。表 6-2 中的数据显示，来自城乡无业、失业、半失业者阶层的 121 名高校毕业生中，有 3 人流动到农业劳动者阶层，4 人流动到产业工人阶层，16 人流动到商业服务员工阶层，1 人流动到个体工商户阶层，40 人流动到办事人员阶层，57 人流动到专业技术人员阶层。从中可以看出，通过接受高等教育，城乡无业、失业、半失业者阶层的高校毕业生的社会阶层地位相对于他们父代而言，发生了较大的改变，实现了向上的社会流动。来自办事人员阶层的高校毕业生中，有 1 人流动到农业劳动者阶层，18 人流动到产业工人阶层，19 人流动到商业服务员工阶层，6 人流动到个体工商户阶层，79 人流动到专业技术人员阶层，另有 107 人仍然处于办事人员阶层。也就是说，来自办事人员阶层的高校毕业生中，有 79 人发生了向上的阶层流动，107 人未发生阶层流动，44 人发生了向下的阶层流动。

流动表可以比较直观地体现阶层间的流动状况，但是要想进一步分析流动表中的内容，一般需要使用流入百分比和流出百分比，它们能够共同反映代际的阶层流动情况，如表 6-3 所示。

表 6-3 高校毕业生阶层流入和流出百分比 单位：%

父代社会阶层		子代社会阶层										合计
		城乡无业、失业、半失业者	农业劳动者	产业工人	商业服务员工	个体工商户	办事人员	专业技术人员	私营企业主	经理人员	国家与社会管理者	
流入百分比	城乡无业、失业、半失业者	0	9.4	3.0	8.0	1.6	3.8	5.9	0	0	0	4.9
	农业劳动者	0	78.1	58.5	47.5	8.2	40.8	48.8	6.5	14.3	0	44.5
	产业工人	0	0	8.1	6.5	6.7	8.8	7.9	6.5	14.3	0	8.1
	商业服务员工	0	0	1.5	2.5	0	2.4	2.2	0	0	0	2.1
	个体工商户	0	3.1	7.5	12.5	60.7	12.9	13.4	0	0	0	13.6
	办事人员	0	3.1	13.3	9.5	9.8	10.1	8.2	0	0	0	9.2
	专业技术人员	0	0	3.7	3.5	1.6	5.7	5.0	3.2	14.3	0	5.0
	私营企业主	0	6.3	0.7	5.5	1.6	7.0	3.3	77.4	14.3	0	5.9
	经理人员	0	0	2.2	2.5	4.9	2.6	0.9	6.4	42.8	0	2.1
	国家与社会管理者	0	0	1.5	2.0	4.9	5.9	4.4	0	0	0	4.6
	合计	0	100	100	100	100	100	100	100	100	0	100
流出百分比	城乡无业、失业、半失业者	0	2.5	3.3	13.2	0.8	33.1	47.1	0	0	0	100
	农业劳动者	0	2.2	7.1	8.5	0.5	39.1	42.3	0.2	0.1	0	100
	产业工人	0	0	5.4	6.5	2.0	46.8	37.8	1.0	0.5	0	100
	商业服务员工	0	0	3.8	9.4	0	47.2	39.6	0	0	0	100
	个体工商户	0	0.3	2.9	7.4	10.9	40.4	38.1	0	0	0	100
	办事人员	0	0.3	2.9	7.4	10.9	40.4	38.1	0	0	0	100
	专业技术人员	0	0	4.0	5.6	0.8	48.8	39.2	0.8	0.8	0	100
	私营企业主	0	1.4	0.7	7.5	0.7	50.7	21.9	16.4	0.7	0	100
	经理人员	0	0	5.6	9.4	5.7	52.8	17.0	3.8	5.7	0	100
	国家与社会管理者	0	0	1.8	3.5	2.6	55.3	36.8	0	0	0	100
	合计	0	1.3	5.4	8.1	2.4	42.5	38.8	1.2	0.3	0	100

首先看流入百分比，它所要展现的是流入该阶层中的成员构成比例。以专业技术人员阶层为例，来自专业技术人员家庭的高校毕业生仅占该阶层总人数的5.0%，其余的都是由其他阶层流入的。其中，城乡无业、失业、半失业者阶层占

5.9%，农业劳动者阶层占 48.8%，产业工人阶层占 7.9%，商业服务员工阶层占 2.2%，个体工商户阶层占 13.4%，办事人员阶层占 8.2%，私营企业主阶层占 3.3%，经理人员阶层占 0.9%，国家与社会管理者阶层占 4.4%。数据显示，来自农业劳动者家庭的人数最多，这与农业劳动者阶层的人数众多有关。从表 6-3 中的流入百分比可以看到，有一半的社会阶层，其中的成员有很大比例是从农业劳动者阶层流入的。这些阶层除了农业劳动者阶层外，还包括产业工人阶层、商业服务员工阶层、办事人员阶层和前面提到的专业技术人员阶层。

同时，也可以观察到另一个现象，从其他阶层流入农业劳动者阶层、个体工商户阶层和私营企业主阶层的高校毕业生人数比例明显低于其他阶层。农业劳动者阶层之所以流入比例小，主要是因为该阶层的社会声望不高，处于相对较低的社会阶层。个体工商户阶层与私营企业主阶层流入比例低的原因，可能在于这两个阶层都需要一定的经济资本，存在一定的阶层屏障，从而减少了其他阶层进入这两个阶层的机会。

从流出百分比中可以看到，多个阶层的高校毕业生流出比例较大，只有办事人员和专业技术人员的流出比例相对较小。如来自商业服务员工家庭的高校毕业生，流出百分比是 90.6%，来自经理人员家庭的毕业生，流出百分比是 94.3%，而办事人员阶层和专业技术人员阶层的流出百分比分别是 59.6%和 60.8%。

办事人员阶层和专业技术人员阶层流出百分比较小，但所有阶层流出的高校毕业生进入这两个阶层的百分比都是最多的。如来自个体工商户家庭的高校毕业生有 40.4%进入办事人员阶层，有 38.1%进入专业技术人员阶层，进入这两个阶层的比例达到 78.5%。来自私营企业主阶层的高校毕业生更是有 50.7%的进入办事人员阶层，21.9%的进入专业技术人员阶层，进入这两个阶层的比例同样在 70%以上。其他阶层的状况也是如此，也就是说，大量高校毕业生流动进入办事人员阶层和专业技术人员这两个社会中间阶层。

三、高校毕业生阶层流动指数

仅仅计算流入和流出百分比只是一种比较粗浅的分析手段，虽然它们所提供的信息有助于理解社会分层的过程，但不足以反映高校毕业生不同阶层的流动差异，所以，在此基础上，下面利用社会流动指数对高校毕业生的社会流动情况进行进一步计量。在运用流动表对高校毕业生阶层流动的考察中，同时辅以流动指数分析，便于对高校毕业生的流动状况进行更为具体的描述。本书在前人研究的基础上，根据需要，主要考察的社会流动指数包括流入率、流出率、未流动率、向上流动率和向下流动率。

从表 6-4 中的数据可以看出，流入率较高的阶层有产业工人阶层、商业服务员工阶层、办事人员阶层和专业技术人员阶层，其他阶层的流入率较低。这与之前流入百分比分析的结果和结论一致，就不在此赘述。从流出率和未流动率来看，总体流出率为 84.9%，总体未流动率为 15.1%。大部分阶层的流出率在 80%以上，只有办事人员阶层和专业技术人员阶层的流出率为 60%左右。也就是说，大部分高校毕业生实现了阶层的变化，流出了父代所处的社会阶层，只有少部分高校毕业生维持了父代所处的社会阶层。表中的数据显示，在流动的高校毕业生中，向上流动率是 71.8%，向下流动率为 13.1%。这说明大部分的高校毕业生实现了向上的阶层流动。另外，从向上流动率的数据还可以看到，高校毕业生父亲的阶层越高，其向上流动的比例越少，向上流动的空间越小。从向下流动率可以看到，高校毕业生父亲的阶层越高，其向下流动的比例越大，较难以维持父代原有的社会阶层。

表 6-4 高校毕业生阶层流动指数汇总表 单位：%

指数类型	社会阶层										
	城乡无业、失业、半失业者	农业劳动者	产业工人	商业服务员工	个体工商户	办事人员	专业技术人员	私营企业主	经理人员	国家与社会管理者	合计
流入率	0	21.9	91.9	97.5	39.3	89.9	94.9	22.6	57.2	0	89.5
流出率	100	97.8	94.6	90.6	89.1	59.6	60.8	83.6	94.3	100	84.9
未流动率	0	2.2	5.4	9.4	10.9	40.4	39.2	16.4	5.7	0	15.1
向上流动率	100	97.8	94.6	86.8	78.5	38.1	1.6	0.7	0	0	71.8
向下流动率	0	0	0	3.8	10.6	21.5	59.2	82.9	94.3	100	13.1

四、高校毕业生阶层流动距离

通过对流动表和流动指数的分析，了解到大部分高校毕业生发生了阶层流动。接下来，通过对阶层流动距离的测量来观察高校毕业生流动的幅度。首先，笔者对十大社会阶层由低到高进行赋值，也就是说数字越大，表示其进入的社会阶层地位越高。将城乡无业、失业、半失业者阶层设为 1；农业劳动者阶层设为 2；产业工人阶层设为 3；商业服务员工设为 4；个体工商户设为 5；办事人员设为 6；专业技术人员设为 7；私营企业主设为 8；经理人员设为 9；国家与社会管理者设为 10。

图 6-4 是高校毕业生职业所处的社会阶层地位分布状况，可以看到，高校毕业生的职业地位主要集中在办事人员和专业技术人员两个阶层，分别占总数的 42.5%和 38.8%。也就是说处于阶层 6 的占 42.5%，处于阶层 7 的占 38.8%。通过均值计算，得出高校毕业生的阶层地位的均值是 6.02，标准差为 1.225。

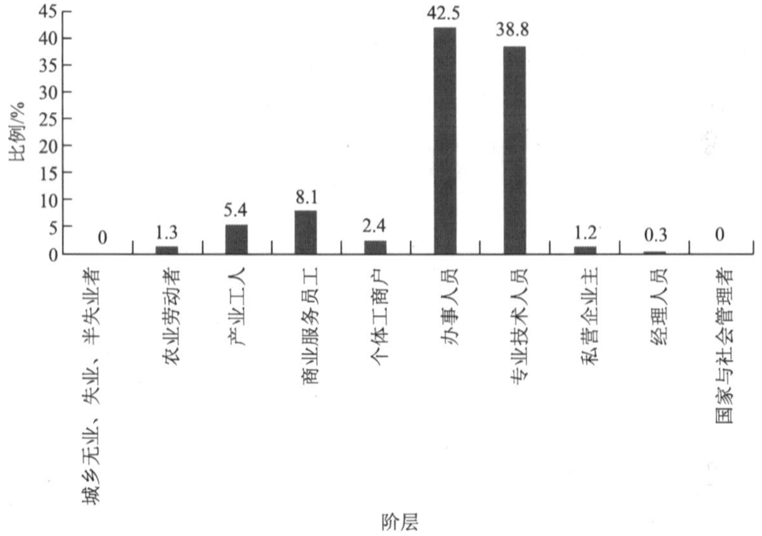

图 6-4 高校毕业生职业所处社会阶层的分布状况

然后，对流动距离进行赋值来判断发生阶层流动的幅度。研究者将高校毕业生职业所处的社会阶层与父亲职业所处的社会阶层相减，得出高校毕业生阶层流动的距离。公式如下：

阶层流动距离=毕业生职业所处的阶层地位 – 父亲职业所处的阶层地位

举例来说，如果毕业生来自农业劳动者家庭，目前职业地位是办事人员阶层，那么该毕业生的阶层流动距离就是 6–2=4，也就是说他向上流动了 4 个社会阶层；如果毕业生目前的职业地位是专业技术人员，父亲是国家与社会管理者，那么该毕业生的阶层流动距离是 7–10=–3，也就是说该生没有维持原有的阶层地位，而是向下流动了 3 个社会阶层。

通过均值计算，高校毕业生阶层流动距离的均值是 2.05，标准差为 2.738。也就是说，高校毕业生整体上实现了向上 2.05 个阶层地位的流动。数据显示，阶层位置没有发生变化的有 261 人，占总人数的 10.5%，实现向上流动的人数占 71.8%，仅有 17.7%的高校毕业生出现了向下流动。从图 6-5 中可以看到，向下流动的毕业生多为短距离流动。

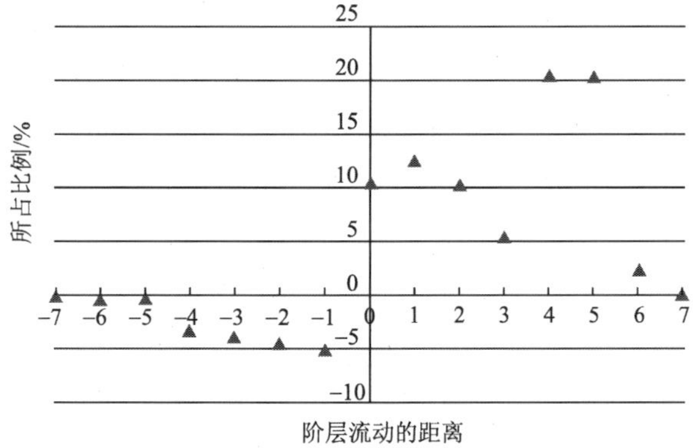

图 6-5 高校毕业生阶层流动距离的直观图

在向上流动的高校毕业生中，向上流动 7 个社会阶层的仅有 1 人；向上流动 6 个社会阶层的有 60 人，占总人数的 2.4%；向上流动 5 个社会阶层的有 512 人，占总人数的 20.5%；向上流动 4 个社会阶层的有 511 人，占总人数的 20.5%；向上流动 3 个社会阶层的有 136 人，占总人数的 5.5%；向上流动 2 个社会阶层的有 258 人，占总人数的 10.3%；向上流动 1 个社会阶层的有 313 人，占总人数的 12.6%。从数据中可以看出，接受高等教育后，向上流动的高校毕业生大多数实现了向上 4 个阶层或 5 个阶层的流动。可以认为，多数高校毕业生实现了向上的社会流动，且大部分属于长距离流动。

在向下流动的高校毕业生中，向下流动 1 个社会阶层的有 128 人，占总人数的 5.1%；向下流动 2 个社会阶层的有 113 人，占总人数的 4.5%；向下流动 3 个社会阶层的有 97 人，占总人数的 3.9%；向下流动 4 个社会阶层的有 83 人，占总人数的 3.3%；向下流动 5 个社会阶层的有 9 人，占总人数的 0.4%；向下流动 6 个社会阶层的有 9 人，占总人数的 0.4%；向下流动 7 个社会阶层的仅有 2 人，占总人数的 0.1%。从图中可以明显看到，向下流动的毕业生中，大多数发生的是短距离流动，随着阶层距离的增加，向下流动的人数比例也在逐渐减少。

第二节 基于先赋性特征的高校毕业生阶层流动及分层差异

先赋性因素包括社会阶层背景、家庭文化背景和家庭经济背景，这些指标代表着父辈所占有的社会资源、文化资源和经济资源等。

一、不同社会阶层背景高校毕业生阶层流动及分层差异

高校毕业生社会阶层背景的具体指标是父亲的职业，为了研究需要，这里将十大阶层按优势地位阶层、中间位置阶层和基础阶层三大类进行分析，其中优势地位阶层包括国家与社会管理者阶层、经理人员阶层和私营企业主阶层，中间位置阶层包括专业技术人员阶层、办事人员阶层和个体工商户阶层，而基础阶层包括商业服务员工阶层、产业工人阶层、农业劳动者阶层和城乡无业、失业、半失业者阶层。①

（一）不同社会阶层背景高校毕业生阶层地位的差异性分析

表 6-5 是各社会阶层背景高校毕业生目前职业所处的阶层地位分布情况。从中

表 6-5 不同社会阶层背景高校毕业生阶层地位的分布

阶层背景		阶层地位							
		农业劳动者	产业工人	商业服务员工	个体工商户	办事人员	专业技术人员	私营企业主	经理人员
基础阶层	频数	28	96	129	10	593	624	4	2
	比例/%	1.9	6.5	8.7	0.7	39.9	42.0	0.2	0.1
中间位置阶层	频数	2	33	51	44	305	257	1	1
	比例/%	0.3	4.8	7.3	6.3	43.9	37.0	0.2	0.2
优势地位阶层	频数	2	6	20	7	165	83	26	4
	比例/%	0.7	1.9	6.4	2.2	52.7	26.5	8.3	1.3

注：调研结果显示，没有毕业生进入国家与社会管理者阶层和城乡无业、失业、半失业者阶层，因此不再单列。全书此类表格余同

① 陆学艺. 当代中国社会流动[M]. 北京：社会科学文献出版社，2004：138-179.

可以看出，父亲为基础阶层的毕业生有 17.1%仍处于基础阶层，82.6%进入中间位置阶层，仅有 0.3%进入优势地位阶层。其中，39.9%处于办事人员阶层，42.0%处于专业技术人员阶层。父亲为中间位置阶层的毕业生有 87.2%仍处于中间位置阶层，12.4%进入基础阶层，0.4%进入优势地位阶层。其中，43.9%处于办事人员阶层，37.0%处于专业技术人员阶层。父亲为优势地位阶层的毕业生有 9.6%仍处于优势地位阶层，9.0%进入基础阶层，81.4%进入中间位置阶层。其中，52.7%处于办事人员阶层，26.5%处于专业技术人员阶层。

通过对具体职业的分析和与部分高校毕业生的访谈发现，父代为优势地位阶层的毕业生，他们有超过一半进入办事人员阶层，这些专职办事人员多是在体制内单位，如党政机关、事业单位或国有企业内，从事日常行政等事务。这其实是一种较为明显的代际传承安排，这些高校毕业生的父代希望子女进入体制内的单位，一方面获得安稳体面的工作，另一方面为日后向上发展成为社会管理阶层铺好了道路。来自基础阶层的毕业生则相反，他们无法进入体制内的部门从事专职办事人员的工作，进入办事人员阶层的也多是在体制外的企业。在阶层背景不能为其发挥正向作用的情况下，他们大多选择进入专业技术人员阶层中，这个阶层可能向上发展的机会不多，但是可以凭借自身的努力，在此阶层内获取相对满意的回报。

图 6-6 所呈现的是不同阶层背景高校毕业生目前阶层地位的均值图。从图中可以看到，就高校毕业生阶层地位的均值而言，来自优势地位阶层的毕业生处于较高的阶层地位，相较于中间位置阶层高出 0.23 个阶层地位，较基础阶层高出 0.26 个阶层地位。这说明高校毕业生社会阶层背景与其阶层地位之间存在正向递增，即高校毕业生阶层背景越好，越容易进入较高的社会阶层，且来自优势地位阶层的毕业生将具有更加明显的优势。可以看出，不同社会阶层背景高校毕业生进入的阶层地位间存在差别，但是否存在显著性差异有待下一步考证。

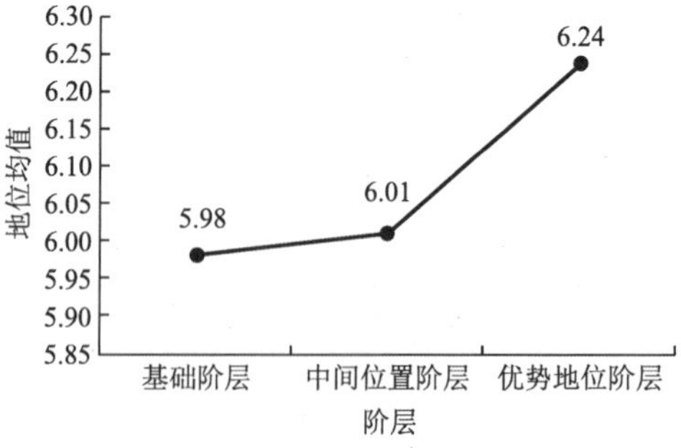

图 6-6　不同阶层背景高校毕业生阶层地位的均值图

为检验不同阶层背景高校毕业生的阶层地位是否存在显著性差异，研究者对各阶层的高校毕业生进入的阶层地位进行单因素方差分析。根据方差同质性检验结果，就各阶层毕业生进入的阶层地位而言，Levene 统计量的 F 值为 7.444（p=0.001 < 0.05），方差差异达到显著，因此采用 Tamhane's T2 检验法进行事后多重比较分析。

结合各阶层背景毕业生所处的阶层地位均值情况和表 6-6 中的方差分析结果，可知来自优势地位阶层的高校毕业生进入较高阶层地位的概率显著高于中间位置阶层和基础阶层，说明高校毕业生的社会阶层背景在一定程度上影响其进入的阶层位置。

表 6-6　不同阶层背景毕业生阶层地位的差异性检验

	平方和	*df*	均方	*F*	事后检验
组间	17.091	2	8.545	5.719**	优势地位阶层 > 中间位置阶层和基础阶层
组内	3720.782	2490	1.494		
总数	3737.873	2492			

（二）不同社会阶层背景高校毕业生阶层流动距离的差异性分析

图 6-7 是各社会阶层背景毕业生阶层流动距离的分布图。从图中可以直观地看到，来自基础阶层的高校毕业生向上流动的距离明显高于中间位置阶层，而来自中间位置阶层的高校毕业生向上流动的距离明显高于优势地位阶层。

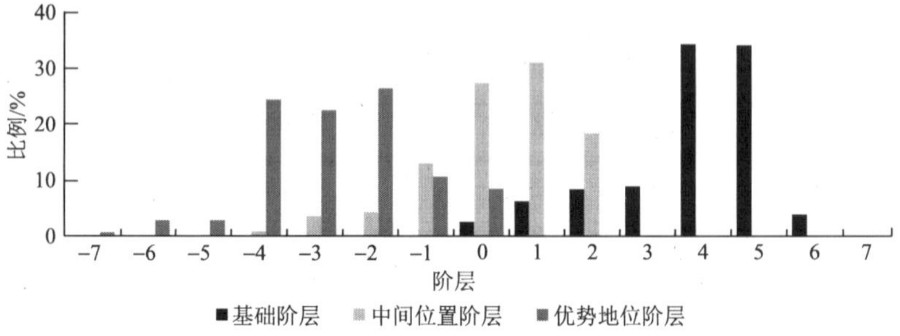

图 6-7　不同阶层背景毕业生阶层流动距离的比例分布

图 6-8 是不同阶层背景高校毕业生发生阶层流动距离的均值图。由图中的数据可以看到，基础阶层、中间位置阶层和优势地位阶层的流动距离分别是 3.85、

0.32 和–2.66。其中基础阶层和中间位置阶层的流动距离为正，说明来自基础阶层的高校毕业生平均向上流动 3.85 个阶层位置，来自中间位置阶层的高校毕业生平均向上流动 0.32 个阶层位置。优势地位阶层的流动距离为负，说明来自优势地位阶层的高校毕业生向下流动 2.66 个阶层位置。可以看出，社会阶层背景与流动距离呈负向递增。就高校毕业生阶层流动距离的均值而言，不同社会阶层背景之间存在明显差别，但是否存在显著性差异，有待下一步考证。

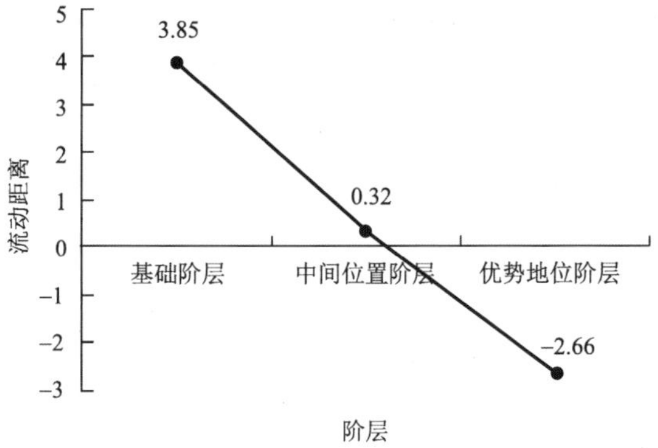

图 6-8　不同阶层背景毕业生阶层流动距离的均值图

为检验不同阶层背景高校毕业生的阶层流动距离是否存在显著性差异，研究者对各阶层高校毕业生的阶层流动距离进行单因素方差分析。根据方差同质性检验结果，就各阶层背景高校毕业生的阶层流动距离而言，Levene 统计量的 F 值为 3.158（p=0.043 < 0.05），方差差异显著，因此采用 Tamhane's T2 检验法进行事后多重比较分析。

表 6-7　不同阶层背景毕业生阶层流动距离的差异性检验

	平方和	*df*	均方	*F*	事后检验
组间	13 860.961	2	6 930.481	3 584.694***	1. 基础阶层 > 中间位置阶层、优势地位阶层 2. 中间位置阶层 > 优势地位阶层
组内	4 814.050	2 490	1.933		
总数	18 675.011	2 492			

结合各阶层背景高校毕业生阶层流动距离的均值和表 6-7 中的方差分析结果，可以得出：①来自基础阶层的高校毕业生流动距离显著高于中间位置阶层和优势地位阶层；②来自中间位置阶层的高校毕业生流动距离显著高于优势地位阶

层。此结果一方面反映了阶层背景较低的高校毕业生流动空间较大，另一方面也说明阶层背景较低的高校毕业生向上流动的意愿更强烈。

二、不同家庭文化背景高校毕业生阶层流动及分层差异

社会学中将父母的受教育情况作为一个重要的先赋性因素，认为父辈的文化水平在一定程度上反映了家庭的文化背景，并进一步影响子女的职业地位。本小节以父亲的受教育程度为维度，探讨不同家庭文化背景下高校毕业生阶层流动及分层的差异。

（一）不同家庭文化背景高校毕业生阶层地位的差异性分析

表 6-8 是不同家庭文化背景毕业生目前职业所处的阶层地位分布表。从表中数据来看，父辈文化水平为小学及以下的高校毕业生进入专业技术人员阶层的比例最大，为 42.2%；父辈为初中文化水平的有 41.2%进入专业技术人员阶层；父辈为高中或中专文化水平的则进入办事人员阶层的比例最大，为 44.6%；父辈为大学本科水平的有 53.9%进入办事人员阶层；父辈为研究生及以上的有 51.4%进入办事人员阶层。可见，不同家庭文化背景的毕业生在阶层地位分布上存在差异，但是否存在显著性差异，有待下一步检验。

表 6-8 不同家庭文化背景高校毕业生阶层地位的分布

家庭文化背景		阶层地位							
		农业劳动者	产业工人	商业服务员工	个体工商户	办事人员	专业技术人员	私营企业主	经理人员
小学及以下	频数	9	25	40	9	184	198	3	1
	比例/%	1.9	5.3	8.5	1.9	39.2	42.2	0.6	0.2
初中	频数	15	61	73	20	375	385	5	1
	比例/%	1.6	6.5	7.8	2.1	40.1	41.2	0.5	0.1
高中或中专	频数	6	33	60	22	331	273	13	4
	比例/%	0.8	4.4	8.1	3.0	44.6	36.8	1.8	0.5
大专	频数	1	9	15	4	67	55	2	0
	比例/%	0.7	5.9	9.8	2.6	43.8	35.9	1.3	0.0

续表

家庭文化背景		阶层地位							
		农业劳动者	产业工人	商业服务员工	个体工商户	办事人员	专业技术人员	私营企业主	经理人员
大学本科	频数	1	7	12	5	90	48	4	0
	比例/%	0.6	4.2	7.2	3.0	53.9	28.7	2.4	0.0
研究生及以上	频数	0	0	3	1	19	9	4	1
	比例/%	0.0	0.0	8.1	2.7	51.4	24.3	10.8	2.7

为检验不同家庭文化背景高校毕业生阶层地位是否存在显著性差异，研究者对各家庭文化背景的高校毕业生的阶层地位进行单因素方差分析。根据方差同质性检验结果，就各家庭文化背景的阶层地位而言，Levene 统计量的 F 值为 2.017（p=0.073 > 0.05），方差差异未达到 0.05 显著水平，因此采用 LSD 检验法①进行事后多重比较分析。如表 6-9 所示，检验结果表明，家庭文化背景与高校毕业生的阶层地位之间并不存在显著性差异。

表 6-9　不同家庭文化背景毕业生阶层地位的差异性检验

	平方和	*df*	均方	*F*
组间	6.873	5	1.375	
组内	3 747.088	2 497	1.501	0.916 n.s.
总数	3 753.961	2 502		

（二）不同家庭文化背景高校毕业生阶层流动距离的差异性分析

图 6-9 是不同家庭文化背景毕业生阶层流动距离的均值分布图。图中可以明显看到，随着家庭文化水平的增加，高校毕业生阶层流动距离呈反向递减。其中，父辈文化水平在小学及以下的高校毕业生阶层流动距离最大，为 3.24，意味着向上流动 3.24 个阶层位置；父辈文化水平为研究生及以上的毕业生流动距离为–1.43，数值为负数，意味着向下流动 1.43 个阶层位置。

① 根据方差同质性检验结果，此处方差差异未达到极其显著水平，符合方差同质性假定，因此选择了方差同质的事后比较法——LSD 检验法。

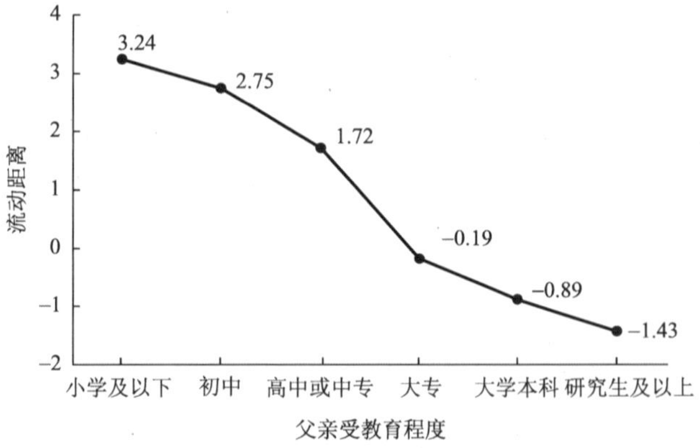

图 6-9　不同家庭文化背景毕业生阶层流动距离的均值图

表 6-10　不同家庭文化背景毕业生阶层流动距离的差异性检验

	平方和	*df*	均方	*F*	事后检验
组间	3 835.839	5	767.168		1. 小学及以下 > 初中、高中或中专、大专、大学本科、研究生及以上
组内	14 799.158	2 482	5.963	128.663***	2. 初中 > 高中或中专、大专、大学本科、研究生及以上
总数	18 634.997	2 487			3. 高中或中专 > 大专、大学本科、研究生及以上

为检验不同家庭文化背景高校毕业生的阶层流动距离是否存在显著性差异，研究者对各家庭文化背景毕业生的阶层流动距离进行单因素方差分析。根据方差同质性检验结果，就各家庭文化背景高校毕业生的阶层流动距离而言，Levene 统计量的 F 值为 10.360（p=0.000 < 0.05），方差差异达到显著，因此采用 Tamhane's T2 检验法进行事后多重比较分析，结果见表 6-10。

结合各家庭文化背景高校毕业生阶层流动距离的均值和表 6-10 中的方差分析结果，可以得出：①父辈文化水平在小学及以下的高校毕业生阶层流动距离显著大于其他家庭文化背景的毕业生；②家庭文化背景为高等教育层次的毕业生，阶层流动距离显著小于父辈未受过高等教育的毕业生。这个结果意味着家庭文化背景与高校毕业生阶层流动距离呈负向增长。

通过对父亲受教育程度与父亲阶层地位进行相关性检验发现，父亲的受教育程度与其所处的阶层地位显著相关，如表 6-11 所示。也就是说，父亲受教育程度越低，阶层地位越低，反之亦然。那么，从这个层面来讲，可以认为，父亲受教育程度较低的高校毕业生改变阶层地位的意愿更强烈。

表 6-11 父亲受教育程度与父亲阶层地位的相关性检验

		父亲受教育程度	父亲阶层地位
父亲受教育程度	相关系数	1.000	
	p（双侧）	0.000	
	N	2516	
父亲阶层地位	相关系数	0.409**	1.000
	p（双侧）	0.000	0.000
	N	2500	2505

三、不同家庭经济背景高校毕业生阶层流动及分层差异

家庭经济背景代表着家庭对经济资源的占有，它是个人先赋性因素的又一个指标，也是本书这部分所采用的分析维度。家庭经济背景的划分主要依据父母的月收入。具体而言，父母月收入在2000元以内的定义为低收入家庭；父母月收入为2001～6000元的定义为中等收入家庭；父母月收入在6000元以上的定义为高收入家庭。

（一）不同家庭经济背景高校毕业生阶层地位的差异性分析

表6-12是不同家庭经济背景毕业生阶层地位分布表。从表中数据来看，来自低收入家庭的高校毕业生进入较高阶层地位的比例小于中等收入和高收入家庭，具体而言，来自低收入家庭的毕业生进入优势地位阶层的比例仅为0.2%，而中等收入家庭为1.3%，高收入家庭为3.7%。可见，高收入家庭的高校毕业生进入社会优势地位阶层的比例明显较高。

表 6-12 不同家庭经济背景高校毕业生阶层地位的分布

家庭收入		阶层地位							
		农业劳动者	产业工人	商业服务员工	个体工商户	办事人员	专业技术人员	私营企业主	经理人员
低收入	频数	16	56	53	11	275	330	1	1
	比例/%	2.2	7.5	7.1	1.5	37.0	44.4	0.1	0.1
中等收入	频数	13	60	92	35	544	471	13	3
	比例/%	1.1	4.9	7.5	2.8	44.2	38.3	1.1	0.2
高收入	频数	3	19	52	15	239	167	16	3
	比例/%	0.6	3.7	10.1	2.9	46.5	32.5	3.1	0.6

通过计算不同家庭经济背景高校毕业生的阶层地位均值发现，来自高收入家庭的高校毕业生所处的阶层位置并没有表现出很强的优势，且与中等收入家庭的毕业生阶层位置相同，均值都是 6.04，具体如表 6-13 所示。来自高收入和中等收入家庭的毕业生进入的阶层位置总体上高于低收入家庭，但是否存在显著性差异需要进一步分析。

表 6-13 不同家庭经济背景毕业生阶层地位的均值

家庭收入	样本数	均值	标准差
低收入	743	5.98	1.337
中等收入	1231	6.04	1.175
高收入	514	6.04	1.167

为检验不同家庭经济背景高校毕业生阶层地位是否存在显著性差异，研究者对各家庭经济背景的高校毕业生所处的阶层地位进行单因素方差分析。根据方差同质性检验结果，就各家庭经济背景高校毕业生所处的阶层地位而言，Levene 统计量的 F 值为 7.038（p=0.001 < 0.05），方差差异显著，因此采用 Tamhane's T2 检验法进行事后多重比较分析结果如表 6-14 所示。通过差异性检验发现，家庭经济背景与高校毕业生阶层地位之间并无显著差异。

表 6-14 不同家庭经济背景毕业生阶层地位的差异性检验

	平方和	*df*	均方	*F*
组间	2.004	2	1.002	
组内	3723.501	2485	1.498	0.699 n.s.
总数	3725.504	2487		

（二）不同家庭经济背景高校毕业生阶层流动距离的差异性分析

图 6-10 是不同家庭经济背景高校毕业生阶层流动距离的分布图。从图中可以较为直观地看到，来自低收入家庭的子女向上流动的比例最大，且多发生向上 4～5 个阶层的流动，人数占到低收入家庭高校毕业生总人数的 62.4%；中等收入家庭的高校毕业生虽然没有低收入家庭高校毕业生表现得那么明显，但是也有近四成实现了向上 4～5 个阶层的流动；来自高收入家庭的高校毕业生大多实现了向

上 1 个阶层的流动，其中，有 16.1%未发生流动，且高收入家庭子女向下流动的比例明显高于中等收入和低收入家庭。

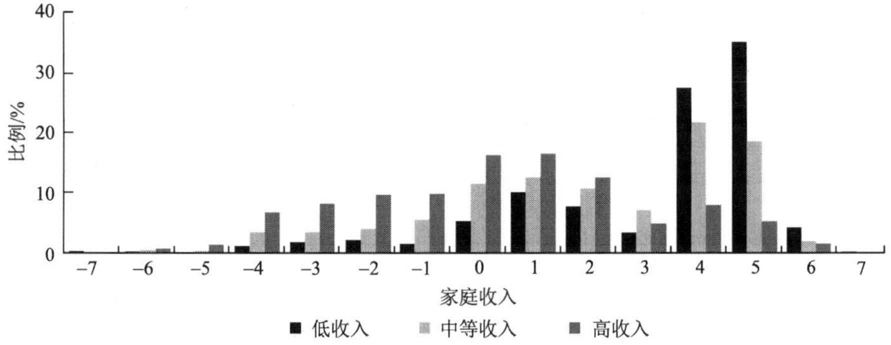

图 6-10　不同家庭经济背景毕业生阶层流动距离的分布

通过不同家庭经济背景毕业生阶层流动的均值图可以得出，低收入家庭的高校毕业生向上流动的距离明显高于中等收入和高收入家庭，为 3.28，意味着平均向上流动 3.28 个阶层位置；其次是中等收入家庭的毕业生，均值为 2.05，意味着平均向上流动 2.05 个阶层位置；高收入家庭的毕业生均值为 0.31，意味着平均仅向上流动 0.31 个阶层位置。具体如图 6-11 所示。

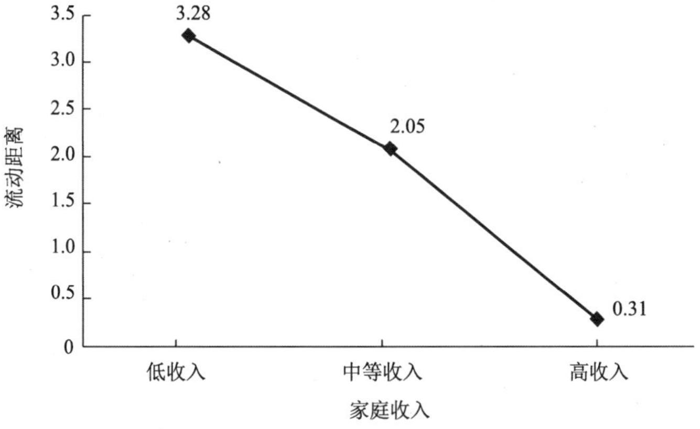

图 6-11　不同家庭经济背景毕业生阶层流动距离的均值图

为检验不同家庭经济背景高校毕业生的阶层流动距离是否存在显著性差异，研究者对不同家庭经济背景毕业生的阶层流动距离进行单因素方差分析。根据方差同质性检验结果，就各家庭经济背景高校毕业生的阶层流动距离而言，Levene 统计量的 F 值为 15.874（p=0.000 < 0.05），方差差异显著，因此采用 Tamhane's T2

检验法进行事后多重比较分析。

结合各家庭经济背景高校毕业生阶层流动距离的均值和表6-15中的方差分析结果，可以得出：①低收入家庭的高校毕业生阶层流动距离显著大于中等收入与高收入家庭；②中等收入家庭的高校毕业生阶层流动距离显著大于高收入家庭。通过对各家庭经济背景高校毕业生父辈的阶层地位均值考察可以看到，收入与阶层之间是正相关关系，如表6-16所示。从这个层面来讲，低收入家庭子女流动的空间较大，流动的意愿较强，与其父辈的阶层地位较低有显著关系。

表6-15　不同家庭经济背景毕业生阶层流动距离的差异性检验

	平方和	*df*	均方	*F*	事后检验
组间	2 648.590	2	1 324.295	205.171***	1. 低收入 > 中等收入、高收入 2. 中等收入 > 高收入
组内	15 923.474	2 467	6.455		
总数	18 572.065	2 469			

表6-16　不同家庭经济背景毕业生父辈阶层地位的均值

家庭收入	样本数	均值	标准差
低收入	486	2.71	1.873
中等收入	782	3.96	2.434
高收入	310	5.86	2.433

通过上述分析发现，家庭文化背景和家庭经济背景对高校毕业生阶层流动的影响，仍然是通过社会阶层背景来实现的。原因在于“社会阶层”是一个综合的、整体的阶层概念，它是对社会成员所属的经济、文化、职业乃至政治等各种“次阶层”状况组合而成的“总体阶层”状况的统称。[①]也就是说，在学术研究中，文化阶层和经济阶层是社会阶层的“次阶层”，是从社会阶层延伸出来的，因此，家庭文化背景和家庭经济背景与社会阶层背景之间存在着不可分割的密切联系。

① 吴康宁. 教育社会学[M]. 北京：人民教育出版社，2003：122.

第三节　基于后致性特征的高校毕业生阶层流动及分层差异

后致性因素与先赋性因素相对，它指的是个人通过后天努力所获得的因素，如教育水平、文凭证书，这些都是人们通过不断的学习和考试获得的。本书将高校毕业生的学历层次、学校类型和学科专业视作个人的后致性因素，因为通过不同层次和类型的教育，毕业生将获得不同的证书。

一、不同学历层次高校毕业生阶层流动及分层差异

研究者将高校毕业生按学历层次进行划分，对不同学历层次毕业生进入的阶层地位和流动距离进行差异性分析，进而了解各学历层次毕业生的阶层流动情况。

（一）不同学历高校毕业生阶层地位的差异性分析

各学历层次高校毕业生进入的阶层地位有明显的共性。从表 6-17 中可以看出，无论是专科、本科还是研究生，大部分都集中在办事人员阶层和专业技术人员阶层。其中，专科毕业生的这一比例为 69.6%，本科毕业生的这一比例为 84.5%，研究生的这一比例为 95.1%。同时，高校毕业生因学历不同，进入的社会阶层的

表 6-17　不同学历层次毕业生社会阶层分布状况

学历层次		社会阶层							
		农业劳动者	产业工人	商业服务员工	个体工商户	办事人员	专业技术人员	私营企业主	经理人员
专科	频数	2	69	118	14	256	227	8	0
	比例/%	0.3	9.9	17.0	2.0	36.9	32.7	1.2	0
本科	频数	30	65	81	44	746	598	22	6
	比例/%	1.9	4.1	5.1	2.8	46.9	37.6	1.4	0.4
研究生	频数	0	2	4	3	67	149	1	1
	比例/%	0	0.9	1.8	1.3	29.5	65.6	0.4	0.4

比例分布情况也有差别。数据显示，毕业生的学历层次低，进入社会较低阶层的比例相对较大。以产业工人阶层为例，专科毕业生进入该阶层的比例占专科毕业生总数的 9.9%，本科毕业生进入该阶层的比例占本科毕业生总数的 4.1%，研究生进入该阶层的比例仅占研究生总数的 0.9%。随着学历层次的增高，进入相对较高阶层的人数所占比例也在增大。也就是说，学历层次越高，越容易进入较高的社会阶层。如专业技术人员阶层，专科毕业生进入该阶层的比例占专科毕业生总数的 32.7%，本科毕业生进入该阶层的比例占本科毕业生总数的 37.6%，而研究生进入该阶层的比例则占研究生总数的 65.6%。

图 6-12 所呈现的是不同学历层次高校毕业生进入社会阶层的地位均值情况。就高校毕业生阶层地位的均值而言，研究生高于本科生，本科生高于专科生。也就是说，学历层次越高，进入的阶层地位越高，学历层次与阶层地位是正相关关系。可以看出，不同学历层次的高校毕业生进入的阶层地位存在差异，但是否存在显著差异有待下一步考证。

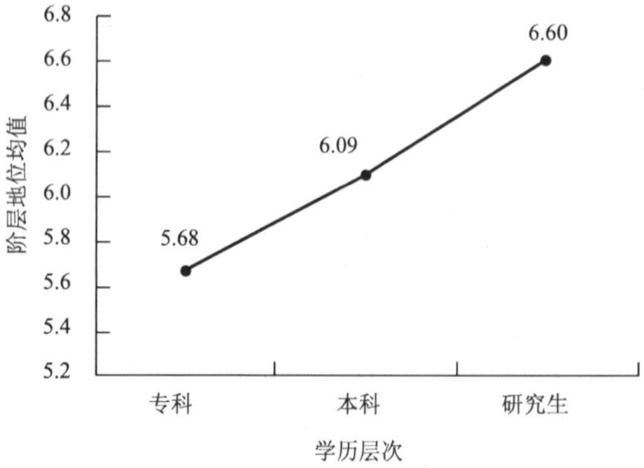

图 6-12　不同学历层次毕业生阶层地位的均值图

为检验不同学历层次高校毕业生的阶层地位是否存在显著性差异，研究者对各学历层次的毕业生进入的阶层地位进行单因素方差分析。根据方差同质性检验结果，就各学历层次的阶层地位而言，Levene 统计量的 F 值为 71.487（p=0.000 < 0.001），方差差异显著，因此采用 Tamhane's T2 检验法进行事后多重比较分析。

结合各学历高校毕业生阶层地位的均值和表 6-18 中的方差分析结果，可得出：①研究生进入的阶层地位显著高于本科毕业生和专科毕业生；②本科毕业生的阶层地位显著高于专科毕业生；③这三个学历层次间的高校毕业生所处阶层地位存在着显著性差异。

表 6-18 不同学历层次毕业生社会阶层分布的差异性检验

	平方和	*df*	均方	*F*	事后检验
组间	164.673	2	82.337	57.341***	1. 研究生 > 本科 > 专科 2. 本科 > 专科
组内	3 604.166	2 510	1.436		
总数	3 768.840	2 512			

（二）不同学历层次高校毕业生流动距离的差异性分析

图 6-13 是不同学历层次高校毕业生阶层流动距离的比例分布图。其中，各学历毕业生向上流动的比例大致相当，分别是专科毕业生 71.3%，本科毕业生 72.4%，研究生 71.3%。可以看出，向上流动的总体比例与学历层次并没有递增关系。从向上流动的整体比例，并没有得出学历层次越高向上流动的可能性越大的结论。但是，从图 6-13 中可以看到，长距离流动与学历层次有明显的正相关关系。同样是向上流动 5 个社会阶层，专科生中有 19%，本科生有 20.5%，研究生则有 25.9%。也就是说，学历层次的升高有助于实现长距离的向上流动。

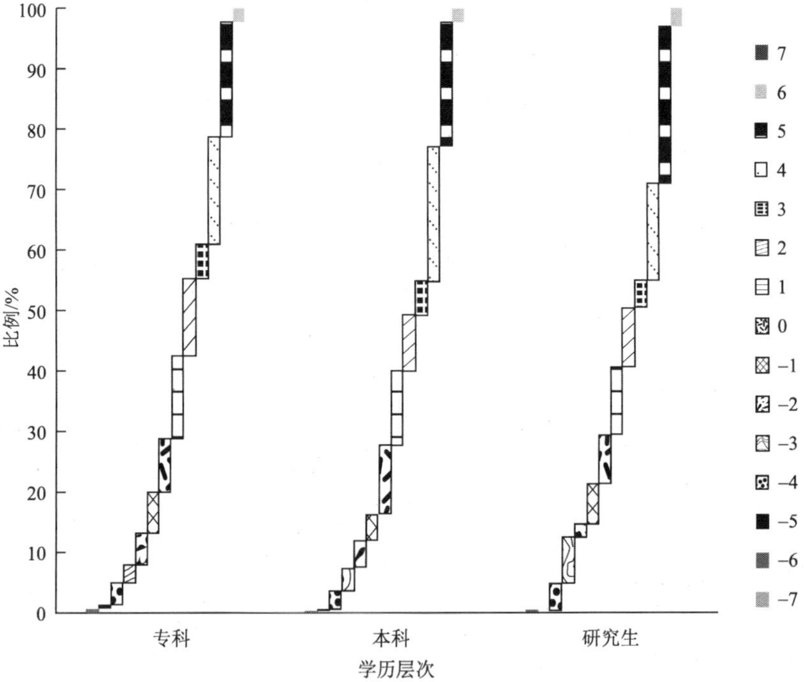

图 6-13 不同学历层次毕业生阶层流动距离的比例分布

表 6-19 是不同学历层次高校毕业生阶层流动距离的均值。流动距离并没有与学历呈正相关，本科生的流动距离最大，向上流动 2.14 个阶层，这个数值大于研究生的流动距离，而研究生又大于专科生的流动距离。可以看出，不同学历层次的高校毕业生的流动距离存在差异，但是否存在显著差异有待下一步考证。

表 6-19　不同学历层次毕业生阶层流动距离的均值

学历层次	样本数	均值	标准差
专科	690	1.87	2.766
本科	1579	2.14	2.690
研究生	224	2.02	2.956

为检验不同学历层次高校毕业生的阶层流动距离是否存在显著性差异，研究者对各学历层次的高校毕业生的阶层流动距离进行单因素方差分析。根据方差同质性检验结果，就各学历层次高校毕业生的阶层流动距离而言，Levene 统计量的 F 值为 2.407（p=0.09 > 0.05），方差差异未达到显著水平，因此采用 LSD 检验法进行事后多重比较分析。

表 6-20　不同学历层次毕业生阶层流动距离的差异性检验

	平方和	df	均方	F	事后检验
组间	33.620	2	16.810		
组内	18 641.390	2490	7.487	2.235 n.s.	1. 本科 > 专科
总数	18675.011	2492			

结合各学历毕业生阶层流动距离的均值和表 6-20 中的方差分析结果，可得出：①研究生与本科毕业生之间的阶层流动距离不存在显著性差异；②研究生与专科毕业生之间的阶层流动距离不存在显著性差异；③本科毕业生的阶层流动距离显著高于专科毕业生。

二、不同学校类型高校毕业生阶层流动及分层差异

研究者将高校毕业生按学校类型进行划分，对不同学校类型毕业生进入的阶层地位和流动距离进行差异性分析，进而了解不同学校类型高校毕业生阶层流动及阶层地位的差异。

（一）不同学校类型高校毕业生阶层地位的差异性分析

各学校类型的高校毕业生进入的阶层地位存在明显共性。从图 6-14 中可以看出，无论是何种类型高校的学生，很大比例都集中于办事人员阶层和专业技术人员阶层。民办高职高专院校毕业生进入这两个阶层的比例最少，为 62.6%，985 高校毕业生比例最大，为 95.0%，其他学校类型的高校毕业生均在 80%左右。

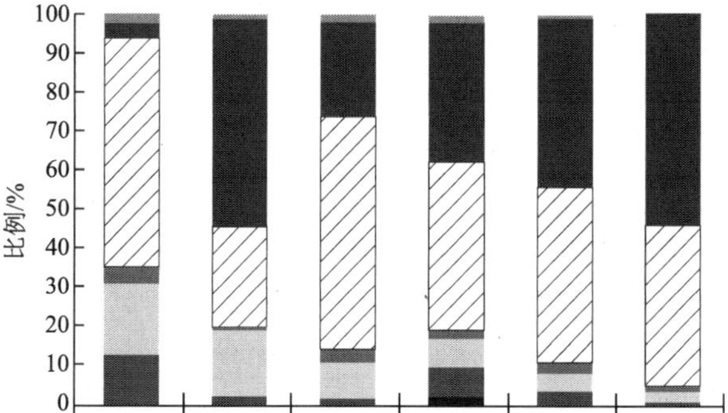

	民办高职高专	公办高职高专	普通民办本科	普通公办本科	211 高校	985 高校
■经理人员	0.0%	0.0%	0.6%	0.3%	0.5%	0.0%
■私营企业主	2.0%	1.2%	1.1%	1.7%	0.6%	0.0%
■专业技术人员	4.0%	53.2%	24.3%	35.7%	43.0%	54.2%
▨办事人员	58.6%	25.4%	53.9%	42.8%	44.6%	40.8%
■个体工商户	4.0%	0.9%	3.4%	2.5%	2.7%	1.7%
■商业服务员工	18.2%	17.1%	9.0%	7.0%	4.3%	2.5%
■产业工人	13.1%	2.3%	2.3%	7.5%	3.8%	0.8%
■农业劳动者	0.0%	0.0%	0.0%	2.5%	0.5%	0.0%

图 6-14 不同类型高校毕业生阶层地位的分布比例图

从学校性质看，民办院校毕业生进入专业技术阶层的比例较小，进入办事人员阶层的比例最大。民办高职高专院校尤为明显，有 58.6%的毕业生进入办事人员阶层，仅有 4.0%的毕业生进入专业技术人员阶层。公办院校毕业生进入办事人员和专业技术人员阶层的比例基本相当，其中，公办高职高专院校毕业生进入专业技术人员阶层的比例约是进入办事人员阶层的两倍，达到 53.2%。也就是说，相对于民办院校而言，公办院校的毕业生更容易进入较高的社会阶层。

从学校层次看，在相对较高的专业技术人员阶层中，985 高校的毕业生进入该阶层的比例最大，为 54.2%，公办高职高专院校次之，为 53.2%，然后是 211

高校，为 43.0%，普通公办本科院校 35.7%，普通民办本科院校 24.3%。可以看到，除公办高职高专院校外，学校层次越高，进入较高阶层地位的比例越大。

表 6-21 所呈现的是不同学校类型毕业生进入社会阶层的地位均值情况。就阶层地位的均值而言，各学校类型的高校毕业生均处于社会的中上阶层。其中，民办高职高专院校毕业生进入的阶层地位较低，均值为 5.28，985 高校的毕业生阶层地位较高，均值为 6.45。但学校类型与阶层地位之间并不存在明显的正相关关系。从数据来看，虽然不同学校类型高校毕业生进入的阶层地位存在差异，但是否存在显著差异有待下一步考证。

表 6-21 不同类型高校毕业生社会阶层的均值

学校类型	样本数	均值	标准差
民办高职高专	99	5.28	1.254
公办高职高专	346	6.14	1.209
普通民办本科	177	6.00	0.971
普通公办本科	1143	5.91	1.352
211 高校	628	6.21	1.037
985 高校	120	6.45	0.732

为检验不同学校类型高校毕业生的阶层地位是否存在显著性差异，研究者对各学校类型的高校毕业生进入的阶层地位进行单因素方差分析。根据方差同质性检验结果，就各学校类型的阶层地位而言，Levene 统计量的 F 值为 2.691（$p=0.020<0.05$），方差差异显著，因此采用 Tamhane's T2 检验法进行事后多重比较分析。

结合不同学校类型高校毕业生阶层地位的均值和表 6-22 中的方差分析结果，可得出：①985 高校毕业生进入的阶层地位显著高于其他院校；②211 高校毕业生进入的阶层地位显著高于普通公办本科院校和民办高职高专院校；③公办高职高专院校毕业生的阶层地位显著高于普通公办本科院校和民办高职高专院校；④普通民办本科院校毕业生的阶层地位显著高于民办高职高专院校；⑤普通公办本科院校毕业生的阶层地位显著高于民办高职高专院校；⑥211 高校、普通民办本科院校与公办高职高专院校的毕业生进入的阶层地位之间不存在显著性差异；⑦普通公办本科院校与普通民办本科院校的毕业生进入的阶层地位之间不存在显著性差异。

表 6-22　不同类型高校毕业生社会阶层分布的差异性检验

	平方和	*df*	均方	*F*	事后检验
组间	118.393	5	23.679	16.262***	1. 985 高校 > 211 高校、公办高职高专、普通民办本科、普通公办本科、民办高职高专 2. 211 高校 > 普通公办本科、民办高职高专
组内	3 650.446	2 507	1.456		3. 公办高职高专 > 普通公办本科、民办高职高专
总数	3 768.840	2 512			4. 普通民办本科 > 民办高职高专 5. 普通公办本科 > 民办高职高专

（二）不同学校类型高校毕业生流动距离的差异性分析

图 6-15 是不同类型高校毕业生阶层流动距离的分布图。数据显示，各类型高校毕业生向上流动的比例均在 60%以上，普通民办本科院校的毕业生向上流动的比例最低，为 59.4%，211 高校的毕业生向上流动的比例最高，达 75.9%。具体来看，民办高职高专院校的毕业生中，向上流动 1 个社会阶层的比例最大，占 28.3%；公办高职高专院校的毕业生中，向上流动 5 个社会阶层的人数所占比例最大，为 28.8%；普通民办本科院校的毕业生中，向上流动 4 个社会阶层的比例占 16.6%；普通公办本科院校的毕业生中，向上流动 4 个社会阶层的比例占 21.3%；211 高校向上流动 4 个阶层和向上流动 5 个社会阶层的比例分别是 25.1%和 24.8%，约占一半人数；985 高校的毕业生中，向上流动 5 个社会阶层的比例最大，占 20.3%。从流动距离来看，公办院校的毕业生实现长距离流动的比例较大。与公办院校相比，民办院校的毕业生流动距离明显较短。

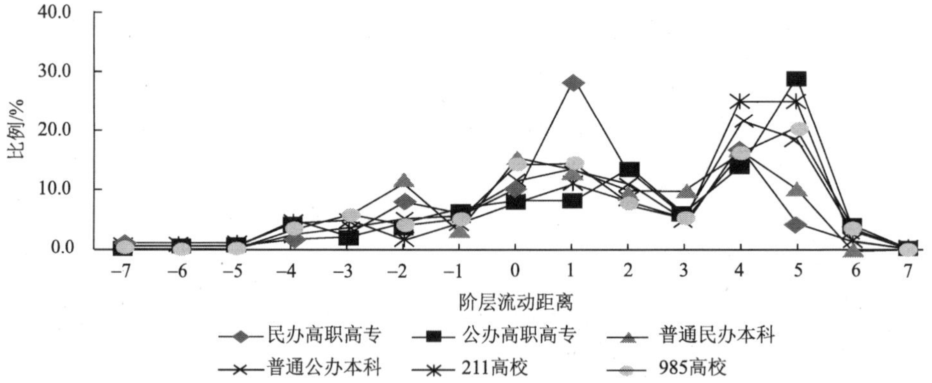

图 6-15　不同类型高校毕业生阶层流动距离的分布图

表 6-23 呈现的是不同学校类型高校毕业生之间阶层流动距离的均值情况。就

流动距离而言，其与学校类型之间并没有存在正相关关系。211 高校的毕业生阶层流动距离最大，均值为 2.34，意味着向上流动 2.34 个社会阶层。民办高职高专院校的毕业生阶层流动距离最小，均值为 1.10，意味着仅向上流动 1.10 个社会阶层。从表中的数据来看，不同学校类型毕业生之间的流动距离存在差异，但是否存在显著差异有待下一步考证。

表 6-23　不同类型高校毕业生阶层流动距离的均值

学校类型	样本数	均值	标准差
民办高职高专	99	1.10	2.497
公办高职高专	344	2.31	2.846
普通民办本科	175	1.17	2.674
普通公办本科	1132	2.06	2.657
211 高校	625	2.34	2.789
985 高校	118	1.86	2.770

为检验不同学校类型高校毕业生的阶层流动距离是否存在显著性差异，研究者对各学校类型的毕业生的阶层流动距离进行单因素方差分析。根据方差同质性检验结果，就各学校类型的阶层流动距离而言，Levene 统计量的 F 值为 2.691（p=0.020 < 0.05），方差差异在 0.05 水平达到显著，因此采用 Tamhane's T2 检验法进行事后多重比较分析。

结合各学校类型毕业生阶层流动距离的均值和表 6-24 中的方差分析结果，可得出：①211 高校毕业生的阶层流动距离显著大于普通民办本科院校与民办高职高专院校；②普通公办本科院校的阶层流动距离显著大于普通民办本科院校与民办高职高专院校；③公办高职高专院校的毕业生阶层流动距离显著大于普通民办本科院校与民办高职高专院校；④211 高校、普通公办本科院校、公办高职高专院校的阶层流动距离较大，但它们之间不存在显著性差异；⑤985 高校与其他任何高校之间不存在显著性差异。

表 6-24　不同类型高校毕业生阶层流动距离的差异性检验

	平方和	*df*	均方	*F*	事后检验
组间	305.195	5	61.039		1. 211 高校 > 普通民办本科、民办高职高专
组内	18 369.815	2487	7.386	8.264***	2. 普通公办本科 > 普通民办本科、民办高职高专
总数	18 675.011	2492			3. 公办高职高专 > 普通民办本科、民办高职高专

三、不同学科专业高校毕业生阶层流动及分层差异

研究者将高校毕业生按学科专业进行划分，对不同学科专业毕业生进入的阶层地位和流动距离进行差异性分析，进而了解各学科专业的阶层流动及分层情况。

（一）不同学科专业高校毕业生阶层地位的差异性分析

从图 6-16 中可以看到，各学科的高校毕业生进入的阶层地位，很大比例集中在办事人员阶层和专业技术人员阶层。其中，人文类为 79.7%，社科类为 80.6%，理学类为 79.3%，工学类为 78.6%，医学类进入这两个阶层的毕业生人数最多，为 98.7%。就专业技术人员阶层而言，医学类进入该阶层的毕业生最多，占全部医学类专业毕业生总数的 90.2%。工学类为 39.1%，理学类为 33.0%，社科类为 31.2%，人文类进入该阶层的毕业生最少，仅为 23.9%。

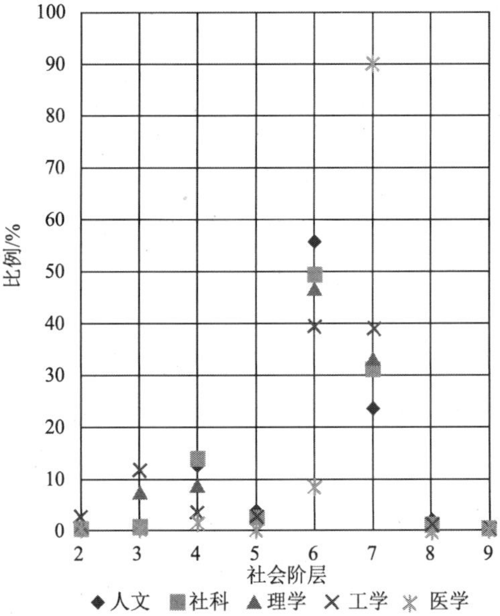

图 6-16　不同学科毕业生阶层地位的比例分布图

注：2～9 依次代表农业劳动者、产业工人、商业服务员工、个体工商户、办事人员、专业技术人员、私营企业主和经理人员

以上数据显示，在阶层地位的分布上，医学类专业占据了较大的优势。换句话说，医学类专业的毕业生更容易进入较高的社会阶层。这与医学专业的职业特点有关，医学类专业的毕业生多是从事医护相关的职业，该职业属于专业技术人

员，所处的社会阶层地位较高。与医学类相比，其他学科专业在各阶层地位的分布比例大致接近，并没有较大的差异。

表 6-25 是各学科专业高校毕业生阶层地位的均值状况。从进入的阶层地位均值看，由高至低依次是医学类、社科类、人文类、理学类和工学类。从表中可看到，人文、社科、理学和工学毕业生的阶层地位均值比较接近，分别是 5.95、6.01、5.92 和 5.88。表中的数据显示，医学类毕业生进入的阶层地位均值最高，为 6.88，正好比最低的工学高出 1 个阶层地位。从阶层地位的均值数据来看，不同学科专业存在差异，但是否存在显著差异有待下一步考证。

表 6-25 不同学科毕业生阶层地位的均值

学科	样本数	均值	标准差
人文	364	5.95	1.064
社科	701	6.01	1.070
理学	285	5.92	1.243
工学	928	5.88	1.424
医学	234	6.88	0.432

为检验不同学科专业高校毕业生的阶层地位是否存在显著性差异，研究者对各学科专业的高校毕业生进入的阶层地位进行单因素方差分析。根据方差同质性检验结果，就各学科专业的阶层地位而言，Levene 统计量的 F 值为 47.172（p=0.000 < 0.001），方差差异达到显著，因此采用 Tamhane's T2 检验法进行事后多重比较分析。

结合各学科专业毕业生阶层地位的均值和表 6-26 中的方差分析结果，可得出：①医学类学科毕业生所处的阶层地位显著高于人文类、社科类、理学类、工学类学科；②人文类、社科类、理学类、工学类学科毕业生所处的阶层地位之间不存在显著性差异。

表 6-26 不同学科毕业生社会阶层分布的差异性检验

	平方和	*df*	均方	*F*	事后检验
组间	194.928	4	48.732		
组内	3 573.911	2 507	1.426	34.184***	1. 医学 > 人文、社科、理学、工学
总数	3 768.839	2 511			

（二）不同学科专业高校毕业生流动距离的差异性分析

从图 6-17 中可以看到，各学科专业中，向上流动的高校毕业生所占的比例较大。医学类学科中有 89.7%的毕业生实现了向上流动，人文类最低，为 62.3%。其他学科毕业生向上流动的比例均在 70%左右。由高至低排列为医学类、工学类、社科类、理学类和人文类。

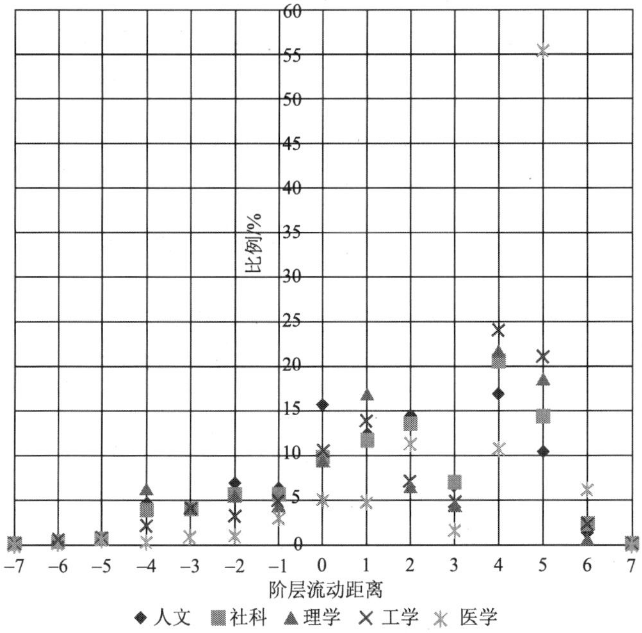

图 6-17　不同学科毕业生阶层流动距离的分布图

就流动距离而言，医学类毕业生流动距离明显大于其他学科。其中，向上流动 5 个社会阶层的医学类毕业生占毕业生总数的 55.2%。工学类为 21.0%，理学类为 18.6%，社科类为 14.4%，人文类仅为 10.5%。由高至低排列为医学类、工学类、理学类、社科类和人文类。

从数据中可以看出，医学类、工学类学科毕业生的阶层流动距离均明显高于理学类、社科类和人文类学科。也就是说，与其他学科相比，医学类、工学类学科的毕业生更容易实现向上的社会流动，且多为长距离流动。

就流动距离的均值来看，医学类毕业生流动距离最大，如表 6-27 所示，医学类毕业生阶层流动距离的均值为 3.78，意味着医学类毕业生平均向上流动了 3.78 个社会阶层；其次是工学类，均值为 2.20，意味着工学类毕业生平均向上流动了

2.20 个社会阶层。然后依次是社科类向上流动了 1.78 个社会阶层；理学类向上流动了 1.69 个社会阶层；人文类向上流动了 1.37 个社会阶层。如此而言，医学类毕业生的阶层流动距离最长，人文类的阶层流动距离最短。从数据中看到，不同学科毕业生的阶层流动距离存在差异，但是否存在显著差异有待下一步考证。

表 6-27　不同学科毕业生阶层流动距离的均值

学科	样本数	均值	标准差
人文	361	1.37	2.609
社科	695	1.78	2.742
理学	285	1.69	2.891
工学	919	2.20	2.697
医学	232	3.78	2.061

为检验不同学科专业高校毕业生的阶层流动距离是否存在显著性差异，研究者对各学科高校毕业生的阶层流动距离进行单因素方差分析。根据方差同质性检验结果，就各学科毕业生的阶层流动距离而言，Levene 统计量的 F 值为 12.005（p=0.000 $<$ 0.001），方差显著，因此采用 Tamhane's T2 检验法进行事后多重比较分析。

结合各学科高校毕业生阶层流动距离的均值和表 6-28 中的方差分析结果，可得出：①医学类毕业生的阶层流动距离显著大于人文类、社科类、理学类和工学类；②工学类毕业生的阶层流动距离显著大于人文类和社科类；③工学类与理学类毕业生的阶层流动距离不存在显著性差异；④理学类、人文类和社科类三个学科的阶层流动距离不存在显著性差异。

表 6-28　不同学科毕业生阶层流动距离的差异性检验

	平方和	*df*	均方	*F*	事后检验
组间	971.884	4	242.971		
组内	17 702.229	2487	7.118	34.135***	1. 医学 > 人文、社科、理学、工学 2. 工学 > 人文、社科
总数	18 674.114	2491			

第七章 高校毕业生就业流动的社会分层机理探析

在现代社会中，教育是社会流动的动力机制，那些获得了良好的教育的人往往成为走在最前面的人。在高等教育大众化的背景下，越来越多的人获得了良好的教育，与此同时，哪些人又能从中脱颖而出，走在更前面？他们能够脱颖而出是通过什么途径实现的？带着这一系列问题，本书对我国应届高校毕业生就业流动的社会分层机理展开研究与分析。机理是指为实现某一特定功能，一定的系统结构中各要素的内在工作方式以及诸要素在一定环境条件下相互联系、相互作用的运行规则和原理。那么，本书所探讨的社会分层机理即是为实现社会分层功能，社会分层结构中，诸如教育因素、制度因素、家庭因素等各要素的内在工作方式，各要素的相互关系、相互作用的运行规则和原理。换句话说，这部分需要弄清楚的问题是各要素之间的关系是什么，各要素对形成社会分层的影响有多大，各要素是如何发挥作用的。

第一节　社会分层系统内部诸要素间的关系机理

一、社会分层系统内的各要素

通过对高校毕业生就业流动及分层的多学科探讨发现，应届高校毕业生离开高校进入就业市场之后，按照接受的教育层次和类型，他们被分流到不同的职业位置。

从教育学角度来看，我国高校应届毕业生所受的教育层次和类型在此分流过程中发挥着直接的影响与作用。学历层次、学校类型和学科专业的差异，促使高校毕业生被分流到不同的行业、单位、区域或城市。需要说明的是，对高校毕业生在行业、区域间的分流形式，应进行多维度的分析，在单一维度内的考察不足以体现毕业生职业的整体地位。举例来说，尽管是在同一行业内，他们从事的职业也可能千差万别。因此高校毕业生就业流动的行业、区域分布只能提供一个观测的角度，以借此考察高等教育对于高校毕业生初次分流的影响与作用。

从经济学角度来看，高校毕业生通过接受高等教育将流入不同的劳动力市场。第一劳动力市场或是第二劳动力市场是经济学对于分层的划分标准，它是对我国现存劳动力市场状况的客观分类。第一劳动力市场是指大公司和政府部门所提供的工作，具有较高的工资、良好的工作环境和职业培训机会，而且职业有保障，享有较高的社会地位、平等权利以及晋升机会。而第二劳动力市场则主要是由小企业、小公司提供的工作岗位，往往工资报酬较低、没有职业保障、流动性大、工作环境差、规章制度严厉，很少有进一步发展的机会，属于社会地位较低的层次。该理论认为，能决定毕业生进入哪一个劳动力市场的关键不是教育因素，而是非教育因素，如家庭居住地等制度性因素。

从社会学角度来看，高校毕业生通过接受高等教育，进入不同的社会阶层中。一方面，教育为个体获得好职位提供必需的流动资质，所受的教育层次、类型，决定了其职业地位所处的阶层位置。高等教育对受教育者按照不同层次、类型、专业等进行分流培养，使学生具备了选择职业、进行较高层次社会流动的初步资格，为进一步完成向上的社会流动奠定了基础。[①]但是，另一方面，高校毕业生获得的职业不完全表现为受教育因素的影响，还表现为家庭因素对个人社会地位的影响。

从前面的论述可以看到，对于社会分层的形成，各学科领域的观点各有侧重：教育学领域认为是教育因素的作用，经济学领域认为是制度因素的制约，社会学领域则认为是家庭因素的影响。因此，想要考察高校毕业生社会分层的形成机理，需要将这三方面的因素作为社会分层的三要素纳入整个社会分层结构的系统内进行考察。

① 陈新忠. 高等教育分流对社会分层流动的影响研究[D]. 武汉：华中师范大学，2010：55-58.

二、各要素之间的相互关系

通过上述分析可以看到，从学科角度而言，影响不同学科应届高校毕业生流动及分层的因素不同。那么，具体而言，究竟是什么因素将毕业生分流到不同的位置上去？也就是说，教育因素、制度因素、家庭因素对高校毕业生职业位置获得起到了怎样的影响和作用？之所以选择职业作为测量指标，主要是因为在高校毕业生的就业流动中，无论是对行业流动的选择，还是对区域流动的选择，最终目标都指向职业，因为职业是测定高校毕业生个体就业质量、成功与否的关键性指标之一，它代表着收入的多少（不同的职业有不同的收入）、社会声望的高低（个体的职业声望决定着个体的社会声望）以及社会权利的多少（不同的职业层次所履行的责、权、利不同，因此具有不同的社会权利）。[①]因此，社会分层研究最重要的是对职业地位的考察。对于职业地位获得的研究，仍然是基于传统个人职业地位获得模型进行分析。

在开始分析之前，需要理清楚这三类要素存在的关系。在社会阶层结构内，教育因素、制度因素与家庭因素在影响个人职业地位与社会分层形成的同时，各要素之间建立起相互间的关联，如图 7-1 所示。

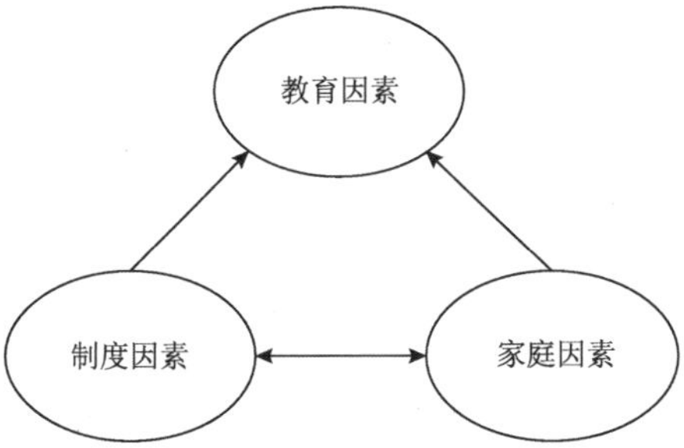

图 7-1　社会分层结构中各要素的关系图

首先，家庭因素对教育因素产生影响，主要表现为家庭因素对教育机会的影响，从而决定孩子接受教育的层次、类型。其次，制度因素制约着教育因素，制度性的分割影响个人受教育程度。举例来说，就教育资源而言，来自城市的高校毕业生一般优于农村的高校毕业生，而这种优越程度显然是制度性分割或者说制

① 武毅英，刘莹. 多学科视域下的高校毕业生就业流动与社会分层之关系[J]. 现代大学教育，2013，(2)：76-82.

度因素造成的。制度因素与家庭因素的关系不单单是互相影响，在要素内部还具有一些互相转换的指标。如家庭居住地是家庭因素的一种，但它是否发挥作用受制度因素的操控。因此，这一代表户籍身份的变量被纳入制度因素之中进行考察。

第二节 各要素对高校毕业生职业地位获得的影响机理

一、主要问题及研究假设

对我国应届高校毕业生职业地位影响因素的考察，也即是对毕业生为什么处于该职业位置，或者说获得这个职业地位的原因的考察。通过这部分的分析，本书着重回答以下两个问题：其一，判断在高校毕业生分层过程中，教育因素、制度因素和家庭因素对个人职业地位获得的作用大小；其二，考察各要素中具体指标对高校毕业生职业地位的贡献率大小。上述问题，同样也是社会学中研究社会流动的学者们极为关注的两个问题。

基于上述研究问题，本书提出以下研究假设：

研究假设 1：教育因素、制度因素、家庭因素对毕业生职业地位获得分别产生影响。

研究假设 2：教育因素对毕业生职业地位获得的影响程度更大。

研究假设 3：因素之间存在相互作用，将会发生影响程度的抵消。

二、高校毕业生地位获得的研究策略与变量介绍

对职业地位影响因素的分析，仍然借用的是蕴含于传统地位获得模型中的思想。以布劳-邓肯的地位获得模型为分析基础，将职业地位作为社会地位的考察指标进行分析探讨。布劳、邓肯在分析美国结构时指出，影响人们职业地位的重要因素可以分为先赋性因素和后致性因素，在构建模型时，他们主要采取个人受教育水平代表后致性因素、选取父亲职业和父亲受教育程度来代表先赋性因素。

（一）研究策略

本书将职业地位作为测量毕业生社会地位的指标，主要基于以下两点考虑：从理论上而言，职业地位能有效地反映个人社会地位的差异。布劳将社会结构定义为一个社会的人口在多维空间中的社会地位上的分布。而职业正是这种多维空间中的重要一维，尤其在现代的工业社会中，职业已经成为人们获取资源、赢得社会声誉的一个重要途径。在某种程度上，职业地位的高低序列反映了社会地位的等级差异，并从某些侧面同时反映了人们的观念和价值取向。从操作上来说，职业地位是一种相对稳定的测量指标。与职业声望相比，职业地位具有相对性，在不同的社会发展阶段，人们对同一职业的主观评价往往有很大的差异。而职业所处的阶层地位不会出现剧烈的浮动。

在采用职业地位获得模型来分析毕业生就业流动机理时，本书把毕业生的职业地位作为因变量，将先赋性因素（家庭因素）和后致性因素（教育因素）作为自变量的同时，引入制度分割性因素（制度因素）。原因在于，在我国，制度因素同样是影响人们地位流动的重要因素之一。[①]据此模型展开研究，探讨教育因素、制度因素和家庭因素对个人职业地位的作用。这一分析策略如图 7-2 的模型所示。

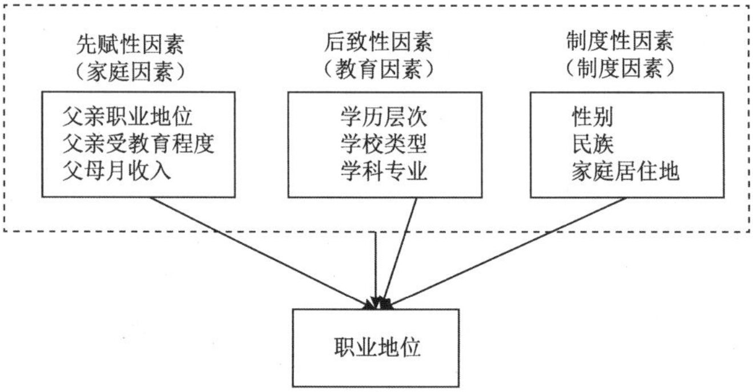

图 7-2 高校毕业生职业地位获得模型

从图 7-2 中可以看到，对高校毕业生的职业地位而言，各因素在分别产生影响的同时，又共同发挥着作用。因此，本书首先将分析各因素对毕业生职业地位的单独影响，接下来分析各因素对高校毕业生职业地位获得的共同影响，进而对

① 陆学艺. 当代中国社会流动[M]. 北京：社会科学文献出版社，2004：186.

高校毕业生职业地位获得进行解释分析。在具体分析中，为了考察职业地位的代际流动影响，除了选择传统的地位获得模型中的主要变量外，还引入了父母月收入这一变量。在制度性因素中，我国学者陆学艺将户口类型和城市化水平作为制度性因素进行考量。笔者认为可以将这两个因素融合为“家庭居住地”一个变量进行考察。后致性因素所代表的教育因素是本书分析和解释的重点。考虑到高校毕业生群体的特殊性，本书认为仅把个人受教育程度作为唯一变量，不足以区分毕业生之间的差异。故而，将此变量细化为多个反映个人教育程度差异的因素，作为解释变量纳入模型进行分析。为了解释教育因素与职业地位的相互关系，在构造模型时选用的是指示变量和有序变量。

具体指标如图 7-2 的模型所示，影响毕业生职业地位的因素分为三类，分别是先赋性因素所代表的家庭因素、后致性因素所代表的教育因素和制度性因素。其中，先赋性因素 3 个，分别是父亲职业地位、父亲受教育程度、父母月收入；制度性因素 3 个，分别是家庭居住地、性别及民族；后致性因素 3 个，包括学历层次、学校类型、学科专业。

（二）变量介绍

1. 因变量——职业地位

最早被用来对职业进行等级划分的指标，是美国学者布劳和邓肯采用的社会经济指数。该指数由各种职业的社会声望、受教育程度与收入之间的回归方程来确定。在我国，很难了解各种职业的受教育程度构成与收入构成。部分学者历次调查所得到的社会声望值，又与人们的收入、支配性权力的占有和受教育程度的高低之间存在一定差异。有研究表明，对职业声望评价起着决定性作用的主要还是与职业本身有关的因素，而与评价者有关的因素则对职业声望评价的影响并不大[①]。由此可见，职业声望指标虽然是一种主观性的评价，但是能排除主观上其他不必要因素的干扰，并能反映职业地位在不同时期的变化。因此，以职业声望来代替社会经济指数的做法不为所有学者所赞同。

本书的职业地位采用的是陆学艺的分类指标，它是参考了英国社会学家戈德索普的职业分类框架设定的职业阶层序列。根据十个阶层的划分指标，参考其他

① 高顺文. 我国职业声望研究二十年述评[J]. 华中科技大学学报（社会科学版），2005，（4）：40-45.

社会学学者的分类标准，本章将职业地位等级划分为五个由低至高的序列[①]，分别是：①农业劳动者阶层和城乡无业、失业、半失业者阶层；②产业工人阶层和商业服务员工阶层；③办事人员阶层；④专业技术人员阶层；⑤国家与社会管理者阶层、经理人员阶层和私营企业主阶层。分别对应五个社会序列等级：社会底层、中下层、中层、中上层和上层。

2. 自变量

1）父亲职业地位。这是一个极为重要的先赋性因素，对毕业生的地位获得而言，是一种社会资本。即父亲可以利用自己的职业在社会上的影响力或社会关系，来为后代谋求社会地位。在西方的社会流动中是如此，在中国社会更是如此。在本书中，这一变量的具体测量指标为毕业生 14 岁时父亲的职业地位。考虑到与毕业生职业地位的一致性，因此，父亲职业地位与毕业生职业地位的变量赋值相同。在之后的回归分析中，这五个职业地位变量也将以对应的社会序列等级表示，分别代之以社会底层、中下层、中层、中上层和上层进行分析。

2）父亲受教育程度。受教育程度是一个“文凭”单位，文凭是一个固定尺度，可以用来标定人力资本的高低，以受教育程度作为序列变量处理时，给予的具体赋值是：①高中及以下；②大学；③研究生。

3）父母月收入。毫无疑问这是一个先赋性因素，父母月收入代表了家庭的经济地位。本书将父母月收入在“2000 元以内”的定义为“低收入”，赋值为“1”；将父母月收入在“2001～6000 元”的定义为“中等收入”，赋值为“2”；父母月收入“6000 元以上”的定义为“高收入”，赋值为“3”。

4）家庭居住地。毕业生来自农村或者城市，一定程度上代表了个人的家庭出身，是制度赋予每个毕业生的身份特征。本书将毕业生 14 岁居住地的城市化程度作为衡量毕业生城乡户籍的具体指标。参照其他相关研究，分别赋值为：①农村；②乡镇；③城市。

5）性别。性别因素是建构职业地位获得模型一个不可或缺的重要变量。它是一个虚拟变量，男生赋值为“1”，女生赋值为“2”。

6）民族。民族同样是一个虚拟变量，汉族被赋值为“1”，除汉族外的少数

① 职业地位仍然是以中国社会十大阶层为核心的等级序列，但是在计量分析中，由于部分阶层的数量较少，难以满足分析的需要，因此把部分阶层归为一个阶层。个体工商户严格来说并不是一个职业类别，他们从事的职业活动大多数集中在商业服务业领域，因此归入商业服务员工阶层。这样，十个阶层合并为五个阶层。

民族被赋值为“2”。

7）学历层次。学历层次与受教育程度的概念类似，与受教育年限不同，它是以文凭来衡量人力资本的度量标准。具体而言，专科生赋值为“1”；本科生赋值为“2”；研究生赋值为“3”。其中，研究生包括硕士研究生和博士研究生。

8）学校类型。本书将学校类型作为职业地位的后致性因素，按学校性质、层次划分为四种类型，分别赋值：①民办院校；②公办高职高专院校；③普通公办本科院校；④985/211 大学。其中，民办院校的毕业生包括本科和专科两个学历。

9）学科专业。这是一个定类变量，分别赋值为：①人文类；②社科类；③理学类；④工学类；⑤医学类。

为了更加清晰地展示变量指标，研究将以上具体变量进行汇总，具体如表 7-1 所示。

表 7-1　变量说明一览表

要素		具体变量	说明
因变量		个人职业地位	社会底层（对照组）；中下层；中层；中上层；上层
自变量	先赋性因素（家庭因素）	父亲职业地位	社会底层（对照组）；中下层；中层；中上层；上层
		父亲受教育程度	高中及以下（对照组）；大学；研究生
		父母月收入	2000 元以下（对照组）；2001～6000 元；6000 元以上
	制度性因素（制度因素）	性别	女性（对照组）和男性
		民族	汉族（对照组）和少数民族
		家庭居住地	农村（对照组）；乡镇；城市
	后致性因素（教育因素）	学历层次	专科生（对照组）；本科生；研究生
		学校类型	民办院校（对照组）；公办高职高专院校；普通公办本科院校；985/211 大学
		学科专业	人文（对照组）；社科；理学；工学；医学

三、影响高校毕业生职业地位获得的因素分析

职业地位获得是指人们通过何种方式或者何种途径取得了目前的职业、收入及其阶层位置。换句话说，职业地位获得的影响因素分析是分析哪些社会结构因素和个人品格特征因素影响了人们的地位获得，并进一步解释为什么有些人获得

了高收入、进入社会上层，而另一些人收入较低、流入社会底层，通过对地位获得的研究来找出为什么有些人能成为社会精英，而有些人则成为弱势群体。从而总结出当前社会的人才选拔过程和选拔规则，即通过哪些程序和关卡，什么样的高校毕业生被送上了较高阶层，是什么因素影响了高校毕业生的地位获得和阶层流动。

个人地位获得研究所关注的核心问题是，影响因素的属性是社会个体自己后天获得的资源、是他先天继承的资源，抑或是社会制度结构。社会学上把第一种因素称为后致性因素，把第二种因素称为先赋性因素，把第三种因素称为制度性因素。地位获得经常采用的分析方法，是在多元回归分析基础上建立地位获得模型。这种模型把个体在社会流动过程中所获得的地位作为后果，即回归方程的因变量，把各类可能影响地位获得的因素作为多个原因，即回归方程的自变量，量化到模型之中，然后根据各类因素在方程中系数数值的大小，来判断其影响力的大小。

本章的研究主要采用多元回归方法进行分析，多元回归的目的是要了解多个自变量对某个因变量的共同影响力大小，进而求出影响力较大的自变量。也就是说，它可以在其他变量保持不变的情况下，评价某一变量的变化对因变量的单独影响，这在很大程度上避免了在社会学研究中容易出现的虚假因果现象。[①]因变量“职业地位”为等级变量，但考虑到变量特征，在回归分析中研究将“职业地位”视为连续变量进行操作。因此，对高校毕业生职业地位获得影响因素的考察，研究采用传统的一般线性回归。

表 7-2 是个人职业地位获得的计量回归分析结果。表中的模型 1 是先赋性因素，或者说家庭因素对毕业生职业地位获得的影响；模型 2 是制度性因素对毕业生职业地位获得的影响；模型 3 是后致性因素，或者说教育因素对毕业生职业地位获得的影响；模型 4 是各因素对毕业生职业地位获得的共同影响。

（一）家庭因素对高校毕业生职业地位获得的影响

表 7-2 中的模型 1 分析了先赋性因素，或者说家庭因素对毕业生职业地位获得的影响。从计量统计结果看，在仅考察家庭因素的影响时，在因素中的 3 个变量中，仅有父亲职业地位这个变量通过了显著性检验，而父亲受教育程度、父母月收入这两个变量未通过显著性检验。

---

① 李黎明，张顺国. 影响高校大学生职业选择的因素分析[J]. 社会，2008，(2)：162-180.

表 7-2　高校毕业生职业地位获得的计量回归分析结果

要素		模型 1		模型 2		模型 3		模型 4	
		β	t	β	t	β	t	β	t
父亲职业地位（对照组=底层）	上层	0.140	2.506*	—	—	—	—	0.187	3.483**
	中上层	0.124	1.611	—	—	—	—	0.096	1.337
	中层	−0.053	−0.900	—	—	—	—	0.015	0.265
	中下层	−0.005	−0.131	—	—	—	—	0.033	0.811
父亲受教育程度（对照组=高中及以下）	研究生	0.110	0.822	—	—	—	—	0.132	1.041
	大学	−0.083	−1.597	—	—	—	—	−0.045	−0.919
父母月收入（对照组=低收入）	高收入	−0.054	−1.051	—	—	—	—	0.021	0.420
	中等收入	−0.015	−0.382	—	—	—	—	0.003	0.095
家庭居住地（对照组=农村）	城市	—	—	−0.071	−2.070*	—	—	−0.061	−1.574
	乡镇	—	—	−0.054	−1.206	—	—	−0.021	−0.475
性别（对照组=女性）	男性	—	—	−0.224	−7.260***	—	—	−0.156	−4.839***
民族（对照组=少数民族）	汉族	—	—	0.018	0.349	—	—	0.054	1.076
学历层次（对照组=专科）	研究生	—	—	—	—	0.812	11.297***	0.745	10.040***
	本科	—	—	—	—	0.426	9.375***	0.386	8.282***
学校类型（对照组=民办院校）	985/211 大学	—	—	—	—	0.139	2.351*	0.157	2.581*
	普通公办本科院校	—	—	—	—	0.091	1.790	0.075	1.461
	公办高职高专院校	—	—	—	—	0.327	4.753***	0.255	3.638***
学科专业（对照组=人文）	医学	—	—	—	—	0.857	13.117***	0.859	12.826***
	工学	—	—	—	—	0.048	1.040	0.123	2.566*
	理学	—	—	—	—	0.052	0.897	0.106	1.785
	社科	—	—	—	—	0.134	2.799**	0.146	3.035**
F		1.920		14.400***		49.848***		23.022***	
R^2		0.006		0.023		0.152		0.167	

注：—表示在该模型分析中没有包括该行所对应的变量。

“14 岁时父亲的职业地位”对高校毕业生职业地位获得有一定程度的影响。在控制其他变量的情况下，父亲的职业地位处于上层的毕业生，其职业地位明显高于父亲职业地位处于底层的毕业生。这说明只有在父亲的职业地位处于较上层的时候，这一变量才会对高校毕业生的职业地位产生影响。而父亲职业地位处于社会中上层以下的，则对毕业生职业地位的获得不存在影响。这一结果比较易于理解，父亲的职业地位是家庭社会关系的一种体现，处于较上层职业地位将会拥有更多的社会关系，或者说社会资本，尤其是上层职业地位的父辈，其职业所处的社会地位所积累的社会关系和可操作的社会资本，在其子女就业时发挥了很大的作用，显示了父辈职业地位的优越性。如进入私营企业主阶层的毕业生，其中有 77.4%来自私营企业主阶层的家庭，经理人员阶层中，这个比例也占到近一半。也就是说，父辈的职业地位，只有在处于较高层次的时候，才能对子女的职业地位产生正向影响。

（二）制度因素对高校毕业生职业地位获得的影响

表 7-2 中的模型 2 分析了制度性因素对毕业生职业地位获得的影响。从计量统计结果看，在仅考察制度因素的影响时，性别、家庭居住地两个变量通过了显著性检验，而民族变量未通过显著性检验。

1. 性别

性别对个人的职业地位获得有显著性影响。在控制其他变量的条件下，男性进入的职业地位显著低于女性。通过均值计算，男性职业地位的均值为 3.11，低于女性的 3.33。这说明女性比男性更容易进入较高的职业地位。

这与其他有关性别与就业的研究得出的结论相反，在以往关于就业的研究中，男性一直比女性具有各方面的优势，包括就业结果、工作起薪等等。在职业地位获得上，女性比男性具有优势的原因，可能在于性别差异导致的从事的工作性质不同。如表 7-3 中所示，在职业地位较低的产业工人阶层，从事相关职业的男性占所有男性样本的 9.8%，而女性这一比例仅有 1.7%。数据显示，进入产业工人阶层的毕业生中，男性占 83.1%，女性仅为 16.9%。这与常识比较吻合，一方面，这类职业对女性的需求不多，另一方面，女性毕业生也大多不愿意从事此类工作。

表 7-3　不同性别高校毕业生的就业阶层分布情况　　单位：%

性别		阶层						
		农业劳动者	产业工人	个体工商户	办事人员	专业技术人员	私营企业主	经理人员
男性	性别中的比例	1.6	9.8	7.5	3.3	44.6	31.4	1.6
	阶层中的比例	56.3	83.1	42.9	62.3	48.3	37.3	61.3
女性	性别中的比例	1.0	1.7	8.6	1.7	40.8	45.0	0.9
	阶层中的比例	43.8	16.9	57.1	37.7	51.7	62.7	38.7

为了验证数据是否与以往研究存在较大的差异，本书对其他就业指标进行了分析，得出了与以往研究较为一致的结论。如在调查的毕业生中，男性待就业的比例为 13.3%，女性为 21.5%。男性的平均月收入为 3260 元，而女性的平均月收入为 2930 元。可见，除了职业地位外，女性在就业的其他方面仍然是处于劣势地位，而男性占有绝对的优势。也就是说，职业地位的高低，并不与收入等指标成正比。

2. 家庭居住地

在制度性因素中，家庭居住地也是影响毕业生职业地位的一个因素。在控制其他变量的情况下，家庭居住地为城市这一变量通过了显著性检验（$p < 0.05$）。标准化系数为负值，说明家庭居住地在城市的高校毕业生获得的职业地位低于对照组，即来自农村家庭的高校毕业生。之所以来自农村家庭的子女职业地位比来自城市的要高，可能在于，农村家庭出身的毕业生流动性比城市家庭出身的子女流动性大。从表 7-4 中可以看到，来自城市的毕业生工作所在地比较集中，其中有 93.6%的毕业生选择继续留在城市就业。通过实际的访谈，发现这些毕业生多是选择回到家庭所在的城市就业，就业机会与就业选择相对较少。部分毕业生选择先就业，待以后有机会再择业，地域的框定使这些毕业生无法获得较高的职业地位。而来自农村的毕业生正好与之相反，多数农村家庭出身的子女不愿回到家庭居住地，他们的选择范围更大。没有地域的要求，使得他们有更多选择职业的机会。因此，来自农村的毕业生在职业地位上略高于来自城市的毕业生，从这个角度也是可以理解的。

表 7-4 高校毕业生的地域流动情况 单位：%

家庭居住地	工作所在地		
	农村	乡镇	城市
农村	8.2	13.9	77.9
乡镇	3.4	25.0	71.6
城市	2.2	4.2	93.6

（三）教育因素对高校毕业生职业地位获得的影响

表 7-2 中的模型 3 分析了后致性因素，或者说教育因素对毕业生职业地位获得的影响。从计量统计结果看，在仅考察教育因素的影响时，学历层次、学校类型与学科专业这三个变量对毕业生的职业地位获得均产生了显著性影响。

1. 学历层次

学历层次对高校毕业生个人职业地位获得具有显著性影响。在控制其他变量的条件下，学历层次与职业地位达到了极其显著水平（$p=0.000<0.001$）。以专科生作为对照组，可以看到，研究生与本科生两个变量的标准化系数均为正值，说明研究生与本科生的职业地位显著高于专科生。同时，研究生变量的标准化系数大于其他两个变量，也就是说研究生学历者获得好的职业地位的机会大于本科生与专科生。就毕业生职业地位而言，研究生高于本科生，本科生高于专科生。也就是说，学历层次越高，进入的职业地位越高。学历层次与职业地位是正相关关系，学历层次越高越容易进入较高的职业地位。从标准化回归系数来看，学历层次的 β 系数绝对值较大，表示其对因变量有较高的解释力。可见，受教育程度是影响高校毕业生个人职业地位获得的重要因素之一。

2. 学校类型

学校类型对高校毕业生职业地位获得有一定程度的影响。在控制其他变量的情况下，学校类型中，985/211 大学和公办高职高专院校两个变量通过了显著性检验，且公办高职高专院校达到了极其显著水平（$p=0.000<0.001$）。985/211 类高校和公办高职高专院校两个变量的标准化系数均为正，说明 985/211 大学和公办高职高专院校，与民办院校相比，更能够获得相对较高的职业地位。从表 7-5 可以看到，就学校类型而言，985/211 大学的毕业生职业地位最高。公办高职高

专院校的职业地位仅次于 985/211 大学，且高于普通公办本科院校。

表 7-5 不同学校类型毕业生职业地位的均值

学校类型	样本数	均值	标准差
民办院校	276	2.99	0.682
公办高职高专院校	346	3.35	0.811
普通公办本科院校	1 143	3.17	0.822
985/211 大学	748	3.36	0.687

985/211 大学作为国内重点院校，毕业生质量较高，就业选择较大，因此职业地位相对较高，也比较容易理解。而公办高职高专院校的毕业生职业地位之所以较高，原因可能与高职高专的人才培养模式有关。高职高专院校与其他本科院校不同，它重点培养的不是学术性人才，而是应用技术性人才，毕业生进入的职业多是处于专业技术人员这一阶层。如图 7-3 所示，公办高职高专院校毕业生进入专业技术人员阶层的占 53.2%，这一比例甚至高于 985/211 大学。而专业技术人员阶层地位较高，更容易获得较高的职业地位，这就使得公办高职高专院校的毕业生整体地位较高。

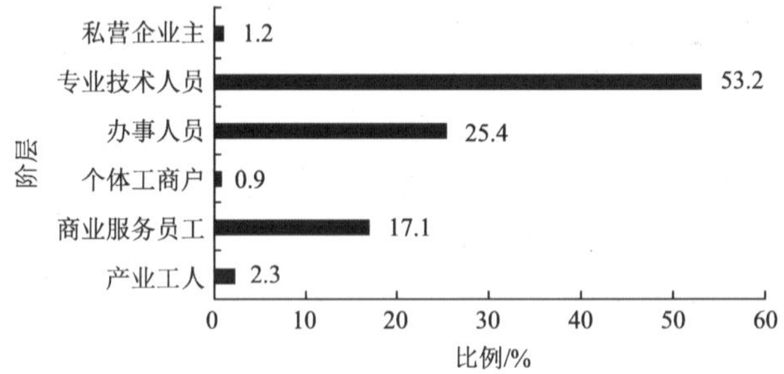

图 7-3 公办高职高专院校毕业生阶层地位分布比例图

3. 学科专业

学科专业同样对高校毕业生职业地位获得有一定程度的影响。在控制其他变量的情况下，学科专业中，医学类与社科类两个变量通过了显著性检验，且医学类达到了极其显著水平（$p=0.000<0.001$），工学与理学没有通过显著性检验。医学类与社科类两个变量的标准化系数均为正值，这说明，与参照组人文类相比，医学类与社科类的毕业生获得的职业地位显著高于人文类。

以人文类为对照组,医学类的毕业生能够获得相对较高的职业地位,这是因为,医学类专业向社会输送的毕业生多是从事医护相关的职业,该职业属于专业技术人员,所处的社会阶层地位较高,因此更容易获得较高的职业地位。

社科类的毕业生获得的职业地位,同样显著高于人文类的毕业生。原因在于,社科类学科包含教育学,而教育学的毕业生在职业地位获得上显示出较大的优势。与医学类一样,教育学毕业生的专业性质使得毕业生多是从事教师教育方面的职业,该类职业属于专业技术人员。如图 7-4 所示,教育学专业从事专业技术人员职业的比例为 67%。而专业技术人员所处的社会阶层地位较高,所以更容易获得较高的职业地位。可以看出,学科专业也是高校毕业生职业获得的一个重要影响因素。

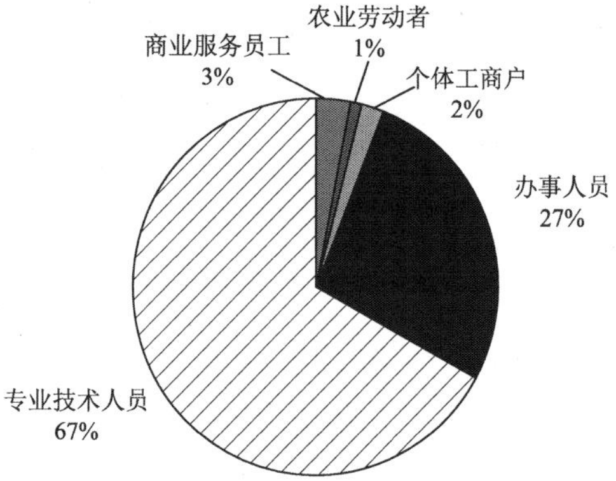

图 7-4 教育学专业毕业生所从事的职业分布情况

从回归方程的 R^2 值可以看到,教育因素能够解释高校毕业生职业地位的 15.2%,远高于家庭因素和制度因素的解释度。

(四)各因素对高校毕业生职业地位获得的共同影响

表 7-2 中的模型 4 分析了全部因素对毕业生职业地位获得的共同影响。从回归方程的 R^2 值可以看到,全部因素能够解释高校毕业生职业地位的 16.7%。回归分析中采用的自变量为背景变量,所以 R^2 值不高。之所以选择背景变量,主要是考虑到背景变量所得到的结果更加真实可信。尽管 R^2 值不高,但解释水平处于中度,意味着模型中的变量可以对回归结果进行有效解释。

从统计结果看,在同时考察三类因素的共同影响时,全部的 9 个影响因素中,有 5 个通过了显著性检验。也就是说,在全部影响因素中,仅有 5 个对毕业生的职业地位获得产生了显著性影响,它们分别是父亲职业地位、性别、学历层次、学校类型与学科专业。其中，学历层次、学校类型与学科专业是教育因素，也属于后致性因素。

在模型 1 和模型 2 中，“14 岁时父亲的职业地位”与性别这两个变量对高校毕业生职业地位获得具有显著性影响，在模型 4 中仍然具有显著影响，只是各因素的影响程度发生了一些变化。在控制所有变量的条件下。父亲职业地位中仅有上层这一变量通过了显著性检验，且显著水平有所提高（$p < 0.01$）。模型 2 中对高校毕业生职业地位获得具有一定影响的家庭居住地这一变量，在模型 4 中变得不再具有显著影响，性别因素对高校毕业生职业地位的获得在模型 4 中仍然具有显著性影响。

在模型 3 中，对高校毕业生职业地位获得具有显著影响的学历层次、学校类型与学科专业等后致性因素，在模型 4 中仍然具有显著性影响，但是学科专业这一因素的影响则在相关类别上发生了一些变化。在模型 4 中，学科专业有 3 个变量在不同显著性水平下对高校毕业生职业地位获得产生影响。其中，医学类仍然是极其显著水平，社科类的显著性也未发生改变，工学类高校毕业生的职业地位在 $p < 0.05$ 的水平下高于人文类学科。可见，在控制了全部变量的条件下，学科专业对高校毕业生职业地位获得的影响程度变大。学历层次仍然是影响高校毕业生职业地位获得的重要因素（$p < 0.001$）。从分析中可以看出，在考察全部因素后，非教育因素对高校毕业生职业地位获得的影响变小，而教育因素对高校毕业生职业地位的影响变大。这说明对于高校毕业生的职业地位而言，非教育因素与教育因素都发挥了作用，且教育因素发挥的作用更大，假设 2 得以证明。

另外，从回归方程的 R^2 同样可以看到，模型 1 的 R^2 为 0.6%，F 值未达到显著，说明家庭因素对于个人职业地位的解释度微乎其微，且影响程度未达到显著性水平；模型 2 中的 R^2 为 2.3%，F 值达到显著性水平，说明制度因素对个人的职业地位产生影响；模型 3 中的 R^2 为 15.2%，远高于制度因素与家庭因素，说明教育因素对职业地位产生影响，且影响程度最大。通过分析可以看到，假设 1 中关于家庭因素对职业地位的影响未得到证实，制度因素与教育因素的影响得到了证实。可以认为，假设 1 仅得到了部分证明。

模型 4 是三类因素的共同影响，但是从 R^2 可以看到，它不等于前 3 个模型的 R^2 之和，说明在因素的共同作用中，因素间可能发生了相互作用，导致影响程度抵消。假设 3 也得到了证实。

通过上述分析，可以获得高校毕业生职业地位的影响因素示意图，具体如图 7-5 所示。

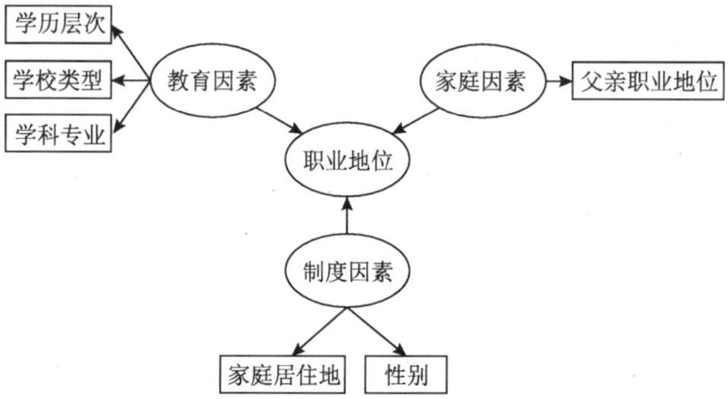

图 7-5 个人职业地位影响因素示意图

第三节 各要素对高校毕业生职业地位获得的作用机理

就现在世界各国的实际情况来看，每个国家的社会成员都可以被划分到不同的社会阶层中去。将社会划分为高低有序的社会等级时，不同的人就会处在不同的社会等级的阶梯之上。众所周知，社会是一个复杂的研究对象，不同的研究者根据不同的阶级阶层理论，对同一个社会的阶级阶层划分的标准也存在差异，但这种差异却不能消除各个社会成员在既已取得的社会等级之上所形成的阶层差异。[①]因此，应研究的问题是：什么造成了这种阶级阶层差异？为什么在高校毕业生群体中，有的人取得较高的阶级阶层地位，有的人却进入相对较低的阶层？为什么有的人实现了向上的社会流动，有的人却没有发生社会流动，甚至向下流动？这也是对分层机理的探究过程。

一、教育因素是支撑高校毕业生职业地位提升的重要因素

通过对影响高校毕业生职业地位获得的因素研究，可以看到，个人的后天努力仍然是至关重要的，它体现了个人所拥有的教育资本。学历层次、学校类型、学科专业这些后致性因素，代表了毕业生所拥有的人力资本，体现了高校毕业生的能力与素养。

① 陆学艺. 当代中国社会流动[M]. 北京：社会科学文献出版社，2004：206.

（一）学历层次

学历层次意味着个人的受教育程度。对于高校毕业生而言，获得代表学历层次的毕业证书是最直接也最重要的。因为学历层次，虽然其本身只是一种象征性的“符号”，但在现实社会中它已确确实实成为一种谋取好职业的“敲门砖”。在高校毕业生的就业流动中，无论是对行业的选择还是对区域的选择，最终目标都指向职业，因为职业是测定毕业生个体就业质量、成功与否的关键性指标之一，它代表着收入的多少、社会声望的高低以及社会权力的大小。

一方面，伴随着我国市场化程度的加深，“知识”在社会分配中的权重进一步加强。知识经济以来，掌握知识的社会成员在技术升级中更易于把握较高的工作岗位，从而获得较高的职业地位，流动到更高的社会阶层中去。高校毕业生学历层次的高低，在一定程度上意味着知识掌握量的多少。也就是说，代表受教育程度的学历层次与社会地位形成了正相关，“高学历”多与“高职位”“高收入”相联系，具有较高学历层次的高校毕业生一般具有较高的社会地位，这已然成为社会流动显规则。[①]

另一方面，随着工业化程度的提高，特别是产业结构的升级，较高社会地位的工作岗位越来越多地要求劳动者具备较高的文化程度。新韦伯主义者柯林斯在他所著的《文凭社会：教育与分层的历史社会学》（*The Credential Society: A Historical Sociology of Education and Stratification*）里，引用了韦伯的观点对当代社会教育制度进行分析，认为学历层次正被用来“限制角逐社会和经济有利地位的候选人的一种稀缺资源”，现代社会甚至已经进入了一个“文凭社会”。[②]而且它具有“一种文化的、约定俗成的、经久不变的、合法化的价值”，是一种传递个人能力信号的体制性符号，在劳动力市场中具有重要的作用，可以帮助个体获得较高的经济收入与社会地位。[③]研究证明，职业层次越高，教育的信号作用越显著。[④]因此，受教育程度或者说学历层次，在一定范围内决定了高校毕业生职业地位的高低。高校毕业生通过接受高等教育，流动到了更好的职业岗位，所处的职业岗位代表着

① 李晓芳，刘永飞．布尔迪厄的文化再生产理论视角下的教育公平与社会分层[J]．重庆交通大学学报（社科版），2010，10（6）：110-113.

② 王融．当前我国社会分层与高等教育发展困境探析[D]．武汉：华中师范大学，2007：1.

③ 约翰·凡霍尔，玛丽·乔·尼兹．文化：社会学的视野[M]．周晓虹，徐彬译．北京：商务印书馆，2002：25.

④ 李锋亮，岳昌君，侯龙龙．过度教育与教育的信号功能[J]．经济学季刊，2009，8（2）：569-582.

社会声望的高低、收入和社会权利的多少，也就决定了毕业生在社会阶层中的地位。

（二）学校类型

不同类型的高校具有选拔和分配社会成员的作用，成为社会流动的筛选手段，对个人职业地位获得产生影响。学校类型实质上是学校层次的反映，通过接受更高层次的高等教育，个体改变父辈阶层状况的可能性增加，进入较高社会阶层中的机会增大。

学校的层次之所以能够起到筛选功能，主要在于学校层次意味着教育资源的质量。教育资源不但表现在硬件设施方面，也体现在软件配置方面。举一个最明显的例子，985/211 大学中，不但教学设备、校舍等硬件设施常常优于其他类型高校，师资配备方面也多比其他类型高校更优质。正是对教育资源占有的差异，使得不同类型高校的培养质量也不相同。不同类型高校之间资源配置存在的差异，不仅存在于本科院校与高职高专院校之间，同样存在于公办高校与民办高校之间。台湾学者林大森通过研究证实了除普通学校与职业学校之外，也不能忽视公立学校与私立学校之间存在的区隔。①卢卡斯在他提出的有效维持不平等（effectively maintained inequality，EMI）假设中提到，不平等将在高等教育中以更有效的方式加以维持，那就是使学生流入不同层次和类型的高等院校，获取价值不同的高等教育文凭。②

这就使得学校类型与个人的职业地位之间产生了密切相关，以至于进入较高层次的高校常意味着拥有优质的教育资源，也就更有可能获得更高的职业地位，或者说社会地位。

（三）学科专业

数据显示，学科专业这一变量对个人的职业地位具有显著性影响。众所周知，我国高等教育是按照学科门类与专业进行招生和培养的。尽管不同学科专业之间会有一定比例的相同课程，如公共英语、计算机和“两课”等，但不同学科专业之间在课程设置、教学方法和培养目标等方面的差异是巨大的。学生选择不同的专业，意味着选择了不同的课程设置、教学方法和培养目标，不同的课程设置、

---

① 刘若兰，林大森. 影响大学生毕业流向因素之研究[J]. 当代教育研究，2011，19（1）：101-144.

② 孙启进. 结构的力量：社会结构与高等教育分流结构关系研究——基于 9 省 13 所全日制普通本科院校的实证分析[D]. 南京：南京师范大学，2011：58.

教学方法和培养目标所给予学生的知识、思维方式甚至性情陶冶都是不一样的，此类学科间的差异，在一定程度上也提供了个人今后的职业发展的不同起点。

从课程设置方面来看，除教育部所要求必须开设的公共课之外，不同学科之间几乎没有交叉。比如，社科类学科中的教育学专业所开设的主干课程主要包括教育概论、教育哲学、教育社会学、教育心理学、中外教育史、比较教育学、高等教育学、教育学研究方法等，理学类学科中的化学专业所开设的主干课程主要包括有机化学、无机化学、分析化学、物理化学、化学原理等，工学类学科中的计算机专业所开设的主干课程主要包括计算机基础、C 语言、汇编语言程序设计、计算机网络、计算机硬件安装与维护、计算机组成原理、数据库及其应用、操作系统数据库结构等。从上述三类学科专业中可以看到，学科专业之间的课程差别是相当大的，具有很强的学科专业特征；从教学方法来看，人文类、社科类专业更多侧重于讲授与讨论，而理科类、工学类和医学类专业则更侧重于实验。除此之外，不同学科专业在培养目标等方面也有较大区别。

正是不同学科专业在诸如课程设置、教学方法、培养目标等方面存在的差异，使学生所获得的知识、素养等也产生了差异。因此，选择不同的学科专业，就意味着获得不同的教育养成，而不同的教育养成必然对学生后续的职业获得、人生发展等方面都产生较大影响。①因此，选择不同的学科专业首先意味着今后的职业差异。另外，学科专业也将在一定程度上影响个人初次职业及待遇，这同时决定了个人的职业地位高低。

从上面的分析中可以看出，学科专业这一变量通过不同的教育养成决定高校毕业生未来的求职方向，进而影响个人的职业地位获得的。

二、制度因素是制约高校毕业生职业地位分化的关键因素

（一）家庭居住地

在对高校毕业生就业流动状况的研究中，本书发现了一个比较值得思考的结论：在仅对制度因素的回归分析中，家庭居住地变量具有显著性，它包含着一定制度性安排所赋予的资源——代表个人的户籍身份。绝大多数高校毕业生户口所在地与家庭居住地一致，因此，家庭居住地在很大程度上能够体现个人的户籍身份。家庭居住

① 孙启进. 结构的力量：社会结构与高等教育分流结构关系研究——基于 9 省 13 所全日制普通本科院校的实证分析[D]. 南京：南京师范大学，2011：92-93.

地是农村还是城市，以及是何种规模的城市，同样也反映了高校毕业生的户籍状况。

众所周知，户籍制度自产生那一天起，就对不同户口的人群的社会流动情况造成了较大的影响。作为我国社会一项基本的制度安排，户籍制度把户口作为资源配置和利益分配的重要凭据，在社会分层和流动中发挥着重要的作用。①虽然目前户口的差异已经不再明显，但是出身于农村家庭、城市家庭的高校毕业生在就业流动上仍然存在着差异。而且，这种户籍身份很大程度上是一种代际传承。

通过研究数据可以看到，在仅控制先赋性因素的前提下，来自城市的高校毕业生，职业地位要低于来自农村的毕业生。出现这一情况的可能性，在本章上一节已经论及，此处不再赘述。但是将后致性因素，或者说教育因素，如学历层次、学科专业等纳入进来，在控制其他变量的情况下，家庭所在地这一变量的影响作用被抵消，不再对毕业生的职业地位产生显著影响。也就是说，加入个人后天努力的教育因素后，毕业生的家庭居住地或者说是户籍身份，对个人的职业地位获得将不再发生影响。以本科生为例，他们的职业地位没有显著的城乡差异。换句话说，家庭居住地在农村或者城市，对高校毕业生来说，不再是职业地位的决定性因素。可以认为，在接受高等教育之后，高校毕业生的职业地位获得将不再受家庭居住地这一变量的束缚。就高校毕业生而言，户籍身份对个人的作用可能在逐渐弱化。

（二）性别

从回归分析的数据中可以看到，性别是显著影响高校毕业生职业地位获得的因素之一。性别对于个人职业地位高低的影响，主要在于性别差异导致的个人所从事职业的差异。这种差异主要表现在个人职业所在行业的差异，以及个人职业所在单位性质的差异。

就行业类型而言，从事专业技术类行业的高校毕业生，职业声望相对较高，因此职业地位也较高。如教育业、医疗卫生业等，在该行业类型中，他们多是从事教师、医生等职业，大部分进入较高的专业技术人员阶层。也就是说，性别差异将影响不同行业类型中的性别比例分布，这种行业类型差异导致了个人职业地位的高低分布。从研究的调查数据来看，男性主要集中在制造业、建筑业及信息传输、软件和信息技术服务业内就业，在这三个行业类型中就业的男性比例占到男性总人数的近一半。女性主要从事的行业则为医疗卫生业、教育业、金融业等，在此类行

① 陆益龙. 户口还起作用吗——户籍制度与社会分层和流动[J]. 中国社会科学，2008，(1)：149-162.

业中的女性比例均高于男性。如在医疗卫生业中，男性比例为 11%，女性比例为 89%。从男性与女性从事的行业类型分布可以看出，女性从事的专业技术类行业的比例要略高于男性。因此，从行业类型的分布可以得出与前面回归分析比较一致的结论，也就是女性的职业地位要优于男性。

就单位性质而言，党政机关、事业单位所提供的职业，其所处的社会地位要明显优于企业类单位。原因在于，这些单位在福利待遇及大众的社会认知方面的优势较为明显。因此，在党政机关、事业单位就业的毕业生，其职业地位高于在企业就业的毕业生的可能性更大。也就是说，性别这一变量很有可能通过个人就业所在的单位性质，来影响高校毕业生职业地位获得。从数据来看，男性主要集中在国有企业、三资企业及其他非国有企业内就业，在这三种单位性质中就业的男性比例占到男性总人数的 67.5%。而女性在金融单位、党政机关、医疗卫生单位及其他事业单位的比例明显高于男性。如在党政机关中，男性比例为 39.7%，女性比例为 60.3%；在中初级教学单位中，男性比例为 22.7%，女性比例为 77.3%；在其他事业单位中，女性比例比男性比例同样高出近 13 个百分点。从男性与女性职业所在的单位性质可以看出，男性主要集中在企业类单位，女性主要集中在党政机关、事业单位。从这个方面来讲，女性的职业地位有可能优于男性的职业地位，这与之前回归分析中得出的结论较为一致。

三、家庭因素是影响高校毕业生职业地位获得的因素之一

先赋性因素也就是家庭因素是个人先天继承的一些因素，是毕业生生来就已经具备的、从父辈那里继承的资源。对于高校毕业生的职业地位获得，家庭因素在其间发挥着一定的作用。

父亲的职业地位是家庭因素中最显著的一个因素，影响着高校毕业生职业地位获得。对于子女的地位获得而言，父亲的职业地位是一种社会资本。父亲职业地位较高者能够比其他职业地位较低者，给子女职业地位获得提供帮助。即父亲可以运用自己职业所处社会地位的影响力，来帮助子女谋求职业，促使其进入较高的社会地位，该过程主要通过社会关系这一中介变量发挥作用。

社会学上的社会关系分为“强关系”与“弱关系”两种，这是美国社会学家格兰诺维特（Mark S. Granovetter）[①]提出的，他认为人际关系网络可以分为强关

① Granovetter M S. The strength of weak ties[J]. American Journal of Sociology，1973，78（6）：1360-1380.

系网络和弱关系网络两种。强关系网络指的是个人的社会网络同质性较强。也就是说，交往的人群从事的工作和掌握的信息都是趋同的。人与人的关系相对紧密，有很强的情感因素维系着彼此的人际关系。反之，弱关系网络的特点是个人的社会网络异质性较强。也就是说，交往面很广，交往对象可能来自各行各业，因此可以获得的信息也是多方面的。但人与人之间的关系并不紧密，也没有太多的感情维系，即所谓的泛泛之交。

格兰诺维特认为，关系的强弱决定了能够获得信息的性质以及个人达到其行动目的的可能性。也就是说，父辈在子女的职业选择上可能需要同时调动强关系网络与弱关系网络。一方面，可以通过弱关系网络获得求职的信息，从而克服劳动力市场信息不对称所带来的局限。这也是信息传递的有效途径，因为关系网络覆盖得越广，越容易获取更多有效的职业信息。但仅调动弱关系网络所获得的信息，还远远不能促使子女的职业地位获得，还需要依靠强关系网络所能给予的确定而有力的帮助。因此，另一方面，父辈需要利用强关系网络与决策人进行人情交换，获得实质性的帮助。可见，父辈职业地位所能调动的关系网络——作为信息桥的弱关系和作为人情网的强关系将对子女的职业地位获得共同发挥作用。

关系网络的运用，从另一个角度解释了父亲职业处于较高的地位时，对子女职业地位获得具有显著影响；而父亲职业处于相对较低的地位时，则对子女职业地位获得并未产生影响。因为父亲职业地位较高的毕业生，父辈所能调动的社会关系，无论是强关系网络还是弱关系网络，都要优于父亲职业地位相对较低的毕业生。父亲职业地位较低的毕业生，父辈的强关系网络和弱关系网络都比较有限，因此，这部分毕业生其父亲的职业地位对他们的职业地位获得没有发生显著性影响。

综上所述，教育因素、制度因素和家庭因素将高校毕业生分流到不同的位置，主要通过图 7-6 中的路径作用于高校毕业生的职业地位。

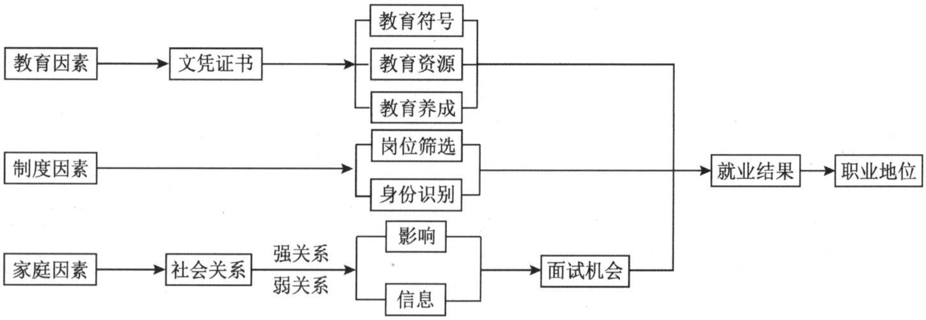

图 7-6　高校毕业生就业流动形成社会分层的机理图

第八章

高校毕业生就业流动及分层的政策建议

随着我国高等教育大众化进程的加快，教育规模不断扩张。至 2018 年，全国普通高校毕业生人数约为扩招前的 8 倍。这个超过 800 万的庞大就业群体，已成为社会普遍关注的对象。本书利用第一手调研数据，以相关理论为分析工具展开实证分析，从不同学科领域考察我国应届高校毕业生就业流动的分层现状。在调查基础上，运用数理统计的方法，分析我国应届高校毕业生就业流动及分层的影响因素以及各要素发挥作用的机理过程，从而明晰高等教育在社会流动中的作用。调查研究表明，制约我国应届高校毕业生就业的关键在于流动机制。在流动过程中，虽然每个高校毕业生的流动状况都具有特殊性，但作为一个群体，高校毕业生的初次流动必然存在一定的共性。基于研究所发现的问题，本书从社会、政府、高校和个人等层面提出如下建议。

第一节　社会层面的政策建议

一、重构有关高等教育社会分层的知识谱系

随着社会的变迁，高等教育社会分层功能发生了变化。开篇提到，本书的研究初衷源于对高等教育社会分层功能弱化的思考。实证调查发现，高等教育的社会分层功能依然显著，在优化社会阶层结构、促进社会流动和提升个人社会地位等方面，仍然具有相当大的正向作用。基于此结果，本书对高等教育社会分层功

能弱化现象进行了更深入的思考和分析。从发展变迁的角度，试图寻找问题的答案。通过高等教育精英化阶段与大众化阶段的比较，本书认为在高等教育大众化背景下，高等教育的社会分层功能有三个方面的转变。

其一，阶层分化的转变——知识分子阶层到中间阶层。中华人民共和国成立以后，经过一系列的改革，消灭了诸如官僚买办阶级、地主阶级、资产阶级等旧社会阶级。通过对农业、手工业的社会主义改造，使整个社会演变成为由工人、农民、知识分子（干部）构成的两个阶级一个阶层的社会结构。在当时，接受高等教育的社会成员主要进入知识分子阶层中去。随着改革开放的推进，计划经济体制向市场经济体制转变。到 2000 年，也就是高校扩招后的第一年，社会主义市场经济体制基本被建立起来。经济体制的改革推动了国民经济的高速发展，同时也推动了社会结构的分化，催生了如私营企业主、农民工等一些新的社会阶层和群体，使社会分化为由十大社会阶层组成的社会阶层结构。①于是，接受高等教育的社会成员不再进入唯一的社会阶层，开始流动到以中间阶层为主的各个社会阶层中去。也就是说，体制变迁造成的阶层分化，在一定程度上改变了受教育者的社会地位。

其二，培养目标的转变——“学术精英”到“行业精英”。上述阶层结构的改变，促使高等教育培养目标与培养模式的转变。在精英化教育阶段，高等教育培养的是社会精英与学术拔尖人才，他们从事的是科学技术研究与高深学术探讨相关的工作，也就是所谓的“学术精英”。在大众化教育阶段，培养目标发生了转变，高等教育培养的是社会的中间阶层，是各行各业的从业人员。尽管他们中大部分不再从事高深学问的研究，但是，高等教育带给受教育者个体的知识储备，足以使这个群体成为各个行业内的精英。

其三，作用对象的转变——“个体显著”到“整体显著”。在精英教育阶段，接受高等教育的社会成员数量极少，高校毕业生的群体规模不大，就业流动对社会分层的整体影响较小，但对社会个体的影响极为显著，使得接受高等教育的社会成员大都实现了较好的、向上的社会流动。在精英教育阶段，高等教育确实使一些普通家庭出身的子女实现了“朝为田舍郎，暮登天子堂”的愿望，实现了显著的向上流动。但这一时期高等教育的社会流动功能十分有限，流动规模

① 陆学艺. 当代中国社会流动[M]. 北京：社会科学文献出版社，2004：3.

较小[①]，仍处于“个体显著”的阶段。高等教育进入大众化阶段之后，高校毕业生就业流动的整体性作用逐渐显现出来，且逐渐大于个体影响。全国具有高等教育文化程度的人口数量逐年上升，他们大都工作在社会声望较高的行业。[②]这种整体向上与整体向下流动的状况，对个体的影响程度将会减弱，但是对社会的整体发展较为有利。随着知识经济时代的到来，高等教育的普及化将使社会成员普遍接受高等教育，高等教育对于个体向上流动的促进作用将持续减弱。

综上所述，高等教育的社会分层功能将随着社会变迁而不断变化。因此，社会应正视目前高等教育大众化背景下的高等教育社会分层功能，以发展的眼光，而不是以精英教育阶段的指标衡量和评价目前的高等教育。目前社会对高等教育的认识仍停留在精英教育阶段。整个社会要更新有关高等教育的认识，应该认识到随着社会的变迁，高等教育社会分层功能发生了变化。应树立一种新的社会观念，时代的变迁与社会的分化，已经赋予高等教育分层功能新的含义。

二、形成尊重和正视高等职业教育的社会氛围

本书发现，学校类型这一变量对于高校毕业生职业地位的提升具有显著的正向作用。其中，除了常识上所认为的985/211类高层次、研究型大学对高校毕业生职业提升具有显著性影响外，高职高专类院校对高校毕业生的职业地位提升同样具有显著性影响。但目前我国的高等职业教育还不受重视。因此，社会应形成尊重、赞赏高等职业教育的社会氛围。

目前，国家正处于社会经济转型、产业结构调整的关键时期，急需大批技术性、应用型人才。而高等职业教育正是肩负着此类人才的培养任务，因此，高等职业教育在其中发挥着重要的作用与影响。但是，在我国，高等职业教育一度没有得到应有重视，缺乏足够的社会认同，难以获得应有位置和强力扶持。对高等职业教育“类型”的歧视，实质上是对高等职业教育“层次”的歧视。我国的高等职业教育是在20世纪末才开始大规模兴办的，当时政策将其定位于专科层次，即所谓的“高职高专教育”。这从认识上限制了职业教育的“层次”，误导了职业

① 刘娜，吴星．高等教育与古今社会中个体流动关系的历史考察[J]．河北师范大学学报（教育科学版），2011，（1）：71-76.

② 国家统计局．人口素质全面提高就业人员成倍增加——改革开放30年我国经济社会发展成就系列报告之六[EB/OL]. http://www.gov.cn/gzdt/2008-11/03/content_1138587.htm [2008-11-03].

教育的“类型”，由此也导致了我国高等职业教育本科及以上层次的空白。《国家教育事业发展第十二个五年规划》中强调：“完善高等职业教育层次，建立高级技术技能人才和专家级技术技能人才培养制度。”这一提法是国家建立现代职业教育体系的战略需要，也是确保教育与经济社会发展紧密结合的基本制度安排，更是高等职业教育自信与尊严的应有体现，关乎中国高等教育类型的多样和层次的丰富，也影响着现代职业教育体系的制度设计和建设进程。所以，应设法通过制度建设实现顶层设计，促使高职教育突破层次限制，着重鼓励和发展高等职业教育，使整个社会形成尊重、赞赏高等职业教育的社会氛围。

第二节 政府层面的政策建议

作为社会政策的制定者，政府应制定相关政策法规，最大限度地保障和促进高校毕业生群体的合理流动。首先，应持续推进大众化进程，充实社会中间阶层；其次，应合理配置高等教育资源，切实保障高等教育区域公平；最后，应整治就业市场竞争环境，消除制度隔离，弱化社会关系网络在就业市场中的消极影响。同时，也应配套相关的经济发展与户籍政策，注重区域经济发展规划，促进西部地区经济发展，从政策层面来保障高校毕业生的就业流动。

一、持续推进我国高等教育大众化

社会学家认为，社会结构是影响社会稳定和发展的重要因素，社会结构形态同时也代表了社会的发展程度和生产方式。在对社会结构的研究和分析中，比较主流的观点认为“橄榄型”的社会阶层结构更有利于社会的稳定和发展。所谓的“橄榄型”社会阶层结构可以简单概括为中间大、两头小。中间大是指社会大部分成员处在中间等级位置，属于社会中间阶层；两头小是指，处于高层和较高层的规模较小，而处于最低阶层的规模也很小。这里所说的社会中间阶层介于优势地位阶层与基础阶层之间，它不是某个阶层的代称，而是几个具有相近或相似特征，特别是收入处于中等或接近中等以上水平的阶层的合称，包括专业技术人员阶层、办事人员阶层和个体工商户阶层。如果一个社会中间阶层规模大，社会资源配置合理，大多数社会成员能在经济发展过程中从事体面的职业，获得丰足的经济收入，生活安定。在这样的社会阶层结构形态中，社会各阶层之间的利益矛盾不会那么尖锐，这样的社会是最稳定、最可持续发展的。[①]相反，如果一个社会中间阶层规模小，那么这个社会将很难稳定，同时使国家缺乏抵抗风险和持续发展的结构性条件。

要使我国社会结构趋于“橄榄型”结构，最有效的办法是扩大中间阶层在社会结构中的比例，减少社会底层成员的人数。通过研究可以看到，接受高等教育之后，83.7%的毕业生进入社会中间阶层。从数据中可以感受到，高等教育对扩大社会中间阶层发挥着巨大的作用。尽管有大批的高校毕业生进入社会中间阶层，但是以我国社会阶层结构的比例来看，处于社会底层的社会成员人数仍然占据绝大多数，中间阶层的比例仍有待进一步扩大。从具体比例来看，李强通过统计指出，我国处于中间阶层，或者说中产阶层的人数全部加起来不足13%。[②]“当代中国社会结构变迁研究”课题组在发布的研究中同样认为我国社会中间阶层的就业人口所占比例过小，仅为15%。后来，课题组通过后续研究，提出中间阶层有了较大的发展，以每年一个百分点在扩大。[③]但是这一比例与其他国家，特别是发达国家相形见绌：美国的中间阶层约占总人口的60%；韩国早在1980年，中间阶层占劳动人口的比例就已经达到55%以上，此后这一比例还一直在提高[④]；日本也曾有“一亿皆中流”的说法。

就目前中国社会阶层结构状况而言，壮大中间阶层仍然任重道远。必须看到高等教育规模扩张对于扩大中间阶层的积极意义，从社会稳定与发展的角度而言，持续推进大众化进程，充实我国社会中间阶层。

持续推进高等教育大众化，最直接的措施是继续提升高等教育的毛入学率，而高等教育的毛入学率主要通过扩大生源来实现。为了扩大生源，政府一方面应在控制学费上涨的同时，加强“奖、减、免、助、贷”等助学措施的力度，多方配合，增加高校生源，推进高等教育大众化进程；另一方面，要发挥不同类型高校的使命，大力发展高等职业教育，扶持民办高等教育，使它们充分发挥教育作用，并承担高等教育大众化的任务。

---

① 陆学艺. 当代中国社会阶层研究报告[M]. 北京：社会科学文献出版社，2002：61-63.

② 李强. 转型时期中国社会分层[M]. 沈阳：辽宁教育出版社，2004：57-59.

③ 陆学艺. 当代中国社会结构[M]. 北京：社会科学文献出版社，2010：48.

④ 韩国社会学会. 韩国社会走向何处[M]. 周四川译. 北京：东方出版社，1993：64.

当然，仅简单地扩大受教育群体的比例不是唯一途径，还有赖于高等教育自身的多样化。最早提出高等教育大众化理论的美国学者马丁 · 特罗（Martin Trow），在论述高等教育发展阶段时提出，随着高等教育规模的扩张，高等教育必然发生质的变化。他对高等教育多样化的定义是：高等教育大众化对多数人来说，是扩大了入学机会，而高等教育的多样化则是用尽可能多的方法提供适合人们需要的高等教育。一方面是培养方式的多样化，只有多样化的高等教育才能满足更多人的学习需求，同时满足社会不同的人才需求；另一方面是教育机构多样化，我国财力有限，只有高等教育多样化、多渠道整合教育资源，才有可能实现高等教育的大众化。

需要注意的是，不能盲目推进高等教育大众化，使高等教育与社会脱节。在扩大高等教育群体的同时，也应考虑整个社会的发展，在满足社会需要的基础上，持续推进高等教育的大众化进程。

二、合理配置高等教育资源

本书的研究发现，就学校类型而言，学校的层次越高，毕业生流动的优势地位越明显，反之亦然。出现这一结果的原因是我国高等教育资源配置模式不均衡。所谓高等教育资源配置模式是在高等教育资源配置过程中逐渐形成的一种资源配置惯习，它规范着资源配置的合理性与合法性。科学的高等教育资源配置模式的建立与完善，其目的在于按照一定的原则在各地区之间、各高等院校之间、社会各个阶层之间进行合理的分配，最终达到教育资源使用效益最大化的目的。[①]

合理分配社会资源有利于保障高等教育公平，为高等教育提供稳定充足的资金支持，促进教育体制的变革。目前，我国国民占有高等教育资源不平等造成了个人技能和劳动力资源方面趋于不平等，使高等教育公平面临挑战，也成为社会合理流动的障碍。因此，要实现高校毕业生在社会流动中的平等，最根本的就是要实现高等教育间的合理资源配置，保证高等教育公平。

对高等教育资源的合理配置，要努力做到均衡国内的高等教育资源配置，保障高等教育区域公平，平衡整个高等教育的发展。但我国就业市场制度性分割的现状导致了当前高等教育资源配置严重不均。因此，需要从多方面入手进行资源的调整和优化。具体而言，通过采取全面提高全国高等教育事业的投入、精简高等教育事业管理机构、优化全国范围内的高等教育资源配置、提高高等教育资源的有效利用

① 吴可. 我国高等教育资源配置模式变迁分析[J]. 当代教育科学，2013，(9)：35-37.

率等措施，合理进行高等教育资源配置，实现高等教育公平，促进社会有序流动。

三、规范就业市场的竞争环境

本书发现，对于高校毕业生职业地位的获得而言，除了教育因素外，非教育因素同样发挥一定的效用。其中，制度因素通过制度性隔离对高校毕业生职业地位产生影响，家庭因素通过社会关系网络对高校毕业生职业地位产生影响。可以看到，这两个方面的影响均是负面影响，它们发挥的作用越大，越不利于就业市场的平稳发展，甚至将干预就业市场的正常秩序。因此，应减少上述非教育因素在就业市场中的影响作用。对于政府部门而言，应通过放宽调控或政策制定来消除制度性分割与家庭社会关系对高校毕业生就业市场的负面影响，规范就业市场，创造公平的就业环境。

首先，应继续加大对西部地区和欠发达地区的财政补贴力度，切实落实高校毕业生就业相关的优惠措施，引导高校毕业生在区域间的均衡流动，从而消除地区隔离与城乡隔离在高校毕业生求职中的负面影响。另外，在城乡调整方面，改变现有的城市化模式，大力推进城市化进程，从根本上改变目前不合理的城乡分割问题。

其次，应弱化家庭关系网络在就业市场中的作用，营造合理的就业竞争环境。根据嵌入理论的相关研究，个体的求职行为与其所处的社会关系网络密不可分，并受到其所处的社会关系网络的限定。也就是说，社会网络对高校毕业生就业的影响在所难免。所以，只有尽可能地弱化其带来的负面影响。从政府宏观角度考虑，合理的制度保障，将在一定程度上弱化家庭关系网络的作用，这也是实现高校毕业生就业市场规范化的重要前提。政府应该利用行政手段，完善就业市场流动机制，营造更为公正的就业环境，规避制度性缺陷所造成的先赋性因素过度参与，弱化关系网络资源在就业市场中的操控作用，使人才竞争成为就业市场的主要竞争导向，从而实现人力资源的合理配置（流动）。

第三节　高校层面的政策建议

高校毕业生的就业流动是一个复杂的过程，受到社会体制因素的制约、家庭因素的影响以及个人主观意愿的作用。研究证明，高等教育具有显著的社会分层功能，所以，应在最大程度上保证高等教育的公平性，确保每个社会成员都能够拥有通过高等教育实现分层流动的机会，从而发挥高等教育在社会分层和社会流动中的作用。因此，需要采取一种公平的筛选方式，发挥高等教育在社会分层与流动中的积极作用。

一、深化人才培养模式改革，推动高等教育应用转向

本书的研究发现，教育因素是职业地位获得的主要影响因素，因此提高人才培养质量是促进就业流动的保障。但从研究结论来看，本科毕业生，特别是来自民办本科院校的毕业生，在流动及分层上不具备优势，有些指标甚至低于专科毕业生的水平。出现这一现象并不是偶或使然，它从另一个层面反映出目前本科教育质量所出现的问题。长期以来，在传统的本科人才培养模式中，主要采信知识取向的质量观，注重理论型、研究型人才的培养，忽视课程与职业之间的联系，实践教学未受到应有的重视，学生综合实践能力薄弱、创新能力不强、素质不高、社会责任感不强等，导致了本科毕业生在就业市场内的窘境。应意识到，随着高校的扩招，高校不能再将研究型或者说学术型的人才培养作为培养定位，这势必导致所培养的人才与社会需求之间出现矛盾。社会需要的是具有理论联系实际、适应能力较强、综合素质较高特点的复合型人才，应转变人才培养的目标，学术性与实践性并重，注重办学特色，提升高等教育的有用性等。

1. 转变人才培养的目标，学术性与实践性并重

在精英化高等教育阶段，大学的学术性质量标准是其唯一标尺。长期以来，我国本科教育一直偏重课程的学科标准和知识的内在逻辑，注重知识的理论性和系统性，注重人才培养的理论性和学术性，强调培养对象的理论水平、科学研究能力和继续深造能力。但是，以学科为主线设计，以研究型人才培养为目标的课程体系在某种程度上已经不适合目前的就业市场。

随着高等教育大众化的纵深发展，高等教育质量标准也应随之转变。不同类型的高校，衡量其质量的标准应有所不同、有所侧重。即使是一贯重视以知识为中心的学术能力的英国，自 20 世纪末以来，课程观也发生了重大转向，即从强调学术性能力向实践性能力转化。[①]因此，在人才培养的目标上，不能只注重学

① 钱国英，徐立清，应雄. 高等教育转型与应用型本科人才培养[M]. 杭州：浙江大学出版社，2007：89.

术性的培养，还应重视毕业生的实践性培养，在坚持学术性与实践性并重的原则下，以社会为导向，注重基础学科课程，以能力培养为核心，培养应用型本科人才，可以在一定程度上缓解本科毕业生就业困境。

2. 注重专业设置的特色性

就目前的本科专业设置而言，类似教育类、文学类、艺术类、经济类、管理类等人文社会科学类专业设置较多，造成人才培养缺乏特色。之所以出现人文社会科学类专业设置率过高，主要原因在于人文社会科学类专业办学条件相对简单，投入少、成本低。[①]但是，在缓解专业开设压力的同时，也加剧了毕业生就业难的问题。

在本书的研究中可以看到，学科专业对高校毕业生就业流动与分层产生了显著的影响。医学类专业毕业生在就业市场内的显著优势主要在于学科专业具有很强的技术性，因此，其他学科专业如果想要在就业流动中占据优势地位，就要在学科专业的特色上下功夫，不能只为了低成本而开设过多的一般人文社会科学类学科，应以市场为导向，开设适销对路的专业，注重特色性和专业技术性，使培养出来的本科毕业生成为真正的应用型人才。

二、完善招生与资助政策，保障弱势群体的受教育机会

研究表明，接受高等教育是实现毕业生地位提升的有效途径，应设法保障高等教育公平，适当向西部、农村、贫困家庭倾斜，保障弱势群体的受教育机会。从回归结果来看，绝大多数高校毕业生通过接受不同程度的高等教育实现了向上的社会流动，进入较高的社会阶层。高校毕业生通过接受高等教育，获得知识、技能在内的人力资本，这些人力资本表现在不同学历、类型、科类上，作为资本参与到个人的社会流动中去。高等教育作为后致性因素实现高校毕业生的社会流动，被认为是公平的，因为后致性因素所主导的社会才能在合理有序的社会流动中实现和谐发展。

既然高等教育具有社会分层功能，那么，人人都想通过高等教育来改变原有的社会地位。但事实上，个人的受教育机会并非平等，依然会受到外在因素的影响。如果要保障社会个体通过教育这一合理渠道进行社会流动，就要保证社会个

① 尹宁伟. 应用型本科人才培养模式研究[D]. 厦门：厦门大学，2013：82.

体间拥有平等的竞争机会，因此需要保证社会个体间受教育机会的公平性。

目前，在入学机会上仍存在不均等现象。具体表现为，高考录取中的地区差异造成的不公平、不同社会阶层子女就读学校及专业的机会不均、高校收费所反映出的不公平、高等学校地区间分配不均导致的高等教育不公平等。[①]这些不公平因素的存在，会在不同程度、不同层面上影响个人接受高等教育的机会，不利于社会流动渠道的畅通，有违社会公平正义的初衷。因此，必须想办法保证个人的受教育权利，尽可能保证每个社会成员都拥有通过接受高等教育实现社会阶层流动的机会，特别是劣势阶层的受教育机会。

高等教育是至关重要的社会流动机制，那些有着劣势阶层背景的群体，总是有着让子代追求更高、更好教育的迫切要求，从而使他们的子女跳出自身的劣势阶层地位，获得较好的社会地位。[②]劣势阶层的毕业生所能调动和运用的先赋性因素相对较少，因此，保障处于劣势阶层背景的高校毕业生接受高等教育及获得平等收益的机会，是增加其后致性因素，减少先赋性因素制约的重要途径。

劣势阶层主要包括来自农村的毕业生群体与来自贫困家庭的毕业生群体，这部分群体多是在经济条件上处于劣势，因此，应面向这类学生，提供诸如助学贷款、勤工助学岗位等，为劣势阶层的毕业生提供教育机会均等的保障措施。学生贷款对贫困生群体社会流动的促进作用，已经得到论证。[③]通过已有研究，可以看到，学生贷款不但为贫困生群体提供了接受高等教育的机会，同时还通过资本转化的形式，为贷款的贫困生提供人力资本、文化资本和社会资本的获得机会，使劣势阶层的子女拥有接受良好教育的机会，从而促进他们合理有序的社会流动。

第四节　个人层面的政策建议

一、理性选择高校和学科专业类型

实证研究表明，学校类型与学科专业对高校毕业生就业流动与职业地位提升

① 李廉水，吴立保. 和谐社会视野下高等教育公平的制度设计研究[M]. 北京：科学出版社，2010：43.

② 陆学艺. 当代中国社会阶层研究报告[M]. 北京：社会科学文献出版社，2002.

③ 钟云华. 学生贷款与贫困生的社会流动：资本转化理论的扩展[D]. 武汉：华中科技大学，2010：56-67.

具有显著性影响，故而在高校和学科专业类型的选择上，应依据自身条件进行理性选择。

从高校毕业生职业地位获得模型来看，“学校类型”与“学科专业”是影响高校毕业生职业地位获得的两个变量。其中，就学校类型而言，除了 985/211 类高层次、研究型大学对高校毕业生职业提升具有显著性影响外，高职高专类院校对高校毕业生的职业地位提升同样具有显著性影响，而普通本科院校和民办院校在这方面却没有表现出显著性特征。就学科专业而言，医学类、工学类和社科类学科专业对高校毕业生的职业地位提升具有显著性影响，而理学类和人文类学科专业在这方面没有表现出显著性特征。同时，鉴于家庭因素仅对优势阶层的毕业生有利，因此高校毕业生在选择高校和学科专业时，应依据自身条件进行理性选择。如家庭背景一般的学生在不能考取高层次院校的情况下，选择就读高职高专类院校来达到提升职业地位的意愿，可能要比选择普通本科院校的效果更为显著。

二、注重提高个人综合素质能力

研究证明，后致性因素对于高校毕业生职业地位的提升具有显著正向作用，因此，个人应注重后天努力和教育获得，提升并充实个人各方面的综合素质，丰富教育养成。

从社会学视角对高校毕业生就业流动与社会分层的研究发现，先赋性因素主要影响高校毕业生的阶层变化，而后致性因素主要影响高校毕业生的阶层地位。即高校毕业生进入怎样的阶层地位，后致性因素发挥着主要作用。同时，通过机理探讨发现，后致性因素，或者说教育因素是影响高校毕业生职业地位的重要因素，也可以说是首要因素。在本书中，后致性因素主要是指被量化为高校毕业生个人所受的高等教育层次、类型和科类等。后致性因素，或者说教育因素正是通过教育层次、类型和科类所代表的教育符号、教育资源、教育养成的差异来影响就业结果，进而作用于高校毕业生的职业地位的。因此，高校毕业生应注重后天努力，丰富教育养成，充实个人各方面的综合素质能力，从而在求职中脱颖而出。

三、注重累积个人社会关系网络

大量的实证研究表明，即使在劳动力市场相对完善的西方社会，人们也倾向于利用关系网络来获取就业信息，克服劳动力市场的信息不对称问题，最终实现就业。[①]另外，通过上述的嵌入性理论来看，社会关系网络对个人就业的影响是无法完全剥离的，那么，在减弱不公平关系网络竞争的同时，个人也应适当积累合理的社会关系网，从而促使高校毕业生在就业市场中处于有利地位。特别是在教育优势不突出的前提下，通过各种形式积极、主动地开发和利用社会关系网络，为获取更多异质性更强的就业信息和更好的就业机会提供可能，这也是促进高校毕业生高水平就业的重要途径。

社会关系网络具有再生产的功能，而现代社会的个人交往具有更强的工具理性，因此，高校学生在校园活动和社会实践过程中，应该多注重人际关系的营造和维系，以更为真诚的态度，积极主动地增强自身的社会交往，建立以老师、同学、舍友、校友、老乡为核心的个人社会关系网。通过网络中的成员结识更多的网络关系人，选择性地培养个人的社会关系网络，在网络互动中进一步扩大个人社会关系网络的规模，提高社会关系网络的质量，实现自我增值，以期在今后就业过程中合理利用关系网络来促进职业地位获得。在积累社会关系网络的同时，还有助于增强个人的人际交往能力、表达和沟通能力等综合素质能力，提高就业竞争力。

① 刘艳茹. 社会资本视角下大学毕业生初次就业问题研究[D]. 武汉：华中师范大学，2012：125.

附　　录

附录一　2012届高校毕业生就业流向状况调查问卷

亲爱的同学：

你好！

这是一项旨在了解高校毕业生就业流动状况的调查。你所提供的资料非常宝贵，对于今后我国毕业生就业政策的制定，有着重要的参考价值。我们衷心希望能得到你的支持，共同为高等教育事业贡献一份力量。

对你提供的资料，我们将匿名处理，仅供学术研究之用。学校人员及其他资料使用者将无从知悉你个人的身份，请放心填写。

填写本问卷所需时间为5～6分钟。谢谢你的合作！

填写提示：1. 请在相应选项前的□上面画“√”，或在“______”处填写相应内容。

2. 请注意问题后面括号中所附的提示语或说明。

3. 如无特殊说明，均做单项选择。

第一部分　背景资料

1. 性别：□男　　□女
2. 民族：□汉族　　□少数民族
3. 家庭所在地：______________省______________市

4. 你的家庭所在地属于：

□农村　□乡镇　□县城　□县级市

□地级市　□计划单列市　□省会城市　□直辖市

5. 你的家庭“月收入”是：

□2000元及以内　□2001～4000元　□4001～6000元

□6001～8000元　□8001～10000元　□10001～12000元

□12001～14000元　□14001～16000元　□16001～18000元

□18001～20000元　□20001元及以上

6. 你父亲的受教育程度是______，你母亲的受教育程度是______（请填写相应编号）

①小学及以下　②初中　③高中或中专

④大专　⑤大学本科　⑥研究生及以上

7. 你父亲的职业属于______，你母亲的职业属于______（请填写相应编号）

①办事人员　②农业劳动者　③私营企业主　④商业服务员工

⑤个体工商户　⑥产业工人　⑦经理人员　⑧国家与社会管理者

⑨专业技术人员　⑩城乡无业、失业、半失业者

8. 你就读的学校是________________，就读的专业是________________

9. 你的专业属于：

□经济学　□艺术学　□理学　□文学　□工学　□教育学　□医学

□管理学　□历史学　□哲学　□农学　□法学　□军事学

10. 你的学历层次是：

□专科　□本科　□硕士　□博士

如果你选择后两项，请你写出本科院校的名称________________

11. 你在学校期间的综合成绩排名是所读班级的：

□后20%　□80%～61%　□60%～41%　□40%～21%　□前20%

12. 你在校期间是否获得外语等级证书：□是　□否

13. 你在校期间是否考取从业资格证书：□是　□否

14. 你从事过的兼职或全职实习：□没有　□1～2次　□3～4次　□5次以上

15. 你毕业后的去向______（请填写编号）

①已确定单位（包括有就业意向）　②待就业　③不就业拟升学

④其他暂不就业　⑤自主创业　⑥自由职业　⑦其他灵活就业

⑧升学　⑨出国出境　⑩其他______

16. 若第 15 题你选择第②、④项，请写下你没有就业的原因：________________

17. 若第 15 题你选择第③、⑧项，请选择你继续升学的原因：

□获得文凭　□提高就业起点　□专业兴趣

□保送　□其他______

第二部分　就 业 情 况

18. 你即将从事的工作是________________

19. 你的工作属于哪一行业：

□制造业　□建筑业　□交通运输、仓储和邮政业

□信息传输、软件和信息技术服务业　□金融业　□房地产业

□批发零售贸易业　□公共管理、社会保障和社会组织业

□教育业　□医疗卫生业

□文化、体育和娱乐业　□租赁和商务服务业

□科学研究与技术服务业　□居民服务、修理和其他服务业

□住宿和餐饮业　□其他行业______

20. 你的工作所在地：________________省________________市

21. 你的工作所在地属于：

□农村　□乡镇　□县城　□县级市

□地级市　□计划单列市　□省会城市　□直辖市

22. 你是否愿意到中小城市或西部去发展：□是　□否

23. 你签约的工作月薪为______，你最期待的月薪是______（请填写相应编号）

①1000 元及以下　②1001～2000 元　③2001～3000 元　④3001～4000 元

⑤4001～5000 元　⑥5001～6000 元　⑦6001～7000 元　⑧7001 元及以上

24. 你的工作单位是______，你最期望的工作单位是______（请填写相应编号）

①三资企业（包括中外合资经营、中外合作经营、外商独资经营三类企业）

②科研设计单位　③高等学校　④中初级教学单位

⑤医疗卫生单位　⑥其他事业单位　⑦金融单位

⑧国有企业　⑨党政机关　⑩部队

⑪自主创业　⑫其他非国有企业　⑬其他______

25. 你选择这份工作的原因是：（可多选，最多可选择四项）

□单位性质　□薪酬福利　□社会地位　□发展前景　□区域位置

□兴趣爱好　□专业对口　□婚恋原因　□家庭原因　□其他______

26. 你在选择工作时，优先考虑的“三个”因素是：

□单位性质　□薪酬福利　□社会地位　□发展前景　□区域位置

□兴趣爱好　□专业对口　□婚恋原因　□家庭原因　□其他______

27. 你的工作与你在学校所学专业的相关程度______（请填写编号）

①毫不相关　②关联性不大　③基本相关

④比较相关　⑤非常相关　⑥不清楚

28. 如你第 27 题选择第①或第②项，请你选择工作与所学专业不相关的原因：

□不喜欢与本专业相关的工作　□与专业相关的岗位竞争激烈，难以获取

□与专业相关的岗位需求较少　□不关注专业相关性　□其他______

29. 到你找到工作为止，你投放了几份求职简历：

□1～5 份　□6～10 份　□11～20 份　□20 份以上

30. 你找工作花费的时间为：

□不到一个月　□一到三个月　□四到六个月　□六个月以上

31. 你找工作花费的资金为：

□500 元及以下　□501～1500 元　□1501～3000 元　□3001 元及以上

32. 这些花费中所占比例最多的三项，金额从高到低是______（请填写编号）

①简历制作　②交通费　③相关的培训费　④服装费用

⑤中介费　⑥其他______

第三部分　自我评价情况

33. 你认为读大学对你就业的影响属于：

□正面影响　□正面影响大于负面影响　□负面影响大于正面影响

□负面影响　□说不清楚

34. 你对签约的工作满意程度如何，请在对应你实际情况的“□”中画“√”。

检验指标	非常满意	基本满意	不太满意	非常不满意
1）行业类型	□	□	□	□
2）单位性质	□	□	□	□

续表

检验指标	非常满意	基本满意	不太满意	非常不满意
3）工作所在地	□	□	□	□
4）工作时间	□	□	□	□
5）工资收入	□	□	□	□
6）发展前景	□	□	□	□
7）工作环境	□	□	□	□
8）社会地位	□	□	□	□

35. 你认为下列因素对找工作的“重要程度”如何，请在表格“左侧”对应的“□”中画“√”。这些因素对你找工作的“影响程度”如何，请在表格“右侧”对应的“□”中画“√”。

完全不重要	不太重要	比较重要	非常重要		低 ⟺ 高				
					1	2	3	4	5
□	□	□	□	在校成绩	□	□	□	□	□
□	□	□	□	个人能力及素养	□	□	□	□	□
□	□	□	□	外语水平	□	□	□	□	□
□	□	□	□	职业资格证书	□	□	□	□	□
□	□	□	□	攻读专业	□	□	□	□	□
□	□	□	□	学历层次	□	□	□	□	□
□	□	□	□	学校类型	□	□	□	□	□
□	□	□	□	学校声誉	□	□	□	□	□
□	□	□	□	校友资源	□	□	□	□	□
□	□	□	□	社会实践经验	□	□	□	□	□
□	□	□	□	学校就业指导	□	□	□	□	□
□	□	□	□	容貌长相	□	□	□	□	□
□	□	□	□	政治面貌	□	□	□	□	□
□	□	□	□	兴趣爱好	□	□	□	□	□
□	□	□	□	性别	□	□	□	□	□
□	□	□	□	父母职业	□	□	□	□	□
□	□	□	□	父母文化程度	□	□	□	□	□
□	□	□	□	家庭经济条件	□	□	□	□	□
□	□	□	□	社会关系	□	□	□	□	□

填写日期：____年____月____日

再次感谢你的认真作答，为了后续研究的需要，恳请你留下联系方式。

姓名：__________________电话：__________________

Q Q：__________________E-mail：________________

欢迎与我们联系！邮箱：liuying0420@163.com

真诚感谢你的作答！

附录二　应届高校毕业生就业流向访谈提纲

1. 你现在具体从事什么工作？你所了解的同学大致从事什么工作？他们的工作之间差别大吗？如果大，谈一下差距在哪些方面？你觉得同是一起毕业的同学，造成工作差别的原因是什么？

2. 你在找工作的时候最看重哪些方面？选择目前工作的具体原因是什么？

3. 你在最初选择工作之前，期待进入的单位是哪里？与目前的工作相比是否满意？除此之外还有没有其他的期待？对目前的工作最满意的地方是什么？

4. 你是否愿意去农村或者偏远地区工作？你在选择就业地的时候都考虑哪些方面？

5. 你目前的工作是通过什么渠道获得的？家人、朋友在你找工作的过程中是否提供了帮助？提供了哪些方面的帮助？

6. 请谈一下教育经历对你的影响，特别是在工作中的影响。